中小学高效学习技术
——学习成绩提升训练

ZHONG XIAO XUE GAO XIAO XUE XI JI SHU　XUE XI CHENG JI TI SHENG XUN LIAN

于欣荣 著

云南大学出版社
YUNNAN UNIVERSITY PRESS

图书在版编目（CIP）数据

中小学高效学习技术：学习成绩提升训练 / 于欣荣
著.—昆明：云南大学出版社，2013
ISBN 978-7-5482-1607-0

Ⅰ．①中⋯ Ⅱ．①于⋯ Ⅲ．①中小学生－学习方法
Ⅳ．①G632.46

中国版本图书馆CIP数据核字（2013）第165578号

责任编辑：赵红梅
封面设计：刘文娟

中小学高效学习技术
——学习成绩提升训练

ZHONG XIAO XUE GAO XIAO XUE XI JI SHU　XUE XI CHENG JI TI SHENG XUN LIAN

于欣荣　著

出版发行：云南大学出版社
印　　装：昆明研汇印刷有限责任公司
开　　本：787mm×1092mm　1/16
印　　张：12.75
字　　数：240千
版　　次：2013年8月第1版
印　　次：2013年8月第1次印刷
书　　号：ISBN 978-7-5482-1607-0
定　　价：36.00元

社　　址：昆明市翠湖北路2号云南大学英华园内
邮　　编：650091
电　　话：（0871）65033244　65031071

序　言

《中小学高效学习技术——学习成绩提升训练》是作者根据我国现行教育体制下中国中小学生学习状况和教育状况而编写的一本适用于中国中小学生及教师、家长的指导用书，同时它又是一本学习技术综合训练方案。

本书是作者从事十年中小学学科教学而积累下来的关于教与学的理论沉淀和实用经验的总结，其特点是：实用性强，如果学生学会本书所涉及的学习技术和方法，就可以立刻应用于学科学习中，产生效果；立足于学科，与学科内容紧密结合。任何学习方法都离不开学科学习，任何方法的教育都不能脱离以学科为基础的训练，所以，那些所谓"记忆法""学习法"的纯方法培训是不太切合实际的，因为它们没有考虑到学生本身的情况：资源环境、生理发展、学习特征、认知水平、应用能力等，故而效果甚微或根本没有效果。所以，我们提出方法类、策略性教学均应与学科教学相结合，才能促进学业成绩的提高，单纯的学科学习和单纯的方法培训是收不到良好效果的。本书是一套针对现行社会中学生易出现的各种问题来设计的训练方案，目的是训练学生终生受用的学习能力，大多数学生均能从本书中找到对应的学习方法，大多数教师及家长都能从书中找到对应的教育方法，应用这些方法，学生可以提高其学习成绩和生活水平，家长可以改变自身的教育方法。

本书共分八章，分别为：第一章学习技术与学习成绩提升、第二章学习心理准备、第三章情绪调控技术、第四章学习行为促进技术、第五章科学认知技术、第六章学习过程技术、第七章学科学习技术、第八章学习管理技术。

学生学习成绩不好有多方面的原因，学习方法不当是其中一个重要的方面。很多学生通过看书和听课外讲座及老师零星介绍等途径知道很多学习方法，但仅仅停留在"知道"的层次上面，还没有将这些有用的信息转变为内在的知识和能力。要知道，所有的方法只有通过努力和训练才能内化为自己的内在技能和技术，才能在学习实践中发生作用，就像游泳一样，看游泳的教程书籍或听人讲述方法还不够，得下水通过训练才能掌握这项技能，在实践中才能熟悉这项技能（教材就如同"水"），对于学生来说，一套实用的学习理论、学习策略和训练方案是极其重要的。

在本书编写过程中，承蒙云南大学高等教育研究院徐延宇教授的关心、审阅和指导，有幸得到云南大学高等教育研究院刘徐湘教授的指导，在审订过程中得到了好友李忠亚、周莉俐的大力帮助与支持——对本书进行审阅，修正错误，弥补不足，在此表示由衷的感谢！由于作者水平有限，谬误之处在所难免，恳请广大读者批评指正。

于欣荣

2013年4月于云南大学

前　言

　　早在1996年，由雅克·德洛尔任主席的国际21世纪教育委员会向联合国教科文组织提交了一份名为《学习——财富蕴藏其中》（Learning: The Treasure Within）的研究报告，这份报告提出了21世纪教育的四大支柱：学会学习、学会做事、学会做人、学会发展，即21世纪的学习观。学习能力成为一个人立足于现代社会所必备的素质之一。从此，文盲不再是指不识字的人，而是指不会学习、不会创造的人。如何有效地促进中学生学习能力的发展，让中学生掌握学习规律、原理和科学学习技术，学会学习是时代的要求，也是现实的需要。

　　从2000年到2013年，由世界经济论坛发布的《全球竞争力报告》以及由世界经济合作发展组织（简称OECD）发布的《国际学生测评（PISA）测评结果》表明，芬兰在全球竞争力和学生学习能力方面均名列世界前茅。芬兰中学生被OECD评价为学习能力整体表现全球第一，同时，芬兰的高等教育几乎被每一届世界经济论坛评为最佳。为何自然资源如此贫瘠的北欧小国——芬兰在国际竞争力以及学生学习能力方面表现如此突出？芬兰有一句名言："教育是芬兰的国际竞争力。"

　　芬兰基础教育的目标非常明确，那就是为学生提供日后人生所需要的知识和技能。在宏观教育方面，注重对青少年能力的培养。芬兰的基础教育法（即1992年的《高中学校教育法》和1998年的《高中学校法》）规定：九年制的义务基础教育以教授儿童和青少年所需要的基本知识和技能为主。在芬兰驻中国台湾商务办事处代表史亚睿的眼中，芬兰老师教的不是"知识"，而是"学会怎么学习"。在芬兰，基础教育授课时间短而假期时间长，不像中国的基础教育授课（不算上课外培训）几乎占据了学生所有的时间。芬兰学生的学习成绩如此优异，并非在于授课时间长，而在于教育重视学生学习技能的培养。正如芬兰教育和文化部国际流动与合作中心总干事Pasi Sahlberg博士提到的："没有全球性的证据显示增加教学时间可以改善学习效果。"换句话说，我们可以试着做得更少（指灌输知识的时间）。

著名的心理学家诺曼（Norman）指出："真奇怪，我们期望学生学习，然而却很少教给他们解决问题的思维策略。类似地，我们有时要求学生记忆大量材料，然而却很少教给他们记忆技术。现在是到弥补这一缺陷的时候了。"教会学生学习，培养学生学习技能，传授学习方法，训练学生技术性学习，逐渐受到教育学界和心理学界的高度重视。

任何学习方法都离不开学科学习，任何方法的教育都不能脱离以学科为基础的训练，所以那些所谓"记忆法""学习法"的纯方法培训是不切实际的，因为它们没有考虑学生本身的实际情况，如资源环境、生理发展、学习特征、认知水平、应用能力等，故而效果甚微或根本没有效果。所以，笔者提出方法类教学均应与学科教学相结合，才能促进学业成绩的提高，单纯的学科学习和单纯的方法培训是收不到良好效果的。

中小学学习技术的研究和应用不仅着力于学习活动本身，而且还着力于学生的行为、情绪、心理等重要因素。这些因素长期以来被人们所忽略，而恰恰是这些因素，正是人们对诸多学习困难和障碍的谜底所在；正是这些方面的综合，恰恰能解释学生学业成绩提升困难等多种问题。因此，笔者主张在研究和教育孩子时一定要本着全人发展（the whole man development）的观念，综合提高孩子的素质。

本书以学习技术和教育技术为核心，以教育学、心理学之学习论、脑科学为理论基础，努力构建一个较为完整的教与学的技术新体系。本书的一个特点是运用普遍联系的原理，把心理学技术作为一个工具植入教学和学习过程中。

本书结合国内外相关研究成果，从技术、实用和高效的角度综合全面地解决学生的学习成绩和学习技能的问题。本书适用于中小学生，也适用于中小学教师及各种从事中小学教育事业的教育工作者，因此属于国内各种学习理论的方法论范畴。笔者在课题理论的基础上将学习原理加以充分实践与运用，将"学会教学"与"学会学习"结合起来，总结出一套实用型的教学与学习技术体系，因此，在本书中笔者使用了"中小学学习技术"的提法。

对于学习技术，我们可以从如下几个方面来理解：

学习技术与学科学习不能分论，一切学习技术的训练与运用都基于学科知识，而非脱离学科，它既区别于单独的记忆法训练，如表演与讲座，又区别于学习方法的理论学习，我们认为基于学生学习主体内容的学习指导才是有效的。

学习技术训练体系是包含学习方法、记忆方法、学习规划、时间管理、听课、预习、复习、笔记、心理、阅读、考试等学习行为在内的一整套学习训练系统。

学习技术的训练与家庭教育方法和家庭教育环境紧密相关，我们强调家长教育的学习和配合，着力于探究家庭教育，如逆反心理、厌学、学习障碍、亲子关系等学业成绩的影响因素。

学习技术训练系统强调学生的快乐和有意义的学习以及综合性评价，包括学生自我评价。

学习技术的目的是让学生学会学习，家长无为而治，教师轻松而教。强调学生为主体，以学生"学"为主，而非教师"教"为主，强调教师"教是为了达到不教"，家长"无为而治"，充分解决教师教学的误区和家长教育的困惑。

学习和学习技术训练系统，强调开发学生潜力，运用有意义的人工赋予来着重激发学生的学习热情和积极主动性，达到减轻学生压抑学习状况的目的。

学习技术体现了对影响学习的非智力因素包括情绪、情感、内心的认同，以及知识结构、人格结构、家庭情感结构，从而改变消极的学习态度。

重视多元智能（MI）的培养而非单纯的定位于数学逻辑智能和语言智能（IQ），打破传统教育的局限。

学习技术训练与学习成绩提升的关系是过程与结果的关系，只有通过学习技术的训练，学生的学习成绩才可能有所提升，而学习成绩的提升不是学习技术训练的唯一结果，学习技术训练将会带来学生身心全面发展、综合素质的发展。

长期的研究和应用表明，学生只要通过科学训练，习得实用学习技术，掌握学习技术的操作方法，树立正确的学习观念，将之应用于学科的学习，并有所总结，那么，学生的学习成绩将一定会产生质的飞跃，而且会体验到学习其实是如此简单、轻松、愉悦，从而达到一个美妙的学习境界。对教育者而言，通过对教育技术及学习技术的了解和掌握，会发现除了学科学习、学生本身的内在原因外，尚有诸多关键的外在因素影响着学生的学习成绩。找出这些关键因素，便能促进学生学习活动的革命性转变，从而达到提升其学习成绩的目的。

本书将帮助广大学生及教师家长从应试教育的习惯模式中脱离出来，以一种更深刻、更广泛的眼光看待孩子的学习，以更为科学的方式引导学生高效学习、健康成长、全面发展。

我们将这套学习技术方法论体系应用于数百例学生的学习，取得了骄人的成果，尤其是实用学习技术的应用，更是让学生全身心地投入学习并能自主学习、学会学习、快乐学习。

广大学生、教师和家长对学校统一教育及应试教育模式已经有相当的了解，人们也迫切希望学生们学习得更轻松、更愉快、更高效，但我们看到的现象却是"学习困难、繁重的压力、学业负担、心理问题、厌学逃学"，长期以来的口号——"减负"仍未成为现实，《国家中长期教育改革和发展规划纲要（2010—2020年）》第四章第十条明确提出减轻中小学生课业负担，但在执行过程中依旧困难重重。笔者认为，减负不仅仅是减轻学生的作业负担，更重要的是要帮助学生学会学习。以学习为中心的中小学生却因没有受到系统的学习技术培训而造成学业困难，而学习成绩无疑仍是衡量学习效果的基本尺度，是评价学生优劣的最重要的指标。因此，提高学习成绩成了学生、教师、家长关注的一个焦点问题，对于学生来说，学习成绩是一切生活的中心，他们生活中的一切，包括理想、信心、态度、快乐、期盼、得失……都要受到成绩好坏和考试成败的影响。对于教育工作者而言，谁要是解决了学习成绩的问题，谁就是学生的"救世主"。

影响学习革命的关键是学习观念和学习技术的革命；教育革命的关键是教育观念和教育技术的革命。我国大部分中小学生在长期的传统教学模式下被动学习，认为学习"无趣""压抑"，创新性、积极性、自主性备受禁锢，如何让这部分学生从压抑的教学与学习中解放出来，是所有教育工作者应该努力探索的课题。马克思曾经说得很直接："人的全面发展意味着自己获得真正解放。"张楚廷先生在其著作《教育哲学》一书中这样说道："对于人的发展，我们曾问：'从哪里发展起来？对于人的解放，我们自然要问，从哪里解放出来？'从无知和愚昧那里，从蒙骗和扭曲那里，从失足和堕落那里，从'被侮辱、被奴役、被遗弃和被蔑视'那里解放出来。这是教育的使命吗？当然是。"他又说道："上天赋予人如此完整，如此完美，这表明了人的全面发展是自己天赋的权利；然而，这种权利常常受到各种不同性质不同程度不同方式的忽视和损害，这表明了人的全面发展与人的解放几乎是同一任务……人的发展从哪些方面受到了束缚和压抑呢？除了大自然，这些束缚中更大一部分来自人自己。……人创造了教育，教育本应是让人发展，让人解放，让人从种种的束缚、压抑、控制和奴役之下解放出来，但是教育有时也患病了。"中国领导人历来强调"解放思想"，从人的发展角度来看，解放思想才能使人从自己的束缚中解放出来，才能发展自己。

目　　录

第一章
学习技术与学习成绩提升

第一节　学会学习

《中国教育改革和发展纲要》指出："世界范围的竞争、综合国力的竞争，实质上是科学技术的竞争和民族素质的竞争。可以说，谁掌握了面向二十一世纪的教育，谁就能在二十一世纪的国际竞争中处于战略主动地位。"在这样一个时代里，文盲不是指不识字的人，而是指不会学习、不会创造的人。阿尔温·托夫勒提出："要想学习却不知道如何学习的人叫做文盲。"

美国教育心理学家温斯坦教授研究指出："善于运用学习技术方法的学生是技术型的学习者，技术型学习者擅长对自己的学习活动进行有效的策划、调控和管理，主体积极性高，自主学习能力强，学习效率高、效果好、基础知识良好、成绩优异，被称为聪明的学生；而那些只知道死记硬背不会学习、不会科学认知、不会运用良好学习技术的学生，被称为盲学习者。"这些学生只知道拼时间，死用功，花了不少精力和时间，但效率低，效果差，知识结构混乱，成绩也差，情感态度和价值观念消极，学得苦，学得累，心理状态欠佳，主体积极性得不到发挥，因而常被人视为笨学生、不会学习的学生。

学会学习是信息时代的需要。一方面，在信息时代，知识更新换代的周期越来越短，增长速度惊人。"十年寒窗，终身受用"的观念不仅将被完全摒弃，而且还意味着只要停止一段时间的学习，就将成为社会的"功能性文盲"。现代人要在瞬息万变的信息社会中生存发展，就必须要不断学习学习再学习。但是人类的知识浩如烟海，信息世界日新月异，无穷无尽，而每个人的精力却是很有限的，要学习某一学科的所有知识是不可能的，更谈不上跟上知识更新换代的步伐。另一方面，人类对于学习王国的总体认识仍处于盲目状态，致使人类学习潜能不能被快速开发，不能被高效发挥出来而造成巨大的浪费，这就要求人们必须彻底变革学习方式，以新的思维方式和方法去学习。《第三次浪潮》的作者托夫勒指出："未来的文盲不再是不识字的人，而是没有学会学习的人。"笔者认为，学会学习比学习方法更具有丰富的内涵。学习方法侧重于学习过程的方法与策略，强调如何"学会"，学会学习则包含对学习本身更深层次的理解和把握，不但应当"学会"，更应该"会学"。人类的学习就其实质来说是一种个体与环境相互作用而获得经验的文化活动。在当代信息社会中，由于知识信息量的不断增长，每个人要能积极地作用于环境并发展自身，就必须学会学习，对在校学生来说，更要学会使用现代学习技术高效率地学习，学会高质量地获取知识和技能，只有这样才能在信息社会中生存发展。

因此，最重要的教学是教会学生学会学习，最重要的学习是学生学会学习。

所谓学会学习，就是学会掌握和运用科学的学习策略、技能和方法，从而作用于自己的学习活动过程和学科学习本身，养成良好的学习习惯，树立正确的学习观念，从而提高学习效率和效果的过程。

第二节　学习技术

当代学习科学认为，学习是人们在已经掌握的有关知识与经验的基础上主动理解和构建新知识和新经验的认知活动过程。在学习中，学生的心理准备状态（包括主体积极性的发挥、正确而科学的学习观念、优良的动机目标、良好的学习态度兴趣等）、情绪情感状态、学习行为习惯、科学认知水平、学习操作过程、学科学习方法、学习管理水平起着至关重要的作用。

一、技术性学习与学习技术

技术性学习就是学习者充分调动内在的心理能量，发挥主体积极性，激发内在潜能，运用科学学习策略和方法，调控内外环境和资源共同作用于学习本身，轻松、高效、愉悦地学习，从而达到快速提高学习成绩的目的的学习活动过程。中小学生学习技术能有效地使学生在学习过程中轻松、愉快、高效、快速地学习，促进学生在心理与态度、情绪与情感、行为与习惯、过程与方法、知识与技能、观念与价值等方面全面发展，促进学生有个性地积极成长，为中小学生的终身学习奠定基础。

学习技术是指学习者在具备良好的学习心理准备和正确的学习观念的前提下，积极调控学习情绪情感，学会掌握运用科学的学习策略、认知技能作用于学习活动过程和学科学习材料，培养良好的学习行为习惯，管理自己的学习环境与资源，达到提高学习效率和效果的目的，从而提高学习成绩水平的技能。学习技术的一个重要特征，是能够把所学的知识和方法策略应用到实践中，应用到具体学科、具体材料中，通过学习的实践来检验自己的技能，锻炼自己的能力，培养自己的创新水平。

根据以上定义，我们可以从以下几个方面来深刻理解、认识学习技术体系的含义：

（1）学习技术体系包含的内容有学习心理的准备、积极情绪的调控、学习行为习惯的培养、科学学习策略方法的掌握与运用、学习过程的监控与实施、具体学科学习的学习技能的操作训练、学习环境与资源的高效管理七个方面。在本书的编写中，笔者将其归纳如下：A. 学习心理准备 B. 情绪调控技术 C. 行为促进技术 D. 科学认知技术 E. 学习过程技术 F. 学科学习技术 G. 学习管理技术。

以上七个方面是相辅相成、共同合作又相互影响的，学生学习成绩要有大幅度提高，就必须在这七个方面进行训练，除了对学习者内部在七个因素进行训练外，学习者外部的科学的技术化教育是关键，技术化教育涉及教师的教育技术水平和家长的家庭教育技术水平。

（2）学习技术强调学习者主体地位和作用的充分发挥，重视主体意识的培养，包括主动意识、独立意识和创新意识的培养。无论对于学习者还是教育者，都需要牢记：内因是根据，是决定性因素，外因只是外部条件的哲学道理。

（3）学习技术是与终身学习的概念紧密相连的。运用学习技术的学习者将突破对学习材料和学习任务的死记硬背，重复机械的学习，将摆脱枯燥乏味的被动接受，脱离对外部力量的依赖，从而注重学习技能的培养，掌握学习技术就是要使科学学习方法和方式内化为终身受用的学习技能。

（4）学习技术将智力因素和非智力因素的培养高度结合，尤其是将非智力因素培养作为重要的学习目标，重视人类学习的心理因素及情感因素以及学习行为因素等。在智力因素方面，多元智力在教育领域的广泛采用，更新了传统狭隘的智力概念（即传统的IQ），阐明人的智力是多元的不是单一的，把智力重新定义为"解决实际问题的能力"，这给教育和学习提供了良好的评价体系——从多元化智力的角度来评判孩子的先天潜能和后天的成绩。那种以一些简单的句子和一些数字来判定学生智力水平的简陋的测量方法是不够科学的，是违背人类发展规律的，也是抛弃人类个别差异和特征的做法。多元智能评价是对所谓"笨"学生、"差生"的一种解放，从此世界上没有真正的笨学生，只有不会应用学习技术的学生，只有八大智能排序不同的学生。每个人体内至少都有八种智能（美国哈佛大学教授霍华德·加德纳的研究），成绩不好并不意味着自己笨，而是意味着有自己的长项，有自己的独特之处，"每个人都有1~2项突出的优势智能，而这1~2项优势智能的充分培育和发展都将导向成功"。

（5）在非智力因素方面，学习技术重视个体潜能的开发，即在尊重个体先天智力特征的前提下，重视后天学习和教育，重视对学生的多元评价和自主评价，发展个性化学习，通过技术化学习发挥潜能，消除竞争中产生的自卑心理，摒弃消极学习态度，发扬积极行动的风范，学习技术对于教育者而言要因材施教，要根据学生的不同特征来引导其学习活动，使学生的学习活动达到最佳状态，使学习效果达到最佳。

（6）学习技术重视自我的评价意识的形式和自我评价能力的培养，从而培养学生的独立性、创造性以及学习自信心、自尊心，实现自我激励，促进科学自我决策。

（7）学习技术重视良好的师生关系以及亲子关系的建立，在学习过程中，学生要尊重老师，理解老师，重视老师的指导作用，多与老师交流，多提疑问，教师要尊重学生，理解学生，关注学生的学习特征，鼓励学生自主学习意识的发挥，鼓励学生提问并提出学生自己的意见和看法，以民主、平等、宽严结合的态度对待学生。在学习过程中学生和教师形成一个有机整体，为着共同的目标而努力。

（8）学习技术的掌握是个由认知到应用的过程，其最终目标是指导人的全面发展，而不是只在于学习，更不单纯在于成绩和分数，是超越了分数的更广阔而恒久的发展，那种以成绩分数为目标的人，必然会在今后的竞争中成为应试教育的牺牲品，必然会导致综合素质发展的缺失，成为不健全、不完整的人。

二、中小学生学会学习必须做到的八个方面

综合国内外中小学学习的研究成果，结合多年的教育实践经验，笔者认为"一个学生若想真正学会学习，掌握高效学习技术，获得优异成绩，必须学会如下几项技能"（见图1-1）。

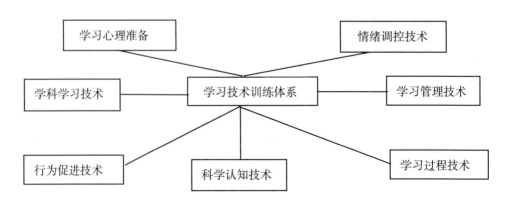

图1-1　学习技术体系结构图

第一，要有良好的学习心理准备，要有高度的自信心，正确的学习动机，明确的学习目标，培养良好的学习态度，良好的学习兴趣，为学习成绩的提高提供必备的心理环境以及学习动力。

第二，要学会调控自己的学习前和学习中的情绪，保证学习过程中有着一份好心情，做到头脑宁静放松，注意力集中，保持最佳学习状态，为学习成绩的提升提供良好的精神状态。

第三，树立正确的学习行为观，养成良好的学习习惯、学习行为，对学习资源和任务有积极的反应，为学习成绩的提升提供行为基础。

第四，掌握科学认知技术，学会认知，学会学习，善于思考和记忆，对知识进行积极高效加工、处理和记忆，形成良好的知识结构，掌握科学高效的学习策略，应用于学习过程中，提高学习成绩。

第五，掌握学习过程的科学处理技术，实现高效能学习，使学习活动的过程和结果达到最优化，从而提高学习成绩。

第六，掌握具体的学科学习技术，将学习方法与策略充分应用于具体的学科学习过程和学科资源，将策略与方法转化为学习生产力，从而提高各科的学习成绩。

第七，创造性地统筹管理影响学习的内外部因素，设置明确具体的学习目标并创建学习规划，运用高效学习策略，最大限度地调动积极的学习行为和相关的学习资源，高效率高质量地完成学习任务，保持学习成绩的优秀和稳定。

第八，确立全人发展（the whole person development）的理念和指导思想，全方位培养个体的素质和水平，向综合素质的方向发展，不仅在认知上有所提高，而且要在身心健康方面有所发展，还要在学习过程中使八大智能全面提升，以适应学业和事业以及生活的客观需要。

三、学习技术体系的结构

学习技术作为一个系统来综合起作用，就构成了学习技术体系。学习技术体系在整个学习活动过程（包括学习活动产生前、学习活动过程中和学习活动后即考试和测验评价）的应用，通过一定的方式和结构引导学生获取知识、提高能力、取得优异成绩。学习技术系统的结构是由学习者、学习过程、学习对象和学习环境四部分组成的。这四个部分之间相互联系，相互作用，结合而成具有一定学习功能的有机整体。

1. 学习者

学习者是学习技术的主体，是运用学习资源和工具获取知识、技能和成绩的个体。在我们的学习技术体系里学习者是指从事学习活动的学生，学习者是操纵学习技术的主要部分。因此，学习者的观念、态度、行为、水平等就决定了学习的效率效果，也决定了学习成绩水平的高低，即学习者是内因，是根据，起着决定性作用。所以，在学习活动中，在学习挫折和失败面前，学生要多培养内归因的思维方式，多找自身的原因。

2．学习过程

一切学习技术、学习策略和方法都是在学习过程中得以实施、运用和展现的。没有学习过程做载体，任何学习技术都不能得以实现。要实现高效学习、提高学习成绩水平，掌握学习过程操作技术是至关重要的。中小学学习过程主要包括预习、上课、复习和考试四个环节。

3．学习对象

学习对象是学习技术的客体，主要是指学习资源。它可以分为人的资源和物质资源。人的资源是指所有能够为学习者提供学习资源（包括知识）的人，包括教师、家长、学习伙伴、学习专家、辅导老师等。物质资源是指学习内容的物质载体，比如教材、辅导书、读物、音像资料、实验器材用品、课件、网络以及自然资源等。

4．学习环境

环境与人的发展密切相关，环境能给人的发展以多方面的影响，人的身心发展水平的高低，都是受到一定环境所制约的，没有适当的环境，即使有许多的遗传因素，人的身心也不会发展起来，但是环境不能单独决定人的发展，目前教育界和心理学界都认为，遗传和环境两种因素相互影响，相互作用，从而促进人的发展。环境影响人，人同时也改造环境，人接受环境的影响不是消极的、被动的，而是积极的、能动的过程，我们完全可以充分发挥环境中的有利因素，克服、消除环境中的不利因素，创造一个良好的环境，以更好地促进自身的学习与发展，学生可以用自己的能力和努力，改变环境，使之适应学习和生活的需要。

学习环境是学习技术赖以存在和发展的载体，就像人要生活在空气和自然环境之中一样，它是对学习技术的支持体系，学习者在学习过程中所用到的对学习起到影响的东西，是对学习者和学习对象以及学习过程能起到相互作用，相互影响的环境因素。根据学习环境存在状态，按照教育学和系统论的分类方法，环境分成内部环境和外部环境两大类。

（1）内部环境。

学生的内部环境包括两个方面：生理环境和心理环境。

生理环境也称身体环境，是指人的身体可支持学习活动的成分。控制人的身体活动的是大脑，人的大脑神经细胞约为100亿～140亿个，大约只有2%～5%被开发，其余95%以上仍处于未开发状态。因此，人类大脑的潜能是无可限量的，是愈用愈好的，谁越想唤醒自己的脑细胞，就越有能力领先一步。而人的智能是多元化的，每个孩子都是独一无二的，都有着聪明之处，也都具有在某些领域成才的能力，没有人是全能的也没有人是无能的。人的大脑分为左右脑（双脑论），人的八大智能均在左右脑分布着，受到脑的支配。无疑，潜能开发是提高学习技术、取得优异成绩的重要手段。因此，抓住关键期开发大脑潜能就显得尤为重要，科学了解学习者的多元智能状况，发展优势智能、弥补弱势智能，使左右脑协调并用，才能达到各项智能的全面发展，并有效提高学习效率与学习成绩。

心理环境包括智力因素和非智力因素，其中学生的非智力因素是关键因素。智力因素主要指多元智能水平：数学逻辑智能、语言智能、内省智能、人际智能、身体运动智能、空间视觉智能、音乐智能、自然观察智能。非智力因素指与认识没有直接关系的心理准备、情绪情感、兴趣信心、行为模式、学习策略、学习目标、动机状态、学习态度、个性特征、学习观念、人际关系等方面。这些非智力因素在人才的成长过程中，有着决定性的作用。一个智力水平较高的人，如果他的非智力因素没有得到很好的发展，往往不会有太多的成就。相反，一个智力水平一般的人，如果他的非智力因素得到很好的发展，就可能取得事业上的成功，做出较大的贡献。我国著名的数学家张广厚（1937—1987年），他在中小学读书时智力水平并不出众，他的成功与良好的非智力因素有关。他曾说："搞数学不需太聪明，中等天分就可以，主要是毅力和钻劲。"达尔文也曾说过："我之所以能在科学上成功，最重要的就是我对科学的热爱，对长期探索的坚韧，对观察的搜索，加上对事业的勤奋。"学生学习的时候要有一种积极、开放、愉悦、轻松的状态，这样才能实现高效学习。因此，营造良好的亲子关系、和睦的人际关系、轻松的学习氛围能使学生本身喜爱学校、乐于交往、快乐学习。而学生只要有端正的学习态度、饱满的学习热情、强烈的学习动机、良好的学习策略和行为习惯，就能实现好学、乐学、会学。

因此，我们认可这个公式：10%的智力因素＋90%的非智力因素＝成功。

（2）外部环境。

外部环境是指学生的外部因素，是适合学习的外部条件，包括外部人的环境和外部物的环境，外部人的环境主要是指教育，包括社会教育环境、家庭教育环境，学校教育环境三个方面。教育环境是影响学生学习效率和学习成绩以及成长发展最重要的外部因素，教育与学习是相对而言且同时存在的，是学习活动不可缺少的外在条件。教育者的教育方式方法直接影响着学生学业成绩，也直接影响着学生的全面发展。需要指出的是：每个孩子都有不同的资质、个性和特征，因此，不管是学校教育还是家庭教育或是社会教育，都要根据孩子的不同来因材施教。不科学的教育方法会导致学生学习问题的产生，诸如厌学、自卑、逆反、逃避、懒散、成绩差、不努力，甚至有人格问题的产生。因此，作为教育者需要积极地学习教育理论和方法，转换教育观念，尽可能地提供科学而行之有效的教育方法和合适的教育态度。外部物的环境主要是指学习的物质环境，如教室设施、书房布置、家庭摆设等。学习环境的构成会对学习产生一定的影响，比如过多的娱乐设施不利于学习，噪音过大的地方会干扰学生思维记忆，家庭条件过于优越也会让学生缺少吃苦的机会，丧失锻炼的机会。但是，这些都是外部的因素，如果人有足够的自制力和抵制诱惑的意志力，我们完全相信可以将其转变为有利的机会的。

第三节　学习理论简介

学习理论是教育心理学范畴内的一门独立的学科，是专门研究学习规律和学习过程的科学，是一门应用学科。自从19世纪末以来，心理学界和教育学界对学习性质、规律和过程进行了大量的研究，形成了系统的学习理论。这些成果大大增进了我们对学习的理解，有助于人们掌握学习的规律和实质，有助于通过科学的学习来认识世界、改造世界，有助于学生科学认识学习本身并发展自我，有助于教育工作者了解与掌握学生的学习规律，提高教与学的质量，通过教与学的相互作用，为技术化学习打好基础。

（一）刺激——反应学习理论

1. 桑代克试误学习理论

桑代克是美国教育心理学之父，是教育心理学史上第一个用动物进行学习研究的人，他认为人类与动物的基本学习方式是一样的，即通过试误来学习，所不同的仅仅是复杂性程度而已。这实际上是达尔文生物进化论在心理学上的进一步延伸。他揭示了动物的试误学习过程，奠定了联结主义心理学的基础。试误学说源于他的著名的迷箱实验。他起初用小鸡做实验，训练其走迷津，后来用猫走迷箱的实验到人的各种实验得到了世界闻名的学习理论成果——试误学说。其主要观点如下：

他认为学习是个不断尝试，不断减少错误的过程，即试误的过程。5只饥饿的猫逃出迷箱的操作水平的学习曲线表明学习是在错误中不断改进的，学习是个体在刺激情境中表现反应时所产生的刺激——反应联结。根据实验研究的结果，他认为所有的学习都不是突然发生的，而是通过一系列细小的步骤和过程循序渐进达到的。学习即形成联结，教育的目的在于形成、保持、消除、改变或者引导各种联结。

桑代克根据实验的结果提出了众多的学习原则：准备律、效果律、练习律、态度原则、迁移原则。桑代克观察到，为了保证学习的发生，用来做实验的猫必须是一只饥饿的猫，如果猫很饱，它很可能不会有拼命逃出迷箱的行为，而是在箱内大睡。因此，学习活动的发生发展必须要有心理准备——动机原则，即准备律。桑代克注意到，为了保证学习的发生发展，除了猫必须处于饥饿状态以外，食物是必要的。也就是当学习的结果是令人愉快的，那么学习就会发生发展，如果学习的结果是令人烦恼的，那么学习行为将大大削弱而不是增强，要是猫拼命逃出迷箱后等着它的是惩罚（例如一棒子）而不是奖励（例如一条鱼）的话，那么猫就再也不会试图跑出迷箱了。这就是桑代克著名的快乐学习原则，即效果律。可见，人们学习开始前是要判断学习行为将获得的是一种快乐还是痛苦，这涉及人认知活动发生前的情绪情感状态。主动积极学习的人们之所以选择了轻松快乐地学习是因为以往的学习产生的愉快情绪加强了刺激—反应联结。所谓练习律是指反应重复的次数越多，刺激—反应的联结就越牢固。只有当学习者发现重复练习能获得满意的效果时，练习才会有助于学习，没有强化的练习是没有意义的。桑代克还认为，人和动物都会以某种特定的态度对待学习情境，事实上学习行为也是学习者态度的产物，例如一只懒散的、打瞌睡的猫是不大在乎被关在迷箱里的。这就是学习的态度原则。当学习者对新的学习情境做出反应时，他的反应往往与类似情境中习得的反应相类似，这实际上是学习迁移的原则。

2. 巴甫洛夫条件作用理论

俄国生理学家巴甫洛夫对动物条件作用形成过程的研究为学习理论奠定了科学的基础。经典条件反射源于他著名的狗吃食物的试验。巴甫洛夫把精确而又客观的方法引入对动物的研究，把心理与生理统一起来，揭示了人类学习的基本规律，对高级学习活动进行了卓有成效的研究，从而对教育与心理学有着巨大的影响。根据巴甫洛夫的理论和研究成果，人的行为习惯是通过不断的刺激和条件反射形成的。这个过程也是强化的过程，强化的次数越多，就越能巩固条件反射，应用到学习领域就是对习惯进行长期科学地培养。

3. 华生的行为主义学习理论

华生是行为主义心理学的奠基人和立言人，他把行为主义与刺激—反应心理学结成了一体，使人们相信对行为的真正解释在于神经系统，一旦我们对大脑有了更好的了解，一切难以解释的东西都会变得明朗起来，他还使人相信，学习是一个最重要的决定因素，人的行为都是通过学习获得的。学习的过程就是学习环境（包括教育的外环境和物质的外环境）对学习者的学习行为产生作用的结果，在学习过程中，有些行为习惯是有效的，有些行为习惯是无效的。有效行为之所以得到保持并成为习惯是因为有效行为出现的次数多于无效行为，在学生的学习活动中，练习对于行为习惯的获得是非常重要的。

4. 斯金纳操作学习理论

美国心理学家斯金纳是行为主义后期对学习心理学影响最大的心理学家，该理论源于他著名的"斯金纳箱"实验，该实验成果表明操作性行为在人类学习活动中有着比应答性行为更为重要的角色，是人的主要学习方式。他的成果认为，操作性行为的保持与强化有着直接的关系。凡是能够增加行为反应速度或出现频率的刺激可称之为强化物。强化又分为正强化和负强化，正强化是给予行为者一些正面的结果，如表扬、肯定和注意等来加强这些学习行为的发生频率和次数。负强化则是指去掉某些不好的、不利的和不愉快的刺激来增加学习行为反应的出现。斯金纳箱实验说明了学习者一切学习行为的改变，乃是取决于其本身对环境适应的结果，是受外在因素控制的。斯金纳的理论被称作环境决定论。因此，他的理论有着片面性，忽视了遗传的作用。现代遗传学证明人的发展是先天遗传和环境（即后天教育）的共同作用的结果，遗传决定论和环境决定论都是不全面的，科学的教育方式是在科学了解学生的先天遗传特征（先天智能特征）的情况下根据学生的先天资质（如多元智能潜能特征）来教育，这样就可以做到因材施教、扬长避短。

（二）认知学习理论

1. 格式塔完形学习理论

格式塔心理学派也被称作柏林学派，于20世纪初产生于德国，主要代表人物有韦特默、苛勒和考夫卡等。格式塔完形理论对学习的最大贡献是顿悟的研究成果。顿悟是指突然觉察到问题的解决办法。顿悟学习是学习者通过重新组织或重新构建有关事物的形式而实现的。这种方式是用一种新的进步的方式来看待整个学习情境的，包括对逻辑关系的理解和对目的与手段之间的关系的觉察。因为是真正理解了事物之间的关系，通过顿悟获得的内容一旦掌握后，永远也不会遗忘，而且很容易迁移到其他新的情境中去，用现代信息加工的观点来看，顿悟的内容直接进入了长时记忆区（潜意识区），永远保存在学生的头脑中。顿悟学习的核心是要把握事物的本质而不是无关的细节，遗憾的是一些教育工作者看不到这点。

格式塔完形理论将学习的重点放在了整体上。格式塔完形理论认为"认知重组"可以很好地解释这类情境，如果使学习者一下子看到问题解决办法的所有必要的因素，那么学习者就会把这些要素组成一个适当的完形。在这种情况下，元素与元素之间突然产生了联系——认知重组。例如在数学题目中，已知条件和要求的结论之间的关系被学习者顿悟的话，则立刻构成了一个完形，从而问题得到解决。因此，学习即认知重组是格式塔完形理论的一个基本观点。学习意味着要觉察特定学习情境中的关键性要素，了解这些要素是如何联系的，识别其中的内在的结构，尤其在数学的学习中这点体现得非常明了。认知重组注重的是认清事物的内在联系、结构和性质。顿悟学习可以避免多余的试误，有助于迁移，应用于学科学习就是要求学习者的思维要有跳跃性发展和迁移能力。对许多学生来说，学习只是机械记忆所学的内容，还有狭隘的练习，而没有深刻的理解材料的内在联系，在现代的应试教育中，老师更多的是以讲为主，把学生应该经过的构建完形过程剥夺了，没有把顿悟的空间留给学生，因此，学生自然就只有机械模仿了。

顿悟的学习本身就具有奖励的性质。格式塔认为，真正的学习常常伴随着一种兴奋感。当学习者真正理解了完形的内在结构，弄清了问题要素之间的关系，经过自己的努力对问题有了解决办法的时候，会产生一种令人兴奋和愉快的体验及顿悟的快感，这比那些糖果、金钱和物质性的奖励要有效得多。当然，在没有内在的诱因时，在不可能用顿悟来理解学习时，外部奖励就能起到作用。而不加区分地使用外部奖励物，可能会使学生只关心要得到的奖励，而没有产生顿悟的内驱力。

而格式塔完形理论的一个分支——勒温认知场学习理论则认为在学习中，目标和动机是最为重要的。这里的"场"既包括物质环境也包括学习者的目标、动机和信念等认知意义。勒温认为，学习是认知结构的变化，也是动机的变化，因此在教学中应该把重点放在改变学生的认知结构和对学习的动机上。

2. 布鲁纳发现学习理论

布鲁纳是美国当代著名认知心理学家和教育心理学家，他提出的发现学习理论强调学习过程、知觉思维和内在动机在教育与学习中的作用。他认为，在教与学的过程中，学生是一个积极的探索者，而教师是一个探索情境的提供者和组织者，我们教会学生知识的过程是要让学生自己去思考，参与知识获得的过程。"认识是一个过程，而不是一种产品"。布鲁纳强调，学生不是被动的、消极的知识接受者，而是主动的、积极的知识探索者。他还提出，直觉思维对学习的探索发现极为重要，直觉思维的本质是映像或图像性的，所以教师在学生的探索学习中要帮助学生形成丰富的想象，防止过多语言化。与其让学生机械模仿，不如让学生在做中学。在布鲁纳看来，学生学习的动机往往是一些外来的消极动机，如避免家长或老师的惩罚，或是为了得到自己想要的东西等，布鲁纳更重视培养学生的内部动机，把外部动机转化为能够激励学生学习的内部动机，尤其是要培养学生的好奇心。

布鲁纳的教育观点是在所谓的"知识爆炸"的背景下产生的，信息、知识的急剧增长，促使布鲁纳研究如何使学生将来能适应瞬息万变的信息社会。因此，布鲁纳把使学生学会学习作为教育目标，注重学生的学习过程而不是学习结果。

3. 奥苏贝尔认知同化学习理论

奥苏贝尔是美国当代著名认知派教育心理学家，意义学习论的创始人。他认为学生的学习要有价值和效果的话，应该尽可能地有意义，而当学生把教学内容与自己的认知结构联系起来时，意义学习便发生了。所谓认知结构，是指学生头脑里现成的知识的数量、清晰程度和组织方式，由一些事实、概念、命题、理论等组成。新知识的获得都必须以原有的认知结构为基础，意义学习是在新知识与原有知识的相互作用过程中产生的。

奥苏贝尔就教师如何安排教学内容序列和学生如何使自己的认知结构逐渐分化的问题，提出了具体的应用策略——先行组织者的概念和策略。

奥苏贝尔还提出，许多情感因素和社会因素对学生的学习有着很重要的影响，如动机、个性、教师和其他教育者（家庭教育和社会教育），都会影响学生的学习。他认为，动机是引发学习的原因，但如果学生暂时没有学习动机的话，那么教师要使学生做到有意义的学习，让他们在学习中得到满足，这样学生的动机将会出现。

4. 加涅的学习过程理论

加涅是美国著名的教育心理学家，他被公认为行为主义和认知心理学派的折中主义者。加涅强调，引起学习的条件有两类：一类是内部条件，指学生已经拥有的知识和技能。另一类是外部条件，是独立于学生之外而存在的学习环境。

加涅认为学习是一个过程，每一个过程都有一个开端和结尾，因此可以把这些过程分成若干阶段，每个阶段需要进行不同的信息加工。加涅认为，最典型的学习模式是信息加工模式，学生学习时，由于注意的作用，个体接受的刺激（来自环境）经感受器转变为神经信息。信息经感觉登记进入短暂的记忆存储，被感觉登记了的信息被很快转入短时记忆，短时记忆经复述变为长时记忆，此时，信息需要经过编码，以编码的组织形式储存在长时记忆区。而当要对存储的信息进行使用的时候，检索信息和提取信息就会发生。加涅的学习模型包含学习过程的八个阶段：动机阶段、领会阶段、习得阶段、保持阶段、回忆阶段、概括阶段、作业阶段、反馈阶段。此外，加涅还认为，学习是用来解决实际问题的。

（三）班杜拉的社会学习理论

班杜拉是美国著名的社会心理学家，社会学习理论的创始人。班杜拉的社会学习理论，把行为、个体和环境看作是相互影响、交互起着作用的一个系统。这种观点就是著名的交互决定论，它是一种复杂的、综合性的人类行为理论，它关注人的功能，注意到各种内部事件与外部事件的相互关系，并试图对内部状态、外部条件和个体行为的复杂的相互依赖关系提出可检验的假设。班杜拉认为，人是在社会环境中，通过观察别人的行为进行学习的。根据这个观点，人类的大多数行为是通过榜样作用习得的，学习者通过观察他人的行为会形成新行为的观念，并在以后用这种习得的观念和思想指导其行为。这种观察学习包括注意、保持、动作再现和动机四个过程。随着社会化程度的加深，人们对外部奖励与惩罚的依赖程度越来越低，更多地依赖自己内部的能量对行为进行奖励和惩罚，从而对自己的学习活动进行调控。

（四）皮亚杰的建构主义学习理论

皮亚杰是瑞士心理学家，他提出了建构主义学习理论，该理论认为，学习并不是学习者被动地接受外部越来越多的知识经验的过程，而是主动构建新的认知图式的过程，即学习是通过创造，在原有的图式基础上构建新的认知图式的过程。图式是皮亚杰理论中一个核心的概念，可以被看作是学习心理活动的框架，是认知结构的起点，或者说是人类认识和理解事物的基础，是一个雏形。皮亚杰认为，认知发展是受三个基本过程影响的：同化、顺应和平衡。就本质而言，同化主要是指个体对环境的作用，顺应主要是指环境对个体的作用。个体的认知图式是通过同化和顺应而不断发展，以适应新的环境的。而"智慧的行为依赖于同化与顺应这两种机能从最初不稳定的平衡过渡到逐渐稳定的平衡"。他还认为错误和挫折是有意义学习所必需的。对于学习者来说，重要的是学习者能够自己提出问题。学习也不仅仅是学习者个人的活动，也是与社会其他个体发生相互作用的社会行为。

（五）罗杰斯人本主义学习理论

罗杰斯是人本主义学习理论的主要代表人物。该理论认为，对于学生来说，最好的学习是意义学习，是一种学习者全身心地投入的学习，在学习的过程中，学习内容具有个人意义，在学习中，学习者是"完整的人"，而不是身体的某个部位，显然，罗杰斯的意义学习是与奥苏贝尔的意义学习的内涵是不同的。罗杰斯认为，意义学习是左右脑共同发挥作用的最好办法，因为"意义学习把逻辑与直觉、理智与情感、概念与经验、观念与意义结合在一起，当我们以这种方式学习时，我们就成了一个完整的人"。罗杰斯反复强调，学习不应该只发生在"颈部以上"，只有全身心投入的学习，才会对学生的学习产生深远的影响。真正的学习是包括情绪情感和理智的学习。他认为，人类生来就有学习的潜能，生来就对世界充满好奇，但这种好奇心往往因学校的教育中的经验而变得迟钝了。人本主义还强调学习氛围是影响学习的一个重要因素。他认为，事实证明，让学生在良好的气氛中学习，并让他们主动参与学习活动，在活动中给予资源和建议比给学生施加压力的正规教学活动要有效得多，许多教师和学校之所以忽视这类研究和活动，主要原因是由于这些研究成果对教师群体构成了威胁。倘若教师不用去教学生，而只是为学生提供学习的环境和机会，便能够提高学生的学习成绩，这对教师群体来说似乎是剥夺了他们的职业，因而不愿意接受这类活动。在做中学是罗杰斯学习理论里的一个重要原则，他认为，促进学习的最有效的方式之一，是让学生直接体验实际问题、社会问题、伦理和哲学问题、个人问题和研究问题等。当学生参与到学习过程时，他就有了责任，就会促进学习。这类参与性的学习，被证明比消极被动地学习要有效得多。他的理论还提出，学生应该自我评价和自我批评，而教师的角色是一个促进者，其任务是提供各种学习资源，提供促进学习的气氛，使学生知道如何学习，在学习过程中教师是个提供建议的人。在教学过程中，应该以学生的学为中心，要信任学生，相信学生的学习潜能，尊重学生的学习风格和自尊心。

（六）一般性学习原理

在看完了以上各部分学习理论之后，读者会问这些理论与学习活动有什么样的关系？针对这个问题我们列举了一些基本性原理来帮助教师和学生理解，以便于更好地将学习理论成果运用到教学和学习中。

1. 概念形成理论

概念是学习的基础，无论是在社会生活还是在学习中，它都被广泛地应用，概念对我们的思维尤其重要，关于概念理论，现在常见的有联想理论、假设—检验理论和范例理论。联想理论用强化来解释和促进概念的形成，如果学生能识别某个概念的一个例子，就立即给予强化，这样学生就能够形成许多刺激与概念的联结了。目前，比较受人欢迎的观点是把学生看作是一个良好的信息加工者，学生提出各种假设并检验各种假设来解决各种问题，在这里，提出问题是关键的，是否提出问题并有解决的动机是引起一系列学习行为的起点。布鲁纳认为，在概念形成过程中，学生不是被动消极地接受刺激形成联想，而是积极主动地，通过一系列假设—检验来形成。而认知心理学家提出，记忆中的种种概念是用具体的例子而不是抽象的特征来表示的。这种具体的例子就是范例，最典型的范例叫作原型。我们对范例理论进行延伸发展和应用，形成了示范性教学的实用教学技术。

2. 记忆与遗忘理论

记忆和遗忘的问题是大家都比较关心的问题，在遗忘面前，记忆显得矛盾和无奈。很多教育学家和心理学家专门研究这个问题，目前已硕果累累。著名的遗忘理论有消退理论、干扰理论、动机遗忘理论、线索—依存理论、艾宾浩斯遗忘理论等。根据消退理论的研究，大脑中的记忆随着时间的推移而衰退，即学生如果不常回想或不常使用那些信息，就容易从记忆中丢失。干扰理论认为，随着越来越多的信息进入大脑，则提取线索越容易受到干扰，导致信息提取失败，它强调新旧信息都可能干扰到我们回忆某些内容。动机遗忘理论认为，有些信息被记住是因为这些信息对学生来说是很重要的，或者是能够给学生带来良好心情或愉快的，而有些信息不被记住是因为它们引起学生们的痛苦或消极情绪。态度和看法也是影响记忆的重要因素。弗洛伊德提出人们之所以趋向于遗忘那些令人不快的事情，是由于这些信息被压抑了，压抑是一种自我防御机制，它阻止不愉快的记忆内容进入意识，以避免发生不愉快的体验，从而影响学习。线索—依存遗忘理论认为，是信息提取的失败导致了遗忘。一个人回忆不起某些信息，是因为他没有良好的提取线索和提取方式。也有人认为，不能回忆起信息，可能还有线索过多的缘故。艾宾浩斯通过无意义音节的实验，总结出了遗忘的规律，提出了根据遗忘规律及时复习的观点，强调复述在保持记忆中的重要作用。

3. 迁移理论

学习的目的是学以致用，知识的价值在于运用。如何把学习策略和内容迁移到新的学习环境中去，是教育界最为关心的问题之一。现代心理学和教育学认为，迁移是一种学习对另一种学习的影响，有正迁移、负迁移和顺向迁移、逆向迁移之分。迁移不只局限在认知领域，它还包括情绪情感和行为的迁移。形式训练理论认为，通过训练，发展学习者心智的各种官能，将之迁移到其他学习上面。就目前的教育来讲，学生在学校负担的功课繁多，信息量大，教师不可能有那么多时间反复讲授，也不可能陪着每个孩子从头至尾地学习。如果发展学生的心智官能，他们就可以自己主动去吸收知识，因此掌握知识是次要的，发展官能是重要的。泛化理论认为，迁移的重要条件是学生能总结出一般原理，学生能够把自己在一种学习情境中获得的经验加以"泛化"，并运用到其他的学习情境中。在格式塔理论看来，通过理解的方式来学习可以将理解的东西进行迁移，这比机械记忆得到的结果要好。学习定势理论认为，迁移取决于通过训练获得的定势和技能。学习者对一种问题的训练有益于另一种问题的解决，从一种学习情境迁移到另一种情境上去，是一个人学会如何学习的过程。

4. 问题解决理论

学习和教学的目的是使学生独立自主地解决问题。试误理论认为试误促成刺激与反应的联结，从而使问题得到解决。顿悟理论认为问题解决是顿悟作用的结果。信息加工论认为问题解决是信息加工系统对信息的加工。

除了以上的原理之外，尚有许多内容，我们已经将其分解成教学技术和学习技术类的实用部分进行详述，这里只是对一般性原理进行介绍和引导认识。

第四节　影响学生学习成绩的因素

在学习知识的过程中，影响学生学习成绩和学习效率的因素是多方面的，有内在因素也有外在因素，将关键的因素概括起来有以下几点：

一、多元智能

教育学和心理学界的研究者们都在探讨当今教育改革，特别是学校教育如何将学业成绩与人的智能结合起来；营造有利于培养一大批个性健康发展、个人潜能得以充分发挥、具有创新和批判精神的人的环境。

多元智能理论认为人的智能是多元化的，是先天遗传下来的潜能，每个人体内都存在有八大智能，分别是内省智能、人际智能、数学逻辑智能、语言智能、音乐智能、空间视觉智能、身体运动智能、自然观察智能。它肯定每一个学生都有其不同的智能强项，只是智力分布的特点和智力组合方式不同，每个学生都是人才，都能成才，只要注意发现并给予科学的训练都能导向成功，遗憾的是，我们很多家长只知道加强孩子的语言和数学智能教育，不能看到孩子的其他智能优势，从而导致家长教育孩子的诸多困惑。多元智能是影响学生学习的智力因素，但后天的教育和培养对学生的能力发展起着主要的作用，了解学生的多元智能状况，结合潜能开发技术，增强补弱，使学生的潜能得到合理开发和发挥，将有利于孩子的学习效率和成绩水平的提高。

对于家庭而言，了解孩子的多元智能状况，做到因材施教，有以下几方面的意义：

（1）了解孩子的人格特质及优势领域，进而正确培养孩子，同时能透过对孩子心性的了解，而给予适当的互动教育方式，更能增进亲子关系。

（2）尊重孩子个体差异，借以改善亲子互动之间的困扰。

（3）了解大脑功能，协助突破学习障碍。了解孩子天赋之所在，培养所属之专长，并了解孩子学习上之性格，增强学习成果。

（4）依孩子生理、性格、智能发展之不同，给予适当的学习环境。

（5）提供家长"增强补弱"之调整，并给予适当的咨询辅导。

二、学习心理

实践证明，学习心理技术能够解决学生会不会学和愿不愿学的问题，不仅能够提高学生学习策略水平，还能够培养学生的学习动机、态度和兴趣，促进学习行为习惯的改变。中小学的学习成绩问题从根本上来讲同时也是个学习心理问题，这里所说的学习心理是正常领域的心理现象，是个广泛的、智力水平正常的范围，超出这个范围的异常心理，不在我们研究之列。目前，中小学生的学习成绩问题事实上与学习心理、学习动力、学习态度、学习技术、学习行为、家庭教育、学习基础、身体素质等因素高度相关，因此，学习成绩的问题同时也是学习心理需要处理的问题。在学习的过程中，心理活动时时刻刻都在发生，因此学习心理对于学生学习的影响是根本性的也是至关重要的。

国内外对学习的研究有大量的优秀成果，其中绝大部分的成果是心理学的成果，因此大都说成是心理学家发现了学习的奥秘。专门研究学习的科学叫作学习学，也叫学习心理学，目前已经成为了一个独立的学科。将学习心理与学习本身结合起来，把心理学技术充分应用于学生的学习活动中，必然给教育带来巨大的生产力，可以说，学习技术和教育技术也是第一生产力。学生若是能够掌握学习心理，不仅能学到实用的学习技术和策略，还能够通过学习心理技术调控自己的学习状态，如学习情绪情感、学习动机目标、学习行为习惯，克服自卑心理、获得高度自信，战胜疲劳倦怠，构建一个良好的和谐的内部学习环境，从而全身心投入学习中；也能处理好同学和同伴之间的关系、亲子关系和师生关系，创造一个很好的学习氛围，使学习在有利、愉悦、轻松的环境中进行。

三、行为习惯

在学习过程中，我们经常看到有的学生行为懒散、作业马虎、学习拖拉、上课不专心、作息无规律、学习无计划、不爱动脑筋、依赖老师和家长等，这些归结起来，都是学习行为问题。

叶圣陶说："教育就是行为习惯的培养。"在学习过程中，行为与思维是紧密相关、相互作用、相互影响的。正如直立行走促进了大脑的发展，日常行为习惯也在促进着学生神经系统乃至思维的发展。一个经常运动的人，思维也会敏捷，善于思考；一个懒散的人，必会思维缓慢、反应迟钝。有一个现象是：行为积极的学生，其思维也积极；行为懒散的学生，思考上也懈怠；行为敏捷的学生，思维也敏捷；行为上能吃苦的学生，其思想上也能吃苦。思维与行为是决定与反作用的关系，思维决定着行为，思想的错误必然导致行为的错误，而行为则反作用于思维，是内部思维的外在表现。促进思维的发展，行为的规范和习惯的养成对思维水平的提高起着不可或缺的作用。因此，学生在日常学习的活动中，要积极行动，有意识地发展身体运动智能，积极锻炼，积极做事，养成良好的行为习惯。既然劳动改造了人类的大脑，那么劳动也能促进我们的学习。

成绩的好坏与行为习惯的好坏直接相关。如果行为习惯不良，则会大大影响学习成绩，许多家长没有注意到这个问题，忽视了这个品质的培养，致使孩子缺乏勤劳的品质，造成在平常人看来非常简单的行为，孩子都觉得很困难，没有信心完成，容易厌倦、消极，畏难情绪严重，从而影响学习。

四、学习基础

学习基础是影响学生学习成绩的历史因素。学习基础不扎实的学生，在统一授课的过程中会受到阻碍，遇到当时凭自身能力无法解决的问题，加之学习任务繁重，时间紧张，听不懂课，不会做题，导致知识结构的缺陷和不完整，累积下来使得竞争力处于弱势地位，越来越对自己失去信心，形成高度自卑，无法鼓起信心，失去学习的动力。学校课程中的知识是系统的，每一部分的内容都是以前一部分为基础的，以前的没有掌握，现在的就无法掌握，以后的就更难掌握了。因此，学生在学习过程中要想重新"站起来"的话，必须依靠高效学习技术（包括心理技术和学科技术）的运用来全面解决学习基础的问题。

五、学习策略

学习策略是影响学生学习成绩的直接因素。有的学生非常刻苦用功，但学习效果却不好，原因何在？主要是学习策略不当。策略不当的学生在学习中往往要多走弯路，白白浪费许多时间和精力，做许多的无用功，而学习效果不理想，造成自信心低落，对学习失去兴趣。每个学生都想把学习搞好，没有人天生不希望把学习搞好，学有所成，相当多的学习者为了提升自己的学习成绩，付出了相当多的劳动，甚至用悬梁刺股的办法也不见效，关键的原因是没有掌握科学的学习策略。因此，学习策略对于学习成绩提升的重要性是不言而喻的。

六、身体素质

身体素质是影响学生学习成绩的生理因素。任何学习活动都以身体为载体，很多专家学者都从学生的大脑活动去寻找学习成绩的影响因素，但我们数千例的学生实例证明，身体素质对学习成绩的影响是相当大的。现代研究证明，体育锻炼与学习成绩水平是高度相关的。但这个因素往往在学校繁重的学习任务的情况下容易被人们忽视，最主要的原因是没有认识到身体素质与学业成绩的关系。

身体素质好的学生，身体供氧效率高，血液循环通畅，身体机敏度高，物质代谢功能强，处于高度心理放松状态，从而乐以忘忧，精神状态好，不易疲劳。学生学习活动过程中，使用最多的姿势是坐姿，而且在现代学校教育的情况下，坐在座位上的时间是相当多的，回家做作业的时间更是要坐到深夜，身体素质不好的学生难以承受长时间的学习，极易疲劳，精神委靡，效率很低，导致心理上厌学情绪的产生。所以，在学习中不要忘记锻炼身体，好的身体素质可以把学习过程带入到一个良好的舒适境界。

七、教育水平

在这里，对学校教师的教育水平我们不予褒贬，因为对于学生来讲，教师是个客观的外在因素，这里突出强调家庭教育水平对学习成绩的影响。越来越多的研究认为，家庭教育是教育中的重中之重，家庭教育对孩子的学习影响是巨大的。家庭教育水平影响到孩子的态度、行为、情绪、人际等问题，最终影响到学习成绩。不科学的教育方式多引起孩子逆反、偏激、压抑、孤独、自卑、成绩下降、情绪波动、性格暴躁、过分依赖、行为懒散、拒绝学习、认知偏颇、难以沟通等不良情况。而这些无疑对学习来讲是极大的阻碍，对学生本身是不利的。因此，就这个问题来说，家长和孩子都应该学会处理好家庭关系，营造有利于学习的家庭环境和氛围。

> 影响学习的因素有：多元智能、学习心理、行为习惯、学习基础、学习策略、身体素质、教育水平。

第二章
学习心理准备

第一节 学习观念与学习技术

为什么在同一个班级、同一个教育环境下，学生们的学习成绩有如此大的差别？在实践工作中，我们发现学生的学习观念是一个首要的因素，面对同样的学习科目、同样的学习材料、同样的学习任务，每个学生有着不同的心理状态和不同的学习观念，即对学习的不同看法。我们知道，观念是行动的灵魂，学习观念对学习的行动起着指导和领袖的作用。通过对学习的反复思考，有了正确的学习观念和对学习的正确看法，学习行为就会对路，变得科学而高效，没有正确的学习观念和对学习的正确看法，学习行为势必盲目，变得错误而低效。学习革命的关键是学习观念和学习技术的革命，学生学习技术和观念的革命必然导致学习能力、学习心理素质的飞跃，从而导致学习成绩的迅速提高。学习成绩好的学生并不是智能水平高，而是善于运用科学的学习技术，善于将学习行为和学习心理状态调控到最佳状态。从而富有激情、目标和积极性地学习，并能合理地认识学习本身，正确地看待自己学习过程中的成败。

对于学习，首先要有一个正确的认识，学习者才能将学习和其本身完整地统一起来，做到全身心投入学习。

国际21世纪教育委员会曾向联合国教科文组织提交的报告——《学习——财富蕴藏其中》提出了四个学会：学会学习、学会做事、学会为人、学会生存。这被认为是终身教育的四大支柱。其中学会学习——如何让学生学会学习一直是心理学家、教育学家及教育工作者关心和研究的问题。

当代学习科学认为，学习是一种积极地获得和保持知识，在先前知识经验基础上主动理解和构建新知识以使这些知识应用于将来活动的过程。学习过程涉及学习者和学习材料之间的复杂的交互作用。学习的结果就是获得知识和技能，改变自己的思想观念、态度、情感和行为。学习是人类智慧的集中体现，是人类的基本活动。学习能力是人类的基本生存能力。不会学习就不能生存，不会学习就不能进步，不会学习就不能创造，这已是世人皆知的道理。人类正是靠着这种非凡的能力认识自己的世界，改变周围的世界，同时也改变自身。

高效学习技术训练正是针对这个问题，通过对学习者的训练，让学生学会学习、技术化高效学习。技术化学习就是充分发挥学习者主体积极性，激发学习者内在潜能、运用科学学习策略和方法，调控内外环境和资源共同作用于学习本身，轻松、高效、愉悦地学习，从而达到快速提高学习成绩的目的的学习活动过程。中小学生学习技术能有效地促进学生在学习过程中轻松、愉快、高效、快速地学习，促进学生在心理与态度、情绪与情感、行为与习惯、过程与方法、知识与技能、观念与价值等方面全面发展，促进学生有个性地积极成长，为中小学生的终身学习奠定基础。其学习特征是轻松、愉悦、高效的。

正确的学习观念要求学会如何思考。这意味着学生首先要学习大脑是怎样工作的，记忆是怎么工作的以及如何对待和处理学习材料，在教育和学习领域，一些诸如"快速学习法""超级学习法""全脑学习法"和多种记忆法层出不穷，事实上，这些名称含义过于复杂，容易让人迷信，我们应该明白的是：

（1）最好的学习体系是最简单的，甚至充满乐趣的；

（2）最好的记忆法是实用性的，而非表演性的；

（3）最好的学习体系是综合应用性的，而非单一使用的。

一项惊奇的发现是，最好的学习法和我们在婴儿时使用的方法相似，比如，在我们的学习体系中，有一项技术经常实用，而就是放松技术，人要在身心松弛的情况下，才能进行高效学习，关于脑电波的研究证实了这一点。再重申一遍：最好的学习技术也是简单的，有趣的和有效的。

学习技术是指学习者在具备良好的学习心理准备和正确的学习观念的前提下，积极调控学习情绪情感，学会掌握运用科学的学习策略、认知技能，作用于学习活动过程和学科学习材料，培养良好的学习行为习惯，管理自己的学习环境与资源，达到提高学习效率和效果的目的，从而提高学习成绩水平的一项技能。学习技术的一个重要特征，是能够把所学的知识和方法策略运用到实践中，应用到具体学科、具体材料中，通过学习的实践来检验自己的技能，锻炼自己的能力，培养自己的创新水平。

第二节　多元智能与高效学习

笔者在多年青少年教育实践中，感到青少年学生中心理存在自卑的现象相当普遍。我们认为，其实每个人在不同程度上都有自卑心理，也就是说自卑感带有一定的普遍性，尤其是学习及知识方面的自卑感。这种自卑在青少年学生中表现得最为普遍，因为在青少年学生心目中，学习成绩的好坏似乎是决定其优劣的第一要义，学习成绩的优劣直接决定着他们的自尊程度。

这是因为人们习惯于用数学——逻辑智能和语言智能来评价学生的聪明程度，这是不正确的。一元评价造成其他智能特点者的学习困难，传统的一元化教学使许多学生失去学习信心，认为自己不是读书的料。哈佛大学心理学教授霍华德·加德纳（Howard Gardener）的研究表明：这两种智能仅仅是你许多"智力"中的一种。他指出：我们每个人至少有八种不同类型的智力，其中以上这两种受传统教育的高度重视。多元智能理论认为人的智能是多元化的，是先天遗传下来的潜能，每个人体内都存在有八大智能，分别是语言智能、数学逻辑智能、音乐智能、空间视觉智能、身体运动智能、人际关系智能、自我认识（内省）智能、自然观察智能。现分别介绍如下：

语言智能，表现在读、写和言语交流方面，这一能力在诗人、作家和演说家身上得到高度发挥。

数学逻辑智能，表现在逻辑推理和计算能力方面，这一能力在科学家、数学家、律师和法官身上得到高度发展。

音乐智能，是指人感知音调、旋律、节奏和音色等的能力，在音乐家、作曲家和指挥家身上得到明显体现。

空间视觉智能，是指人们利用三维空间方式进行思维的能力，在建筑业、雕塑家、画家、航海家和飞行员身上高度发展。

身体运动智能，是指能够巧妙地操纵物体和调整身体的技能，在体操运动员、舞蹈家和其他运动员身上明显表现。

人际关系智能，是指能够有效理解他人，与他人交往的能力。在成功的企业家、教师、社会工作者、政治家、优秀的组织管理工作者和销售人员身上表现明显。

自我认识（内省）智能，是指正确觉知自我的能力，包括洞察自我、了解自我和自我反馈、自我调控的能力，直觉能力和潜意识储存能力，并善于运用这种知识计划和引导自己的人生。哲学家、心理学家、心理咨询治疗家拥有较高的自我认识能力。

自然观察智能，是指善于观察自然界中的各种形态，对物体进行辨别和分类，能够观察自然或人造系统的能力。它在农民、植物学家、猎人、生态学家等人员身上又得到充分体现。

多元智能理论肯定每一个学生都有其不同的智能强项，只是智力分布的特点和智力组合方式不同，每个学生都是人才，都能成才，有的人在语言智能和音乐智能上特别有天赋，而有的人在人际关系智能和内省智能方面尤为突出。只要注意发现并给予科学的训练都能导向成功，遗憾的是，我们很多家长只知道加强孩子的一元智能教育，没有看到孩子的其他智能优势，从而导致家长在教育孩子方面产生诸多的困惑。多元智能是影响学生学习的智力因素，但后天的教育和培养对学生的能力发展起着主要的作用，了解学生的多元智能状况，结合潜能开发技术，增强补弱，使学生的潜能得到合理开发和发挥，将有利于孩子的学习效率和成绩水平的提高。众所周知，脑科学的研究打破了传统的、狭隘的智力观。近20年来，多元智能理论在世界各国备受关注与认可，成为许多国家教育改革的强有力的理论基础。我们可以从以下几个方面来理解多元智能对学习的价值：

（1）多元智能的定义是极具实用价值的。智能是三种能力的综合，即解决现实生活问题的能力、发现问题和提出问题的能力、提供至少在一种文化中有价值的产品或服务的能力。

（2）多元智能理论指出了智能是多元的。每个人都至少具备八种智能，这八种智能包括语言智能、数学逻辑智能、空间视觉智能、音乐智能、身体运动智能、人际关系智能、内省智能、自然观察智能。加德纳提出的智能多元性使人们清楚认识到，人的智力是多元的，而不是单元的，单纯以语言和数学逻辑智能评定人的智力是错误的。

（3）多元智能理论提出智能是平等的。每种智能在人的生活、学习、工作中以不同的方式发挥着各自独特的作用。因此，人的聪明智慧体现在各方面。

（4）多元智能理论揭示了人们体内的多元智能之间是存在差异的。人的八种智能以相对独立的形式存在。在一个人身上八种智能的发展水平并非一样高，显示出参差不齐，有的智能呈现出相对高的水平，有的智能呈现出相对低的水平，而其优势智能往往是其进行思维、学习及表现的最佳方式。

（5）多元智能理论指出人与人之间在智能特点上存在差异。八种智能在每个人身上体现的程度及组合方式有明显的不同，每个人都有着自己相对优势的领域与相对弱势的领域，导致了不同的人有着不同的学习及价值。如一个不善于交往的人却可能是著名的画家，一个不善言表的人却可能是数学家或科学家。它启示着教育要避免"一刀切"，要因材施教。

（6）多元智能理论表明智能是先天潜能与后天学习的共同产物。智能的形成既有先天的基础，又有赖于后天的开发。因此，教育要关注人本身的先天潜能的同时，还要关注后天学习的价值。我们要相信"每个学生都是各具智力特点，有着巨大发展潜力的树苗"，对大多数人而言，只要教育和学习得当，每个人的八种潜能都能得到较高水平的发展。

另外，多元智能理论强调潜能的最大化开发，指出教育要开发人的优势智能的同时，也要注意弱势智能的培养。

每个人的学习潜力是无限大的，英国作家、心理学家、教育家托尼·布赞简明地指出："你的大脑就像一个沉睡的巨人。"你的大脑有1千亿个活动神经细胞，每个细胞有2万个连接点，现在我们用研究数据来证实这一点：

你也许听说过，我们通常只利用了大脑的10%，其余90%没有得到利用。这种说法不够准确。确切地说，人类大脑99%没有得到利用。

也就是说，我们多半只利用了脑力的1%。

认真思考下列问题。这些问题是根据有关智力能力的科学事实提出来的，引自教授艾萨克·阿西莫夫（Isaac Asimov）的《大脑》一书：

我们有2000亿个脑细胞（这树木和某些星系的恒星数目一样多），为什么我们不能学得更好呢？

我们大脑能够容纳1000亿个信息单位（相当于500册百科全书的信息量），为什么我们不能记得更牢呢？

我们的思考速度大约是每小时480英里（比最快的子弹头列车更快），为什么我们不能思考得更迅速呢？

我们的大脑可以建立100万亿多个联结（这会让最尖端的计算机汗颜），为什么我们不能理解得更完整更透彻呢？

我们平均每24小时会产生4000种念头（如果每个念头价值1分，那么一天就是40元），为什么我们不能更有创造性呢？

答案很简单。我们多半只利用了大脑最微不足道的部分。斯坦福研究所的科学家们说，我们大约只利用了10%，其余90%的大脑潜能尚未得到开发。

稍微多发掘一点，假设能利用脑力的20%，你就能使脑力提高一倍。假设能使大脑全部得以开发，每时每刻都充分利用它的天赋和能力，你就会使脑力得到成千上万倍的提高。

> 请注意：你的大脑是一个沉睡的巨人，你拥有世界上功能最强的电脑。
>
> 请注意：从来没有什么差生或呆学生，只有没有掌握好学习技能的学生或是不懂学习策略的学生。

除了多元智能因素以外，还有许多因素影响着学生的学习活动，比如学习动机、努力程度、学习兴趣、情绪情感、意志、性格状态等，这些我们称之为非智力因素。

第三节 学习态度与自信心训练

人们常说："态度决定一切。"事实亦然。良好态度的形成源于人的自我教育。张楚廷先生在《教育哲学》一书中讲道："教育是对人的教育，又是人对人的教育，又是人的自我教育。"他又以其深厚的数学底蕴随即提出教育的五个公理：潜在公理、动因公理、反身公理、美学公理、中介公理。"人有潜在的才能和智慧，这种潜在是天赋的（哈佛加德纳教授之多元智力理论可为佐证）"谓之"潜在公理"；"人又有把这种潜在表现出来、开发出来的欲望（类似于幼儿身上表现出来的欲望）"谓之"动因公理"；"人可以自己作用于自己，他用自己的意识和意志作用于自己，是人开发自己潜能的途径"谓之"反身公理"；"人通过反身性作用于自己的时候，基本的中介是美学因素，人按照美的规律构造自己"谓之"美学公理"；"人天赋的群生性，使得他人他物在人的反身性作用过程中产生可能的影响"谓之"中介公理"。由此，人的发展离不开自我教育，按潜在公理，人有无限潜能；按动因和反身公理，人应该积极开发自我；按美学公理，人的发展其实有着审美情趣；按中介公理，人应该合理协调内外资源进行自我发展。

教育自我进而发展自我的唯一途径是树立积极的人生态度，树立正确的人生观、世界观，正确对待得失利害，无论是得意还是失意都以积极乐观的态度面对，正确分析自己的学习，评价自己的学习，使自己从正反经验中找出积极因素，经常处于豁达、开朗、愉快的心理状态。

反之，无论你的生活多么优越，假如你生气烦恼、沮丧，身体就会分泌肾上腺素类激素，使身心处于紧张状态。这就是消极心态，对身心有害。

积极心态的难点就是尽管在困难、挫折、竞争失利、考试失败等不利情况下，也能从中找出积极意义、有利因素，转变思考角度而形成积极心态。

一、改变消极的学习态度的训练

人的任何改变以及一切知识、观念、态度的内化，都基于对自我的训练。我们日常所思、所想、所期望要变成现实，需要我们的行动——练习与训练。

每天，我们都需要学习大量的知识，必须完成许多的学习任务，阅读大量的学习材料，大多数人觉得要做到这样很困难。在面对许多学习材料的情境下，感到自己脑袋不够用，希望自己能多长一个脑袋，有些人甚至认为，有的人天生有着良好的智力水平，所以学习成绩就好。并且认为，同一个问题别人都懂了，而自己却很"不幸"——没有学会，似乎其他人都比自己更擅长学习。在许多人眼里，学习成为一项艰苦繁重的、枯燥的、难以胜任的任务，甚至一想到自己将不得不学习新内容，就产生厌烦和惧怕。导致这种奇怪现象产生的原因是人们头脑中存在许多有关学习的错误假设。这些假设都来自于内心对学习的消极态度。学生在开始学习的时候，其心理态度和所下的决心是其成功的关键。可以说，消极的学习态度是中小学生学习获得成功的巨大障碍，它同时也严重影响了学习效率。具有消极态度的同学没有意识到自己之所以总是学习吃力，在很大程度上要归因于自己对学习的态度，正是自己妨碍了自己的学习。事实上，人类经过千百万年的沉淀，其学习能力和品质通过人类基因进行代代遗传，每个人天生就是优秀的学习者，学习能力是我们继承来的一种遗传素质，学习的能力以潜能的方式存在于每个人身上。因此，每个人都可以更加轻松，更加愉悦，更加高效地学习。

每当你怀疑自己是否具有前文所述的学习潜力时，请回顾一下这次练习的结果：

①拿出纸笔。

②列出你在学科学习中曾经学过的东西。

③列出你从业余爱好诸如体育运动、音乐、绘画、游戏等过程中所学到的东西。

④列出你由于生存和生活的需要而学到的东西。

⑤列出你所学到的与上述事情无关的东西。

由于在受教育过程中形成的对学习的反感，以及社会上有关学习的荒诞说法，使许多人想到自己不可能取得学业上的成功，当他们面对一项学习任务或要求时，头脑中就不断浮现有关学习的种种错误念头，使其对即将到来的学习活动产生紧张和失败感，对于这种普遍消极的态度我们可以用以下4种情况概括：

①"学习真是枯燥乏味"。

②"我不擅长学习"。

③"我不可能学会这个科目"。

④"我记不住老师所讲的"。

如果我们日复一日地重复这些话，会使我们一想到学习就焦虑、备受压抑和消极，还会产生消极的自我暗示的作用，使我们在最需要动脑学习的时候关闭了学习中枢，大脑相关区域的细胞就会处于消极状态，活性降低，从而导致学习失败。消极态度和积极态度虽然差别只在一念之间，但其影响却是决定性的，所以，我们要努力改变这种消极态度，使之变成积极的、自信的学习信念，这样能够大大提高学习效果，要使学习效果从消极变为积极，需要向自己输入一些积极的信息，下面介绍一种训练方法，这套方法源自尼尔·菲奥里博士的研究成果：

① 用"学习真是令人兴奋而有趣！"等意思相近的句子代替"学习真是枯燥乏味！"

② 用"我善于学习，我能学习！我已经学会了很多东西！"等句子代替"我不善于学习，我学不会！"

③ 用"我能理解这个内容！我学会了许多有关生活学习的信息！"等句子代替"我不能学会这些！""我不可能理解这些！"

④ 用"我能记住这些！肯定能！"等句子代替"我记不住这些！"

进行上述训练能使你将消极的学习态度变成积极的学习态度。训练用自我对话的方式，每次重复以上内容，体味其深刻含义，以改变消极的态度和观念。

二、克服消极学习心理的训练方法

根据美国著名心理学家R.J.斯腾伯格长期的研究结果，处理好以下三个方面可以促进学业成功：

1. 正确看待外界重要人物的负面评价

一般来说，重要人物是指在学习和生活中能够影响自己的人，如老师、亲友、父母等。很多同学对重要人物、对自己的评价很在意，因此经常受到这些评价的影响。这些评价可分为两种，一种是正面评价，如"这个孩子很聪明，脑瓜子灵活，有前途！"另一种是负面评价，由于重要人物的影响，一些学生真的认为自己不行，通常消极、畏首畏尾、犹豫不决，最后在恶性循环中成为一个失败者。

一些科学家，如米哈里·茨克森明哈里（Mihaly Csikszentminhalyi）已证明，任何一个人都可以成为优秀的学习者，每个人进取具备成为一个学习高手所需要的全部主要能力，这些能力都存在于人的大脑里面。所以，对于消极的评价不用担心，因为那些负面评价本身就是无根据的。我们只需稍稍训练，就可以消除那些消极评价，具体的训练过程如下：

① 要知道每个人都是天生的学习者，而且每个人都有长处；

② 要有坚韧不拔的品质，不断地打破别人的神话。当打破别人的神话，你的内心将体验到无比快乐，因为你发现了自己的优秀之处，他人和你都将对自己刮目相看；

③ 区分别人的评价是正面还是负面的，分析成败的原因，拒绝负面期望；

④ 反复地对自己说："我对自己有信心，我能找出并分析原因，从而改变学习方式方法，思想和行动保持高度一致，相信我的努力会使我的学习效果明显提高，学习成绩迅速改变。"

斯腾伯格指出："具有成功智力的人无视负面评价，即使这些评价源自于智商或类似测验的低得分。他们不会因他人的评估则停止向目标前进的脚步，一旦认准前进的道路便一往无前。他们也清醒地认识到前进的途中有许多困难，克服这些障碍正是他们乐意挑战的一部分。"

2. 消除自我评价低导致的消极学习心理

许多学生经常遇到学习困难就无端妄自菲薄，不能对自己和自己的学习进行科学分析和客观评估，导致消极评价和消极心理的产生。处于这个思想领域的人每逢困难必会以条件反射的方式进行应对，总认为自己学习能力有问题，不会带着积极坚定的信念勤奋学习，正所谓"天下本无事，庸人自扰之"。这些人一般都在学习和生活中缺乏意志和行为层面的磨炼，更没有确立正确的人生观，并且即使偶尔想到应该如何做，但总是在困难面前屈服放弃，思行不一。

自我评价低导致的消极学习心理是可以通过训练改变的。当面临一项新的学习任务时，请这样想："任何学习都需要努力过程，这个学习任务也不例外，虽然我会遇到困难，但付出必有收获，结果我会体验到学习后的充实感和成就感！"你会发现你的学习热情高涨，高涨的学习热情又会使你的学习技能得以提高。在这里，消除自我低评价的学生需要进行两种训练：

（1）开展自我激励训练，训练的做法是经常对自己说"每个人都有学习的巨大潜能，我也有，我相信自己的聪明智慧，别人做不到的我能做到"。在自我训练时，注意多使用肯定的、积极的、正面的词语，而且要多重复，重复越多，言辞越肯定，你就感到越舒服，越充满活力，你就离目标越近。一开始训练的时候，你的意识不一定想念这些肯定的、积极的、正面的词语，因为你还没有习惯，打破习惯必定是不适应的，但坚持一段时间的训练后，你的潜意识在重复多次后渐渐接受了你的积极言词，促使自我暗示逐步形成，信心和积极的评价逐步确立达到行动与思考相匹配（关于意识和潜意识及暗示技术在后文有详细阐述）。

（2）对自己的成功学习经历予以奖励。

按照以下步骤练习一段时间，尽管这个过程使你开始有些不适应，但这是正常的，上文提到一个新的习惯的养成是需要稍加坚持的。但一小段时间后，你会感觉到一系列学习观念与行为的联结形成了，你开始有了良好的、积极的关于学习的认识和体验。很快你就会开始期盼尝试更多的学习机会。除了学习体验本身的精神性奖励以外，你还可以科学设置一些自己认为对自己有促进作用的奖励内容，例如：

①当你得知一个学习机会即将来临时，想想学习之后会给自己什么奖励，这个奖励最好是你在一般情况下不会买的东西或不会做的事情。

②你越害怕学习，你所确定的奖赏就要越特别。

③ 在脑海中尽可能详细地呈现你享受这份奖励的画面：什么味道？什么质感？到底什么奖励？

④ 你一觉察到自己在考虑这次学习机会时，就转变思路，重复第3步。

⑤ 在学习快开始时重复第3步。

⑥ 在学习过程中，你一体验到焦虑或其他消极感受，就立刻重复第3步。

学习结束后（无论结果如何），执行初设的诺言，给自己兑现奖励。

3. 建立优秀人物的模型

优秀人物模型指我们常说的榜样人物在学习者心目中的形象，一个成功的学习者通常有多个榜样人物的影响和激励，如果有可能，找到榜样人物成为自己的学习导师甚至人生导师，这样他们对自身会有着良好的重大的影响，从而增强自己的意志和信念。成功的学习者无视困难且善于求学，学习优秀人物的品质、勇毅、态度、方法，若想要成为成功的学习者，就要善于将他人的品质吸纳、整合为自己的品质，并将之内化成为自己的内在素质。

建立优秀人物的模型的训练方法如下：

找出一个或几个你所敬仰的人物，可以是现代人物、历史人物、生活中能接触到的人物，也可以是书本中描述的人物，可以是自己的长辈、同学、师长等，了解他们，虚心向他们学习，模仿他们，以他们为榜样，将他们的优秀品质融入自身，只要你排解外界干扰，用心去实施，就能激发心理的潜能，从而在学习中取得成功。

我们也可以用心理训练的方法达到这个目标。做法是，静下心来，搜索（收集）这些榜样人物的详细资料，加以理解和研究。拿出一张纸，将榜样人物的优点和品质归纳在纸上，然后通过思考加工内化为比较具体的形象，包括其言行举止、处事风格、学习作风、思考方式等。每天对此进行联想，想象自己一天天在接近这个形象，想象自己正在成长成为与榜样人物一样的人，想象自己像榜样人物一样在思考、学习、举止、言谈……经过认真地想象，自己对榜样人物将会产生认同，自己的形象与榜样形象合二为一了。只要你坚持训练，这种品质会植入潜意识，将成为你本身品质结构的一部分。

第四节　激发学习动机的策略训练

内部动机是激励人行动的主要力量，是个体发动和维持行动的一种心理状态。学习动机是指推动学生进行学习的一种内部动力。孔子曰："知之者不如好之者，好之者不如乐之者。"说的就是学习动机的作用。学生一旦有了学习的兴趣，就会迸发出极大的学习热情，表现出坚毅的学习精神，从而促使自己勤学苦练。与认知相联系的兴趣带有极浓的情绪色彩，学习动机作为一种非智力因素，正如另外一些非智力因素如集中注意力、坚持不懈等意志和情感方面的品质一样，对学习起着至关重要的作用。动机的作用正是通过情绪情感唤起对学习的心理准备状态，增强这些重要品质来促进学习，形成"学习—动机—再学习"的良性循环。例如，一个学生产生了要在学习上名列前茅的强烈动机，他就一定要把主要精力集中在有关的学习上，减少其他无关活动，并能持之以恒排除干扰；克服困难、经受失败与挫折的考验。按教育心理学研究成果，动机强度的适中为好，不宜过强也不宜过弱，研究表明：极端的动机（过强或过弱的）强度会降低学生学习过程的效率。

一、学习动机缺乏的表现

1. 懒惰行为

懒惰行为表现为不愿上课，不愿动脑筋，不完成作业，贪玩。学习上拖沓、散漫，怕苦怕累，并经常为自己的懒惰行为找借口，并且没有意识到自己的理由是借口。很多学生甚至将很小的理由进行无限扩大来支持自己的懒惰行为。

2. 容易分心

动机不足的学生注意力也严重不足，不能专心听课，不能集中思考，兴趣容易转移。学习肤浅，流于形式并满足于一知半解。行动忽冷忽热，情绪忽高忽低。

3. 厌倦情绪

动机缺乏的学生对学习冷漠、畏缩、厌倦，对学校与班级生活感到无聊，学习中无精打采，很难享受到学习成功带来的快乐。

4. 缺乏方法

动机不足的学生把学习看成是被动的、被迫的、无意义的苦差事，因此不愿积极面对并探索、改善自己的学习方法，学习过程简单机械，往往死记硬背。一切为了应付考试，导致缺乏正确的、灵活的学习策略和技能，进而导致不能适应新的学习情境，尤其是复杂的学习情境。

5. 独立性差

缺乏动机的学生，往往不能独立面对学习材料和情境，在学习上没有自己的学习规划和具体的计划，遇到困难往往依赖老师的讲解，依赖外界"拐杖"的搀扶，很少能创造性、独立性地去解决问题。

很多学生在传统教育体制下，面对大堆看似"枯燥"的学习材料时，往往表现出以上的问题。面对众多的材料和学习任务，学生的情绪肯定是消极的，带着压抑、厌倦及被迫的情绪去学习，在这样的状态下进行的学习活动肯定是低效的。其实每个人都可以重燃原始的学习欲望，激发自己的学习动机（这一点应该向婴幼儿学习）。

科学家们的研究表明，学生在全力以赴完成某一学习目标时会表现出先天的学习动机，并且当个体不必担心失败，并意识到自己所学的东西是很有意义时，或当他们在学习过程中得到教师的支持和尊重时，自然会以很高的热情投入学习。另有研究表明：学生越是处于主动学习和积极应对时，动机水平会大大增强，而且只有当学生知道他们的自主思维可以影响其情绪和行为时，他们的学习动机才能得到充分的调动。

二、激发动机的策略

罗杰·米尔斯和理查德·瑞安认为，对于所有学生而言，无论是普通儿童还是问题少年，都有一个核心的心理健康因素，即积极的心理活动潜能，包括先天的自尊和学习动机。为了更好地激发自己的动机，学生应该寻求一些外界的帮助，可以接受一些训练或是导师的帮助和支持，并且也可以这样对"另一个我——潜意识"说话："我能正确地思考，合理调整自己的情绪，我能排除影响自己的干扰，我深信我身体里有着极强的先天的学习动机，深信身上有着祖辈们遗传下来的学习品质需要激发。因此，我需要调整自己的思维，采用新的视角，努力克服这些障碍，接受外界教育和自我教育。"这样，消极的信念就能逐渐被积极的信念所取代。

第五节　确立目标的策略

确立明确而可行的目标是学习策略训练的要求。有了明确具体的目标就有了行动的旗帜，明确、有意义的目标可以帮助学生整合、调动内在的心理能量，调动学习内外环境的资源，从而为学习活动提供了行动的指南和基础要素；有了明确具体的目标，学习者的学习才会建立意义，这些充足意义可以帮助和激励学习者实现学习目标，使生活和学习融为一体，实现个人的生活价值，达到自我价值的升华，并进而使人体验到高峰的美学价值和成功的喜悦，获得学习生活的审美情趣。

一个简单的目标实现过程包括下面几步：

（1）明确清楚地设定目标。

（2）制订计划并拟订步骤。

（3）考虑可能遇到的困难。

（4）进行时间管理并执行。

（5）正确评价自我的进步。

（6）达到目标则自我奖励。

一个合理的目标应当是：

（1）可达到的。目标应适合于自己的年龄、实力和现有条件。

（2）可相信的。你必须相信自己能够达到设定的目标。

（3）可想象的。目标应用可以明确表述并可测量。

（4）所向往的。所确定的目标最好是你自己想达到的，别人也希望你达到的。

学习目标不是单一存在的，应该是一个分层次的目标体系，它可以分成短期目标、中期目标及长期目标。短期目标是指当前一日、一周、一月的学习目标，比如在周末前复习完所有本周课程内容包括参考书的相关习题等。

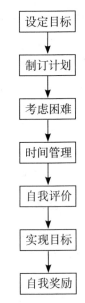

图2-1 目标实现过程

中期目标可以是半学期、一学期，甚至一两年的学习目标，如两年内英语过四级等。长期目标主要是指今后职业定位。大多与自己的理想相关。如：长大了要从事什么行业？成为一个什么样的人？成为心理咨询师、作家、教师等。也可以这样定位，如考上清华，考上博士，做航天员等。在制定目标时不要单纯将目标定位在成绩的追求上。评价标准也应该看自己在多方面是否有所提高，这样才有利于学生自我的心理发展。

现代认知心理学将目标分为总目标和多个子目标。只有总目标而没有子目标的目标体系是不切实际的。只有将总目标分解成为一个个子目标，通过实现子目标才能达到总目标的实现，这种将目标具体化、细化的方式是非常科学的。化整为小有利于减轻学生学习过程的压力，有利于确立学生的自信心，当学生每完成一个子目标，都能品尝到成功的喜悦，从而不断激发学习欲望，增强自信心，有利于一阶段的心理能量的积蓄。目标越明确，越具体，就越能使人对达成目标产生强烈的自信心和决心，从而产生强大的动力和热情去实现目标，获得成功。

学生在制定目标训练后应该向老师或家长请求支援，如督导、鼓励等。在高效学习技术系统里，我们要求学生与教师一起制订可行的目标策略并坚持执行，在目标计划遇到特殊情境需要调整时，辅导老师会在学生自主参与下更改或重新调整。

学习目标贴纸

我的学习总目标＿＿＿＿＿＿＿＿＿＿＿＿＿＿

要求达到的分数是＿＿＿＿＿＿＿＿＿＿＿＿＿

现在距离考试还有＿＿＿＿＿时间＿＿＿＿＿＿＿＿＿

现在我的成绩水平为＿＿＿＿＿＿＿＿＿＿＿＿＿

自己可以利用的资源是＿＿＿＿＿＿＿＿＿＿＿＿

目前先提高＿＿＿＿科目的成绩分别到＿＿＿＿分

具体的学习方法为＿＿＿＿＿＿＿＿＿＿＿＿＿

时间管理为＿＿＿＿＿＿＿＿＿＿＿＿＿＿＿

达到此目标后，再将＿＿＿＿科目提高分数到＿＿＿分

图2-2 学习目标贴纸

我的学习目标执行方案

时间：＿＿＿月＿＿日至＿＿＿月＿＿日

英语＿＿＿＿＿＿＿＿＿＿＿＿＿＿＿＿＿＿＿

目前分数＿＿＿＿＿＿＿＿＿目标分数＿＿＿＿＿＿＿＿＿

可用资源＿＿＿＿＿＿＿＿＿＿＿＿＿＿＿＿＿

学习方法＿＿＿＿＿＿＿＿＿＿＿＿＿＿＿＿＿

时间安排＿＿＿＿＿＿＿＿＿＿＿＿＿＿＿＿＿

备注＿＿＿＿＿＿＿＿＿＿＿＿＿＿＿＿＿＿＿

数学＿＿＿＿＿＿＿＿＿＿＿＿＿＿＿＿＿＿＿

目前分数＿＿＿＿＿＿＿＿＿目标分数＿＿＿＿＿＿＿＿＿

可用资源＿＿＿＿＿＿＿＿＿＿＿＿＿＿＿＿＿

学习方法＿＿＿＿＿＿＿＿＿＿＿＿＿＿＿＿＿

时间安排＿＿＿＿＿＿＿＿＿＿＿＿＿＿＿＿＿

备注＿＿＿＿＿＿＿＿＿＿＿＿＿＿＿＿＿＿＿

语文＿＿＿＿＿＿＿＿＿＿＿＿＿＿＿＿＿＿＿

目前分数＿＿＿＿＿＿＿＿＿目标分数＿＿＿＿＿＿＿＿＿

可用资源＿＿＿＿＿＿＿＿＿＿＿＿＿＿＿＿＿

学习方法＿＿＿＿＿＿＿＿＿＿＿＿＿＿＿＿＿

时间安排＿＿＿＿＿＿＿＿＿＿＿＿＿＿＿＿＿

备注＿＿＿＿＿＿＿＿＿＿＿＿＿＿＿＿＿＿＿

图2-3 学习目标执行方案

目标没有实现怎么办？

目标没有实现是执行中常见问题。在这样的情况下，要进行仔细分析，找出原因来，加以调整和总结经验。看是不是努力得不够、目标过高、时间管理不当，还是学习方法有问题。及时加以调整，经过反复长期地磨炼，将会从实践中总结出规律、得到锻炼、增强意志，这些对一个人的人生来讲都是宝贵的财富。

目标成功宣言是有效的目标训练方法之一，操作简单，训练效果好。其操作步骤如下：

（1）确定明确可行的目标。在学业上或工作上或人生发展中想要达到一个什么目标，清晰地加以表达和描述。如有的初中生的目标定为"我想考上一个理想的高级中学"。有的高中生的目标为"我要考上一所重点大学"。目标不可过大或过小，过于含糊，以及不太适合自己。目标过大不易实现，一旦实现不了，挫折感便会产生；目标过小则失去了目标本身的促进功能，失去了目标的动力作用。目标如果模糊如"我想当一名教育家"，就比较笼统，显得空洞而难以产生持久动力。

（2）目标具体化。分析达成目标所需的条件要求：例如，时间和精力的投入，对目标进行衡量加以量化，把总目标划分为若干小目标，使每个小目标的达成都会推动着大目标前进。如要想考取一个理想的学校，那么要对这个学校进行了解、分析，如以往的招生要求，成绩条件是什么，离考试还有多少时间，任务还有多少，还缺乏什么资料，然后制订出自己的行动规划和小目标，分阶段去完成小目标。将大目标分解成小目标符合学习原则，且有利于分阶段中的自我奖励和评价。

（3）目标形象化。目标形象化是指让目标在头脑中形成"工程蓝图"。形象化的目标对人的激励作用大于抽象笼统的目标表述，其形象化是要求将目标以形象化、影像化、附带良好情绪、情感、意义的方式呈现，即能使人体验到的具体的真实的感受。

（4）目标宣言。学习目标体系需要将目标言简意赅地进行表达，可以将目标宣言写在纸上，放在自己触手可及的地方，不仅可以多次刺激自我成长，还便于自我评估。

对于这些宣言，每天早、中、晚对着镜子各讲一遍，闭上眼睛再回顾两遍。重要的是要对已经实现的小目标进行宣告，告诉自己大目标又接近了，自己又有了收获。宣告的内容要不断更新，才能不断激励自己，使自己有进步和不足的评价。

（5）坚持训练。按照（4）的要求训练21天以后，根据具体情况，训练的次数可以酌减，如每天1～2次。实验资料表明，经过长期训练的学生，学习的信心和努力程度都增强了，学习成绩也大大提高了。

长期坚持目标训练，不仅使目标在意识里更加明确，激发人的主体积极性和增加活力，而且还能使目标深深扎根在潜意识里，激发内在的巨大潜能和动力，促使人坚持理想奋斗不止。长期坚持目标成功宣言训练可以有效调动显意识与潜意识交互作用以及在学习中的综合运用，发挥大脑各个区域的整体协调功能，为高效学习提供充分的心理资源和心理准备。

第六节　心理暗示技术在学习中的应用

一、自我暗示

许多学生在学习时总是怨天尤人："功课这么多，太叫人难以接受了，真是一件辛苦的事。"这是他们在找外界的原因，很多人都习惯于寻求外界的原因来开脱自己，这样做是对自己的进步不利的。面对困难要正确归因，建立内归因模式。我们知道，人类在活动时有两种意识水平，即显意识和潜意识，人们大多是用显意识层面去学习的，显意识层面纷乱而有限，我们在学习时容易产生疲倦正是由于显意识的纷乱而有限所造成的。潜意识是有着巨大能量的宝库，如果能通过积极暗示沟通两种意识，那么潜意识力量就会被激发出来服务于学习。积极的自我暗示技术是高效学习技术体系的基本技术之一，为了突出它的实用性和有效性，我们专门用一节的篇幅来详述。

所谓暗示是指人或环境以不明显的方式向自身发出某种信息，使个体在无意中受到外物的影响并做出相应行动的心理现象。所谓受暗示就是不加批判地接受来自外界的某种意见、观念和行为方式，从而导致被暗示者的观念、态度以及行为方式发生改变的心理过程。

我们在生活中无时不在接受着外界的暗示，比如，到超市购物，回到家却发现有一些是完全没有必要、连自己都后悔为何会买的东西。这是由于电视广告对购物心理所起的暗示作用，这些广告的影像、声音都具有强烈的暗示性。人们看电视时，都是东看看、西看看，是一种无意的行为。在无意中，人们缺乏警觉性，这些广告信息会悄悄地进入人们的潜意识。这些信息反复重播，在人的潜意识中积累下来。当人们购物时，人的意识就受到潜意识中这些广告信息的影响，左右你的购买倾向。比如，当你对两个品牌的东西拿不定主意时，多半会选择那个已经进入潜意识中的品牌，所以当我们回到家，再注意到当初的选择时，会感到莫名其妙，这就是我们经常会乱买东西的一个原因。这些都是我们日常生活中常见的现象，我们经常会对这种状况感到奇怪，其实从心理学角度来看，一点也不奇怪。因为你受到了周围环境的暗示，不知不觉就产生了与之相应的行为与心情。利用人们这种普遍的受暗示的心理特性，许多广告商都会提前为即将上市的商品做广告，因为他们知道，即使目前人们不会马上用到他的商品，但有一天用到的时候，这种暗示就会影响人们的购买倾向。

二、暗示心理对学生学习的影响

随着研究的深入，人们发现暗示像一把"双刃剑"，它可以使一个人积极向上，成就学业、事业，也可以使人委靡不振，甚至毁掉一生。关键在于接受心理暗示的个体自身如何运用并把握暗示的意义。心理暗示按照对人的发展，可以分为积极的心理暗示和消极的心理暗示。

积极的心理暗示对人的情绪和生理状态能产生良好的影响，能调动人内在潜能，发挥出最大的功能。而消极的自我暗示扎根在人的潜意识中，对人的情绪、智能和心理状态都产生不良的影响，产生强烈的副作用，甚至导致严重的后果。一些同学在学习生活中，经常重复这样一些话，"我学不好数学""我学不好理综""我粗心马虎""学习真累，太枯燥了""我就这个水平不可能进步"等，这样，就不自觉地运用了消极的心理暗示，使自己的学习生活很被动很消极，最终，这些暗示就很可能会变成现实。人们为了追求成功和逃避痛苦，会不自觉地使用各种暗示的方法，比如困难来临时，人们会相互安慰"一切都会过去的"从而减少忍耐的痛苦。人们在制定目标时，会设想和联想，想象成功时的美好情景。这个憧憬就对人构成一种暗示，形成心理上的动力，使人保持积极向上奋发前进的精神状态。

我们在临考前也经常这样自我暗示："该复习的我都认真复习了，还怕什么呢？""和别的同学相比我并不落后，何必整天紧张、担忧呢？""胜负乃兵家常事，只要自己努力了，就不感到遗憾"等。事实证明，积极的自我暗示是降低应试压力的一个有效办法。

在我们的学生中常会有人说"我真笨""我记忆力差""我没有音乐细胞"等。这些自我评价的词是没有任何根据的，过多地使用消极贬低的辞藻，将会令潜意识接受负面的消极力量，对自己的发展起着妨碍作用，不切实际地、过低地评价自己是对自我的否定。

学生学习生涯中的考试和运动员的竞赛很相似，不仅考查学生平时的努力程度和知识积累，还有一部分是考查学生的心理素质，如果在考试时运用积极的心理暗示，就可使水平得到充分的发挥。

一个人对自己的评价即心理暗示会影响整个人生的发展，正因为如此，在教学过程中，教师要经常给予学生一种积极的心理暗示，以树立他们对学习的信心和信念。所以，教师对学生应尽量多表扬，少批评。

例1 据美国报纸的一则新闻报道：一名小偷爬进一辆冷藏运输车行窃。他正在里边"工作"的时候，司机把车仓门锁死，开起车就走了。这个被关在冷藏室中的小偷，越来越感觉冷，最后就"冻死"在车里。被发现的时候，小偷的尸体也完全符合冻死的所有症状。其实从小偷进入冷藏车的那一刻起，该车的冷气根本就没有开着——冷藏车里是常温！

后来，心理学家揭开了这个谜。原来，这个小偷以为冷冻装置开着呢，再加上高度的紧张，就产生了强烈的心理暗示——我会被冻死的！于是就激发了潜意识中的自杀机制，真的越来越感觉冷，最后就真的冻死了。

例2 二战期间，德国纳粹分子利用潜意识技巧，将一些俘虏的眼睛蒙住，用冰条轻轻地划俘虏的腕脉，告诉俘虏说："你的血管已被切断，你将流血而死。"战俘以为自己血管真的被划破，潜意识相信自己将流血而死，虽然手部血管完好无损，但是一小时后，这些战俘便会"失血过多"而死去。

消极的自我暗示所激发出的潜能作用很大，当某人告知患了不治之症，此人虽然是被误诊，即使没有病，也身心俱损，失去生命的活力。

例3 有这样一个实验，实验班与对照班共同背念一首诗，告诉实验班学生诗的作者名字，而且作者是众所周知的伟大诗人，对照班不知道作者是谁，结果实验班比对照班学生记忆内容多出60%。诗人的权威，暗示这首诗的重大意义，学生的潜意识接受了它，于是便专注于学习，取得好成绩。反之，如果你向潜意识灌输："我不喜欢学习，我不是学习的料，我不可能将学习搞好。"在潜意识里就会确定消极的观念和失败型自我形象。它将使你的学业走向失败。

由此可见，心理暗示的作用是强大的。因此，我们要有意识地训练自己进行积极的自我暗示的能力，注意控制并消除一些消极的心理暗示。一个人对自己的评价是心理暗示的一种，自我评价会影响整个人生的发展。

正因为如此，在学习活动中，要经常给予自己一些积极的心理暗示，经常对自己做一些积极的自我评价，从而树立对学习的信心和信念。一些学生也在无意识地对自己做着积极的心理暗示，如有的学生喜欢把写着"天道酬勤""实事求是"的名言放在醒目的位置，以此激励自己，这些都是积极的心理暗示。在学习过程中使用自我暗示，可以帮助学习者缓解学习任务带来的紧张情绪，深刻理解学习材料的内容，进行深度认知，增强学习的自信心和克服困难的勇气，以强者的心态和轻松自信的心境来对待学习和考试。

在自主运用心理暗示时需要注意如下几点，潜意识才能接受你的暗示：

（1）暗示语言要精练。暗示的目的是为了调动潜意识的力量。但是，不能用复杂的语言进行描述，因为潜意识不懂得逻辑。应采用"我能行""我一定能成功""我会学会的""我一定能考出好成绩"等简单精练的语言进行暗示。

（2）采用积极的暗示。在学习中，有的人对自己充满信心，相信自己"很快就能学会"，有的人则缺乏信心，怀疑自己"根本学不会"。两种不同的心态，学习效果则大相径庭。前者属于积极的暗示，即使遭遇失败，也不当一回事，只把学得好的印象深深印在脑子里，结果可能很快就会了。而后者则属于消极的暗示，往往使人没有高效的学习行为，使人学起来倍感困难，形成难以自拔的恶性循环。因此，永远不要对自己说"我很笨、我根本学不会、我麻烦了、我真糟糕、我肯定不行、我绝对会失败、我一定会输"等消极、负面的辞藻会让你产生消极的暗示，消极的暗示会产生消极的心理从而导致消极的行为。如果你经常对自己进行积极的暗示，诸如"很快就能学会""我非常棒""我一定能成功"，这样会让你产生积极的有利于学习的正面思维和行为。

（3）多用肯定句。许多人有过这样的经历——骑自行车时，看到前方路面有块石头，你不断告诫自己"千万不要轧到"这时你可能就真的会轧到。有时候当你努力告诫自己"千万千万不要轧到"，"相悖意象"的法则反而会使人真的"中标"。反过来，我们要是告诫自己"我一定要绕过去"，那么潜意识就会驱使我们真的绕过去。只有这样使用肯定句来对话潜意识，才能让人进入理想的行为状态。因此，应把你的暗示性语言"我不会失败""我不能失败""我不能考砸了""我不能生病""我不能自卑"等改为"我一定会成功的""我一定能考好""我很健康""我很自信"等积极性的语言。

（4）反复刺激。刺激潜意识往往需要不断重复，并形成恒定的习惯。因此，每天晚上临睡前或早晨醒来，可用简单而富有激励性的言语给自己进行积极的暗示，也可把重复性的信念写下来贴在或放在你每天都能看得见的地方，每天早晚大声地说出来或在心里默默地说5～10遍。

暗示技术对于要面临中考和高考的学生来讲，在这段时间最重要的事是利用暗示的功能把自己的身心调整到最佳的状态，才能在考试中取得最佳成绩。

三、积极的心理暗示训练

利用积极的心理暗示可以产生积极的效果：

（1）利用语言的自我暗示。用于自我激励的话，一定要用具有积极、肯定意义的语言。如："我是独一无二的""我对自己充满信心"。

（2）利用精神的自我暗示。每天进行"精神训话"，精神训话就是按照自己的情况，编几句精练的、富有激励作用的话来激励自己去实现发展目标，每天对自己训话。根据自己的目标和实现目标的方式、途径，自己的优点和独有的特征，或要塑造的品质，编成一段令人振奋的话，每天早晨和晚上临睡前，真诚地将这段话反复念三遍，想象自己真的付诸实践了，真的就成了其中所描绘的形象。这样长期反复地坚持，能形成极强的心理暗示力量，能够使人精神振奋，思维清晰。在训话过程中要注意不能应付了事，一定要全身心地完成，否则起不到作用。下面是一个中学生的精神训话，供大家参考。

我是一个积极进取的人，我精力充沛、善于思考，我能够学好任何一门功课！我目标明确——要考上香港大学；面临复杂的学习任务，我准备充分、计划具体，并不断更新自己的目标！我坚持，我专注，为了体验学习的乐趣，我可以忽略我的疲劳，我乐于超越自我，更乐于超越对手！

我追求快乐。我自信，我快乐！我勤奋，我快乐！我思考，我快乐！我成功，我快乐！

我努力，我能行！

1920年法国药剂师爱弥尔·居叶发现"自我暗示"具有惊人的作用，它能改变一个人的内心信念。苏联、东德、保加利亚等国曾利用"暗示"来训练奥运选手，结果他们在奥运会上均表现优良。日本、美国、德国等国家也把"自我暗示"作为临床心理治疗的重要手段。"自我暗示"成功的秘诀在于自我的心理体验。它通过针对自我、积极向上、情感丰富的暗示语言，借助于想象，在人的潜意识里产生一种兴奋、激荡的心理体验，使人充满激情和自信的信念，从而达到改变自我评价、激发内在能量、塑造自我形象的目的。因此，"自我暗示"实际上是进行心理自我调节的一种方法。请记住，每天都给自己一个积极的暗示，解除压抑而沉重的学习心态，正视学习任务，轻松愉快地学习！

有些同学自我评价方式不当，考得好就证明自己努力有效、自己就适合学习；如果考试成绩不佳，就会否定自己的能力，这种做法不可取。学习是一个过程，整个过程中有许多的肯定和否定，有很多的成功和失败，每一点成败都是过程中的一个因素，否定或肯定这一个单因素来肯定或否定全盘，是一种狭隘而错误的评估方式。我们不仅要看到周围同学的成功，也要看到他们为了成功而付出努力和汗水，要学会积极评价自己。如果我们平时能有意识地积累那种成功、自信的感觉，就会使自己保持一种渴望、充实的心情，而不至于感觉学习枯燥乏味。

如果对自我进行解构，每个人至少有两个自己。这两个自己常常意见不一致，弄得自己矛盾、冲突、焦虑、压抑、自卑，严重的甚至导致歇斯底里。一个心理健康的人要学会协调这两个"自己"，协调的方法就是让二者进行自我对话。我们看看成功者是怎么做的。

有个叫史泰利的人，他能比同事们取得更多的业绩，被人看作成功能干的人，他把自己的成功归于自我精神训话，他称这种自我训话是自卖自夸的广告。他说：在我自卖自夸前（没有进行自我精神训话之前）我和许多人一样觉得自己不中用，因此一无所成，一无所有，穷困潦倒。现在（通过自我精神训话）我了解到我具备了成功的条件，我也成功了，成为了百万富翁而且将继续发展下去。

史泰利每天固定做三遍自我精神训话，每次60秒钟。他把自己写的自我训词放在皮夹中，随身携带。他的自我训话词是这样写的：

史泰利遇见史泰利——一个重要的人物。

史泰利，你是个思想远大的人，所以立下你远大的理想。你有能力胜任重责，担负起所有重任。

史泰利，你相信快乐、进步、成功。那么，只谈快乐，只谈进步，只谈成功。

史泰利，你的精力充沛。那么，表现在工作上，没有任何事能阻止你史泰利，没有任何事不能成功！

史泰利，你具有热诚。把你的热诚表露出来。

史泰利，看来你精神抖擞，感觉充满希望，常保持这种状态。

史泰利，你昨天是个了不起的人，今天会变得更了不起，往前进吧，史泰利，往前更上一层楼。

史泰利一反常态，变得能干了，精明了，有勇气了，他获得了一个又一个的成功，成为亿万富翁，他更自信、自尊和自重。

（3）利用环境进行自我暗示。环境的意义很广，可以是人、是物、是光、是声等。学习劳累时要尝试着改变环境，比如由户内到户外（如公园），由书房到客厅，由坐着看书到站着看书等。学习有些瞌睡时可以打开轻快的轻音乐舒缓一下心情。

（4）利用动作的自我暗示。紧张不安时，腹式呼吸；心情郁闷时，你可以放下负担，出去散步。

（5）利用自我形象的自我暗示。注重自己的仪表、精神、言行举止，经常给人一种自信、文雅、整洁、干练的形象，表现出朝气蓬勃、热情大度的精神状态。这种形象可无形中影响别人对你的态度、看法。反过来，别人传递给你的态度或适度的赞赏又会给你造成积极的心理暗示，形成良性循环。

（6）利用心理图像的自我暗示。消极悲观不如意时，可以回忆过去取得成功的愉快的场景；身处逆境，信心动摇时，想象成功人士艰苦奋斗的情景。想象的时候要心诚、要入神，好像自己已经进入了当时的环境，要仔细体会。

学习自我暗示，需要坚强刚毅的意志，要对自我及自我暗示有坚定不移的信心，并在实践中进行应用，使自我暗示得到恰如其分的应用。下面介绍两种具体的自我暗示的方法：

第一，冥想放松。你可以随手取用一个手头可以找到的小型物体，以此为工具，借助自己的想象思维，进行冥想。按照瑜伽的观点，冥想是一种智慧的感知状态，日本著名医学博士春山茂雄从大量临床实践和科学研究中证实，冥想能改善大脑，保持脑细胞的活力，能使人心情愉快，使免疫功能增强。具体做法如下：

① 取一粒洗干净的葡萄，凝视它，放松心情，反复观察它的颜色、表面的质感、光泽，透过表皮欣赏它的颜色；看水珠附着在表面的细节，然后用手轻轻触摸它的表面，仔细地感觉，再仔细闻闻它的气味。

② 闭上眼睛，回忆这颗葡萄给你的印象。

③ 从头到脚放松肌肉，进行5次以上的深呼吸，排除杂念，然后想象自己像孙悟空一样变小，钻进了葡萄里。接下来，想象一下，你在里面感受到了什么？然后再想象自己在里面尝了一口葡萄汁，体会其味道。

④ 想象自己从葡萄里面走出来，恢复了自我，深切回忆刚刚所体会到的感觉，然后做5遍深呼吸，再次回忆那种感觉，睁开眼睛，你会感觉到头脑清爽，心情放松，伴有愉悦感。

第二，自主训练法。又叫适应训练法，其中较简单的一种方法如下：

① 坐在舒适的有背靠椅上，背部轻靠在椅背，保持头部正直，脖子放松，两脚摆放与肩同宽，脚心贴地。

② 两手平放在大腿上，掌心向下，闭目静静地深呼吸数次，直到洗心涤虑、排除杂念，把注意力和意念引导到手心以及手腿接触的部位。

③ 不久，你会感觉到手心慢慢地产生温暖感，然后逐渐地扩散到手掌全部。

这时，反复默念："放松、入静，我会感觉更温暖。"并体会手部的温暖感。

④ 做5遍深呼吸，睁开眼睛。你会感觉到全身放松，大脑清晰，思维活跃。

四、课前"自我暗示"训练尝试

许多学生带着一种消极被动的情绪上课，尤其是面对不擅长的科目或者对不喜欢的老师，就会失去兴趣和信心，上课感到动力不足或者效率低下，使课程没有实现应有的价值。如果有这样的情况存在，将对自己的学业不利，特别是毕业班的学生，更加要重视每节课的效果。

由于长期受到负面的自我暗示影响，许多学生经常面临困难就消极对待，经常用"我不喜欢数学课""我不会做数学题""上英语课好累"等词句来暗示自己，这样只会使这些课程愈来愈成为自己的负担。改变这种局面的办法是要改变自己的心理环境从而改变自己的行为，进而取得自信、兴趣和动力。

在学习生活中我们逐渐发现，"自我暗示"是提升学生自信心、积极性和活力的好办法。在每天上、下午第一节课前的10分钟预备时间里，用自我暗示的方法来提高自己的心理状态，将会减轻学习的心理负担，获得学习的愉悦感和幸福感。

（1）按阶段设置暗示语。

设置暗示语与学习知识一样需要循序渐进，通常要考虑自己的情况，依不同的阶段来设置不同的暗示语，这样才能分阶段来激励自己，不断获得成就感的奖励，推动自己前行。

如果你没有自我暗示的经验，那么要从基础的、简单的暗示语开始设置，起到作用后再进行深化。开始时，要对自我暗示所要达到的目标定位低一些，这样容易获得自我的成就奖励。如对数学课不感兴趣（平常很少认真听课），你可以这样设置暗示语："我能专心听完这节课""听完这节课就是我的进步""我很高兴今天能听懂这节课""真愉快我能做出两道数学题"等。

经过一段时间的暗示训练，当你发现自己的状态有所改善，每天的学习很充实、快乐时，你就该考虑重新设置自我暗示语了。这个阶段的暗示语不必那么具体，但一定要根据你现阶段的状况提出较高的要求。这些暗示语应该是更加具有丰富激励性质的词句，如"我一定努力克服困难""我能做得更好""数学本身是有趣的""我会逐渐喜欢数学"等。

每个阶段的暗示语设置好后，要熟练地背下来，存储在大脑里，以便重复默念。

（2）实施积极的自我暗示。

当你设置好自己的暗示语之后，重要的程序就是付诸实践。每当你要实施时，可以放松自己的思想情绪和骨骼肌肉，然后感受自己的状态。如果你感觉自己大脑有些紊乱，有过多的杂念，请暗示自己："放松所有肌肉，放松思想，我感觉精神饱满了，状态很好。"

接下来，握紧自己的拳头，昂首挺胸，大声说出或心无旁骛地默念事先设置好的富有激励性的暗示语。每说一次，你就会感觉内心更有底气，更有力量和信心。练习并实施几次后，你会感觉畅快、豪迈，充满活力。

在生活与工作中，懂得使用积极的暗示，可以让事情更美好。而习惯使用消极的暗示，往往把事情弄糟。比如，有的学生老是觉得"我不受人喜欢"，过段时间发现，大家果然不再喜欢他（她）了。因为他（她）老是有消极暗示，大脑的意识就停留在那些消极的方面，意识尚且如此，其行为也就消极了。

根据自己希望达到的状态，准备一些关键词句作为暗示语，如"我能努力克服任何困难""我能解决这个问题""我一定可以进步"等，然后写下来，当遇到困难的时候，真诚地默念这些词句，将能对自己产生良好的暗示作用，使你拥有能量、信心和良好的状态。

1. 准备一些词句，可以是自己的优点或激励自己的话。

序号	关　键　词　句
1.	我会很努力很积极
2.	我对自己有信心
3.	我有冲劲，我能解决任何困难
4.	我会付诸行动，快速完成

2. 每天早晚各对表格里的话默念5遍。

3. 遇到困难时诚恳地默念这些词句。

4. 一段时间之后，评价自己。

第三章
情绪调控技术

第一节 情绪情感对学习的影响

科学研究表明：人的大脑在对外界的信息加工时，会自动将情绪的信号放在第一位，情绪引起注意，而注意驱动学习。这告诉我们：首先是情绪，然后才是学习。这意味着学生只有在感觉到情绪安定的前提下才能将精力集中在课程的学习上。情绪和学习行为相互影响、密切相关。事实上，经验和研究表明，身体状况也是影响情绪进而影响学习的一个重要前提。

情绪、情感是非理性的。积极的情绪、情感常推动学生全身心地投入到他所从事的学习活动中去，从而有效地完成目标学习活动；而消极的情绪、情感则会如难以驾驭的野马，桀骜不驯，使学习的发展走向反面。

情绪是一把双刃剑，它既能促进学习，也能妨碍学习。在良好情绪下，人的学习过程表现出思维敏捷清晰，解决问题迅速干脆；在消极的情绪下，人的学习过程思维纷扰、拖拉，解决问题迟缓，效率低下。

情绪情感还严重影响着记忆力。在各种各样的心理状态中，人的情绪状态和记忆效果更为密切。有人做过这样的实验：先给被试者记忆一组形容词，然后将他们分为A、B、C、D、E、F 6个组。让A组被试者阅读笑话书籍，以调整心理活动，驱散紧张的情绪；让B组背3位数的数字；让C组记忆无意义音节；让D组记忆实验用过的一些无关形容词；让E组记忆实验用过的形容词的反义词；让F组记忆实验用过的形容词的同义词。等他们将这些作业全部完成以后，就请他们写出实验开始时记忆的形容词。结果是A组被试者再现了45%，B组37%，C组26%，D组22%，E组18%，F组12%。可见良好的情绪确实能提高记忆的效率。情感低落时思维迟钝，思维指向单一或发散，无法集中精力于要解决的问题。情感高涨时思维敏捷、智力活动增强、动作增多。

情绪良好时，注意力容易集中，想象力丰富，精神状态饱满高昂，可以唤起热爱学习、奋发进步的动力，并使自己持之以恒，坚持不懈。

学会调整情绪的情境想象：

第一步：放松肌肉。取舒适坐姿，身心均要放松，闭眼。

第二步：腹式呼吸。深呼吸5～10遍。

第三步：想象自我。想象自己在脑海出现。

第四步：想象愉快的情境。想象你遇到了高兴的事情，正逢假日，和朋友玩得很开心，你快乐极了，心情良好，你体验到幸福感。

第五步：怀着这种心情，你回到了你目前所坐的椅子上面，你现在很开心，情绪很好。那么现在毫不迟疑地去做你想做的事。

第二节 真正的学习是快乐的

一、为什么说真正的学习是快乐的？

从学习的生理心理过程看，在学习新的知识，接受新的信息时，信息通过感觉通道进入大脑皮层边缘系统，对信息的意义和价值初步评价，进而进入大脑皮层加以深入判断。判断为有意义的知识信息，就会使大脑产生一种活性物质，促使神经系统网络易于接通，信息易于被接收和储存。学生首先对信息进行意义判断，如果感到有意义，认为重要，学得快乐，大脑细胞被激活，能轻松愉快地吸收知识，效率高。反之，若学生认为知识信息不重要、没有意义，就不愿学，大脑就不会释放活性物质，大脑神经细胞就不能被激活，知识信息就进不了神经网络，储存不起来，表现在学生身上是"记不住"，因此学生觉得学得苦累、效果不佳。

所以说，真正的学习是快乐的，它不仅是指学有所获及学会某事的成就感，而且还指学习过程本身是令人感到快乐的。学习知识、提高自我，本来就是很快乐的事，好奇心的满足使人感到很快乐，深入理解和掌握知识是快乐的，掌握了某些技能又是快乐的，将学习技术化及提高内在思想境界更是快乐的。因此，对于学生，应该要确立"学习是快乐的"的信念。只有带着喜悦的期盼开始学习，才会在学习过程中体验到学习津津有味、充满乐趣，从而使人感到充实、丰富和愉悦。真正的学习是在快乐状态下的学习，快乐的学习使人振奋，主动性高，积极向上，大脑处于被激活状态，大脑产生的生物活性物质使神经网络畅通，因此，大量的知识信息易于被接受、储存和提取。也就是说，此时大脑处于最佳学习状态，学习效果也最好。

反之，当快乐的心情不存在时，学习的乐趣也就没有，就会产生厌倦情绪，学生在学习中的主动积极性低，大脑活性被抑制，智力和非智力因素均处于消极状态，知识信息难以输入、储存和提取。传统教育忽视发挥甚至抑制学生的主动学习精神，教学方法单调机械，一味的灌输、拼时间，学生只能被动的学习，学习无乐趣，效果非常之差，更重要的，学生们将这种情绪泛化到其他的学习情境中，引起对其他材料的厌学情绪，甚至泛化到生活中，使他们失去了生活的乐趣和意义。因此，欧美国家许多教育专家都在呼吁要把乐趣归还给学生。我们知道，由于许多学生不善于学习，不会运用学习策略方法，只知死读书，机械背诵，死用功，因此学得不快乐，效果低下。每个教育者的使命是要帮助孩子们学会学习，善用方法，把乐趣归还给学习，否则是难以取得学习成功的。

二、学习本来就是件快乐的事情

生存和发展是人的基本需求，为了生存和发展人就要适应社会环境的客观要求，从而产生各种需要，为了适应社会和满足生存需要就要学习，而需要的满足能产生愉快的情绪体验，所以说学习应该是快乐的。当我们学会了很多知识，当我们的大脑充实了，我们会感觉到思想意境高了，看待事物的角度和深度不一样了，感觉精神上富有了……这种感觉是相当美好的。

人生价值在于创造，在于贡献，在于有所成就，人为了实现自我价值，体现人生的意义，满足高层次需要也要学习，实现自我价值的学习更应该是快乐无穷的。在校学习是人生中一个重要的学习阶段，也是一种基本的方式，通过努力到理想的学校学习，实现人生的初级目标，也应该是快乐的。在校学习的内容是基本知识，学习这些基本知识，为今后学习专业知识打好学习技能的基础，这也应该是快乐的。但由于现行教育体制下的学校中，在不科学的教学模式下，学生被迫学习，即使是学习目标明确的学生，也只是在延长学习时间、拼苦力，这样的学习方式使学生带着压抑的情绪，从而失去积极主动的乐趣，变得苦学、厌学、恐学。

三、真正的学习不仅是快乐的，而且是充满趣味的

快乐学习是快乐和兴趣的统一体。研究证实，当学生对学习充满快乐和趣味时，最能发挥其智能操作水平，学习效率也高，因而快乐，兴趣是学生从事学习活动的最佳情绪前提。快乐学习不仅要求学生理解和掌握所学内容，而且还要充满愉悦体验，满怀学习乐趣，达到内部思想环境的更高境界。

浓厚的学习兴趣，能产生强烈的求知动机，能对学习行为和活动产生巨大的动力。所谓学习兴趣就是指学生期望认识事物和改造事物，学习某种知识或技能，期望满足某种爱好的心理倾向，这种倾向总是伴随着良好的情绪情感体验。因此，它总是带着一种带有强烈情感色彩，同时也是在过去的知识经验和愉快体验的基础上形成的一种感情倾向，它具体表现为对学习的好恶态度。学习兴趣是学习动机中最现实和最活跃的成分，它使学习活动变得积极、自觉、主动、愉快，从而获得良好的学习效果。所以，学习兴趣是推动学生学习活动的一种最实际的内部动力或说是内在动机。学习兴趣也是快乐学习的内部原因。

> 天才就是有强烈的兴趣和顽强入迷的人。
>
> ——童第周

第三节　调控学习的情绪　创设快乐学习情境

一、建立快乐学习观

学习本身是有着审美情趣的，学生在学习中应经常有意识地去体验学习过程本身带来的审美情趣。学习、读书事实上是令人快乐的事，古人说："学而时习之，不亦乐乎！"好奇心得到满足，又掌握了新的知识技能，这些都是值得人回味无穷的。学习知识、提高自我，本来就是很快乐的事，将学习技术化进而艺术化是快乐的，通过学习提高内在思想境界更是快乐的。因此，对于学生来讲应该要确立"快乐学习"的观念。

快乐而有趣的学习能激发内在动力，发挥主体积极性。我们要意识到读书的意义和价值，理解学习基本知识的原因和目的，要将读书过程、克服困难、获得发展变成很快乐的事，把改变学习方法、提升自我素质、塑造良好品质看成是人生精神层次的提高，从而让内心产生学习兴趣，并有意识地体验愉快，激发出内在热情。有位日本学者说："把读书方法和材料变成有趣的东西，就是真正学习的第一原则。"

> 愉快的心情会增强思维的能力，使人考虑事情全面透彻，这样，就较容易解决智力或人际方面的问题。
>
> ——丹尼尔·戈尔曼

二、抛弃"没有兴趣"的借口

中国台湾吴武典教授说:"兴趣,兴趣,多少懒惰假你之名而行。"很多同学常常以没有兴趣为借口掩盖懒惰之实质,不想学习就说自己没兴趣,这些人其实是假借"没有兴趣"之名来逃避学习,是不愿付出努力的表现。要知道:①兴趣不是天生的,而是后天培养的;②事实上,兴趣不是天生就有的,很多时候,兴趣是努力的结果和产物,勤奋是人类应有的基本品质,通过勤奋努力,如果采取科学学习策略方法,必然会取得良好的成绩,兴趣自然也就有了;③学习要求学生用心,用心才能理解和内化知识,知识的获得和外化就能得到成就感和愉悦感,兴趣也就产生了。

只有靠自信、靠实践、靠科学策略、靠自己的拼搏和奋斗,才能迈向成功之路。

三、有意识地体验学习成就快乐感

在学习活动中,要经常有意识地体验学习过程和学习结果的快乐,培养和体验自己的成就感。例如,做出一道数学题,好快乐!写完一篇书面表达,好快乐!教会同学一道题,好快乐!有同学问我题目,好快乐!作业超前完成了,好快乐!时时刻刻对自己施加"学习是快乐的"的意念,感受学习的愉悦,学习就自然愈来愈快乐。

四、满怀兴趣地学习

苏联学者西·索洛维契克对三千多名没有学习兴趣的学生进行实验。他让学生在学习自己不感兴趣的学科前,充满自信心地想象这门课是自己完全能学好的,一定是非常有趣的(通过努力一定可以体验到)。然后开始学习,坚持一段时间后就产生了对这门课的学习兴趣。在学习时,付出努力,多花时间和用心地去思考、理解和记忆,才能掌握知识、技能、产生兴趣。

有位不喜欢俄语语法课的学生,一学语法课就不断地打哈欠,产生了不良情绪。实验后他故意地让自己表现出高兴的心情,想象着学语法就像学习别的课那样愉快。这样坚持了二十多天后,语法内容掌握好了,成绩也提高了,这种自我寻找乐趣的方法也成了习惯,俄语语法课就真的成为一门他喜欢的课程了。

另一个不喜欢地理的学生说,放学后,我回到家里就坐下来学地理,在学习之前我做了各种令人发笑的练习,"我喜欢你,地理!"重复说几遍,我觉得地理不像以前那么枯燥无味了。他还到图书馆借了有关地理的书,买了自己觉得有用的辅导书，回家后收拾好房间，就高高兴兴地读起来。关于地理的知识多了，就喜欢听老师的课。一段时间后，我喜欢地理课了，急不可待地盼着上地理课。

学习前的期望和价值观在学习中的地位非常重要。学习还没有开始，你就认为它枯燥乏味，学起来缺少热情，那么它就真的没有趣了。要知道，学习是在良好的心情背景下发生的，不良情绪只需要一点点，就能对学习活动的结果产生巨大的影响。在复杂动力系统分析理论中，有一个著名的比喻，叫作蝴蝶效应，对于这个效应最常见的阐述是："一只南美洲亚马孙河流域热带雨林中的蝴蝶，偶尔扇动几下翅膀，可以在两周以后引起美国得克萨斯州的一场龙卷风。" 它比喻微小的变化能带动整个系统的长期的巨大的连锁反应。情绪情感具有调节智能运作的功能。愉快积极的情绪状态，有利于提高人的学习效率和学习能力，有利于综合发挥多种智能和内在潜能以作用于复杂的学习活动，并大大提高八大智能共同作用的效果。

> 学生在快乐兴趣的情绪气氛中学习，不仅学得主动、积极，而且能学得生动、活泼，富有高效性、创造性，使聪明才智得到充分发挥。
>
> ——卢家楣

五、改变学习自我观念的自我暗示学习训练

学习自我观念直接影响自己的学业成绩，要想提高学习效果，就应建立积极的自我学习观念。

如果，基于你的内在意识和自我观念，你一向对数学没有兴趣。那么你就要改变这种观念意识。做法是：先放松自己的情绪和全身肌肉，使自己处于放松性警觉状态，即 α 波状态。然后反复对自己说："数学很重要，很有趣，我喜欢数学，我完全能学好数学，我的数学成绩会越来越好！"同时，头脑中浮现出自己取得良好数学成绩时的情景，并体验到愉悦感。每天练习1~2次，每次1~2分钟，经过21天训练你就发现，你的观念意识改变了，你就真的喜欢数学这门课了！

英国教育家柯林·罗斯提出的建立积极主动内心世界的训练有助于积极自我意识的形成，步骤如下：

第一步：放松身心，回想某些自己成功时的情景。它可以是一次非常成功的考试，一次数学竞赛的获奖，或是解决了一个难题时的成功喜悦，或是获得关注

和肯定、受人羡慕的行为。回想那些你能够引以为豪的感受，你会觉得你浑身充满了积极的力量。

第二步：回想学习成功时的生动场景。详细回想你当时所见、所闻、所感，还有当时的心情。把所有的感受都用上，尽量使回忆详细生动，感同身受，这样可以重新唤起内心的激情，找到内心充满力量的感觉。

第三步：想出一个词来概括当时的情景和感觉。这个词就成为暗示词。

第四步：深呼吸，放松，挺胸坐直，肩膀后收，面带微笑，眼向上看，做2～3次深呼吸。

第五步：紧握拳头，体会充满力量的感觉。

第六步：再回忆你成功时刻的感受和状态，真正体验那种力量的感觉，并反复默念暗示语，如"我准备充分，努力前进！""学习效率很高！""我对考试充满信心！"依前一章所述，事先要准备好适合自己的提示语。

第七步：放开拳头，睁开眼睛。

每天训练1～5次，训练时间根据自己实际情况而定。

请记住，所有的态度都是后天学来的，都是可以培养和训练的。其区别在于消极态度使人失败；积极态度使人成功。

在哈曼参与的一项研究中，研究者通过一种非常简单的想象技术，使一些非常普通的学习者进入了积极的自我状态。

请不要在尚未尝试之时，就断然否定通过想象来创建良好的自我形象的方法。生动逼真的想象对躯体和大脑会产生深远的影响，哈曼说，当你想象某种情景时，神经通路所接收的电信号和你在真实情景时一样。这就是为什么会有望梅止渴，为什么我们会在想到伤心事时落泪，为什么想象平静而广阔的湖面时会令我们心跳减速。

下面是一些塑造积极学习者的方法。它们改编自哈曼和霍华德·丽因戈德合著的《更高的创造性》一书。

（1）找个安静而舒适的地方，坐下来。花几分钟让大脑平静下来，清除脑中所有的杂念（可以做简短的自我对话）。

（2）搜索你的记忆。找出这样一次学习经历，即你学习得格外顺利，在整个学习过程中一直非常"投入"，而且过后也"非常兴奋"。

（3）在想象中重新创造上述情景，就好像你正从上方观看这个情景，观看你自己（你的积极学习形象）。不只是"看"，你要想象当时的一切：所有的景象、声音和感觉。那是在屋内，还是在屋外？如果有其他人在场，请试着想象他们的面孔和声音。请尽你所能去感受和体会。

（4）再想想你当时的情况。你是否记得当时你对自己学习的东西有什么样的感受？你是不是在专心致志地倾听、阅读或做事情？你是不是为之激动而着迷？

（5）你能记起自己的身体有什么感觉吗？是精力旺盛，身心愉悦，还是跃跃欲试？你的头脑又有什么感觉？是不是很清醒，异乎寻常地敏捷到能迅速处理每一个细节？

（6）你能记起你如何评价自己的学习吗？你是不是觉得自己学得很好，觉得自己很善于学习，觉得自己能全神贯注地投入学习？

（7）现在，请你想象你在上述学习情景中遨游，身旁还有那个善于学习的你。你可以对你所想象的自己（你的积极学习形象）提任何问题，让他告诉你需要怎样才能以成功取代失败。不管问题是易是难，是深究性的还是入门性的，总之你提的问题要尽可能具体（你可能要做点笔记）。

（8）仔细倾听你内在积极的学习形象在说些什么，努力听清每个词句。不要急于结束或中断这个过程，让你内在的最佳学习者有充裕的时间回答你的提问。

（9）在完成上述步骤之时，请放松自己，深吸一口气，再慢慢地呼出。整个过程到此结束。

六、赋予学习材料以意义

所谓材料的意义，就是指材料与各种不同材料间的关系，和客观现实的联系，和已有经验的联系，以及它本身所代表的意思、扮演的角色。联系越多，意义内容就越丰富。对材料的意义理解得越多越深刻，联系也就越多，在这样的记忆过程中，思维活动就始终处于积极状态，记忆的效果也更好。

我们常常认为有些学习内容枯燥，学起来索然无味，是因为我们对自认为没有意义的学习内容会不感兴趣，因此学习效果不好，学起来心情也不好。赋予学习内容以深刻意义能解决这个问题，人为赋予内容以深刻意义，搞明白学习对自己有什么好处，有什么价值，要达到什么目的等。对所学内容的意义清楚了，学习兴趣浓了，学习的劲头也就强了，学习效果自然水到渠成。所以在学习前，在学习过程中一定要建立起学习的意义和价值，这样才能做到高效学习。例如，学好英语可以与外宾交谈，参加国际会议，受到社会的尊重。在脑中出现这种形象，能激发人的学习兴趣。

请记住，如果不对某一事物直接发生兴趣，也就是说产生内在动机的话，单靠勤奋、进取和努力很少能使他们成为出类拔萃的人才。

七、在教学互动中创造愉快情境

古人有句话叫"教学相长"，意思就是说在教别人的同时自己的认识就深刻了，同时也能学到很多知识，提高自己的学习能力。在学习过程中多创设条件，学着当老师，比如帮助别人解题，帮助同学理解，帮助别人背诵等。把自己放在一个老师的位置上可以感受到新鲜的情景，刺激学习的欲望，还可以利用假设的学生来鼓励自己学习思考，做到帮助别人也帮助了自己。而且在主动教同伴时可以获得一种良好的愉快的情绪，人在交往中，可以获得尊重和了解，这种交往是愉快的，是颇具成就感的。同时也可以在讨论和思维竞赛中获得新的知识和学习方法，总结很多经验，得到很多感触。通过教别人，会发现自己掌握知识的不足之处，激发自己的学习热情，增强学习兴趣，改变现有的学习状态。总之，要学会角色扮演。请记住，新课程标准认为学生被动学习、死记硬背、机械训练不符合素质教育要求。新课标强调改变学习方式，倡导建立以主动参与、乐于探究、交流与合作为特征的学习方式。

八、提问能激发学习兴趣

所谓学问，就是有学有问，在学习过程中保持不断地进行学习的同时要多提问题。首先要向自己提问，自己解决不了的要向他人提问。这样才能激发学习兴趣，保持高度的注意力。在读一篇文章时，要不断地问自己，这篇文章的结构层次是什么？核心思想是什么？各部分知识的关键词是什么？细节有哪些？作者想表达什么？学习不同的内容需要解决不同的问题，在学习中依据内容的特点提出不同的问题，经过努力后，提出问题，然后解决问题，提出问题后，可以用纸记录下来，然后通过学习一一解答，暂时回答不了的也可以存疑，在以后的学习中解决。问题解决得越多，表明自己进步得越快。请记住，提问题能激起大脑细胞的活性，引起有意注意，促进学习的深度发展，激发学习兴趣。

九、运用多种智能学习

最有效的学习方法是尽量利用各种不同的智能（前文介绍了多元智能），让你更完整、全面地领悟所学的内容，进入书中的情境，去体验情境中的气氛和内容。如用心体验自然界意境，去聆听大自然的各种声音，去感受花草树木的芳香，去品味各种人情世故的百味等。运用各种智能去感悟经验，去理解知识，利用多种智能去认识知识技能的深刻含义将使人获得学习的乐趣、情感和深入、广泛学习的欲望。

在丰富的现实生活中，由于人们接受了纷繁复杂的外部刺激，感知能力变得较为迟钝，常常有视而不见，听而不闻，食而无味的现象。因此，人们往往忽略了由感觉带来的快乐感，潜能被埋没，只有通过训练才可以恢复灵敏的感觉。

（1）去除杂念，洗心涤虑，将注意力专注于所要感觉的事物，细细体味，对待它如同对待初次接触的新事物。

（2）清楚地感受到大脑的内部体验，感知到事物的细节和真实面目。

（3）体验感知带来的快乐。你可以回归到青山绿水间，或走、或躺、或坐，去感知山林的静谧、花草的芳香、青山的巍峨、流水的清澈、众鸟的欢唱，用你的身心去体会自然的细节；又回到都市繁华的街面和屋舍，感知现代气息与大自然的对照，无论哪种形式的环境，经过自己细心品味，那一切的存在对人来说都是积极的、愉快的。

（4）注意自己的学习。全神贯注，运用各种感受去参与学习，去感受学习内容，去体验获得知识的愉快，去评价不断收获带来的充实感，多次这样的感知和注意能激起人的求知欲和好奇心，感受自我充实，活力和自尊、自信。

如果你对学习没有兴趣，怎么办？

世界上没有不用付出的回报，学习更是如此。学习虽然是一项复杂和艰巨的事情，但其结果会给人带来无比的快乐。学习的过程是一个痛苦与快乐的辩证运动，也是一个互相作用的过程。在学习中，乐观的心态和学习的兴趣是重要的因素。兴趣不是天生的，而是通过适度的努力来培养的。如何培养学习兴趣，帮助我们克服困难呢？

好奇心是兴趣的种子，而努力是人类的基本品质。也许你记得小时候，每个人都喜欢问为什么，正是这些"为什么"使人慢慢了解这个世界，正是这些"为什么"给了人以探索这个世界的动力。

学习也一样，当你认识到哪些方面你没有弄清楚而想弄清楚的时候，你对学习就充满了好奇心，学习也就具有了动力。你可以试着提高对一门你不喜欢的课的兴趣：

第一步，写下你最不喜欢的课程的名称。

第二步，你最不喜欢这门课程的哪一部分？

第三步，关于你最不喜欢的这部分内容，你知道些什么？

第四步，在你最不喜欢的内容里，你想知道些什么？

第五步，从你想知道的各项内容里，挑出你最想知道的内容。

第六步，给自己鼓鼓劲，挑战一下自己，开始行动！完成这部分内容后，看看自己学会了什么，把这些写下来。

第四节　营造最佳学习状态

一、什么是最佳学习状态?

自20世纪60年代以来，许多领域的科学家都在研究"最佳学习状态"（OLS），也有人称之为"巅峰学习状态"或"流畅状态"。芝加哥大学的研究者米哈·茨克森明哈里把它描述成为"一种全神贯注的状态，就是全身心沉浸于一种奇妙的感觉，即你能控制当前的状况，你在充分发挥自己的能力"。

请记住，当你处于最佳状态时，你能以类似海绵吸水式地最大限度地理解和记忆你所学习的东西。

最佳学习状态就是一种轻松愉快而又全神贯注的状态，是全身心沉浸于一种奇妙的感觉，这种状态是一种警觉性放松的状态"即你能控制当前的状况，在这种状态中，你在充分发挥自己的能力"。

最佳学习状态策略是一种使你轻松愉快地把学习速度提高数倍的方法。技术性学习的本质在于激发人的潜能，调动人的主体积极性，把你的大脑的智慧潜能循循诱导出来，激活你已经拥有的知识经验，像海绵吸水那样更多更快地获取新知识，使学习效率大幅度提高。

技术性学习的真正意义在于，它要求学习者的身心处于宁静而又轻松愉快的最佳状态，运用有效的学习策略调动全脑的积极性，全身心地投入学习。它包括大脑左右半球的协调发挥，意识和潜意识融入学习，乃至你的想象、思维以及各种感觉、情感和精神等人的整体功能优势都能得到充分发挥。技术性学习可以使任何年龄阶段的人都能轻松自如地学习事物、数字和语言，深刻理解概念、规则和原理，建构良好的认知结构，获取最佳学习效果。

在巅峰学习状态下，人的情绪是良好的，心情是愉快的，深沉而宁静，心无杂念，它既是放松的又是专注的。这种专注即注意力的高度集中意味着将全部精力、智慧和心理资源都汇集于所面临的问题上。这是一种高度专注的状态，这种专注会引发出巨大的内在积极能量和热情，使思维顺畅，行动积极，游刃有余，最终使得问题迎刃而解。在巅峰状态下，情绪会松弛又富有活性，问题解决的成功体验、难以言表的喜悦心情会随之而来。

心理状态是人的思想、情绪和身体舒适程度的高级反映，在学习时应把三者协调起来才能有效学习。所有的学习都离不开心理环境，受心理状态的影响。最佳学习状态总结起来有以下几种境界：一是轻松而愉悦；二是专注而高效；三是宁静而舒适。

如何才能使自己的学习状态处于最佳呢？请记住，巅峰状态是神经系统效率最高的时候，在此期间能最大限度地发挥自己的智慧和能力。

美国的捷克仁米哈依对200名艺术家进行了18年的研究发现，获得成功、享有盛誉的画家都是在校时已陶醉于绘画艺术的人，而那些追逐名利的人大都一事无成。研究的结论认为："要成为画家，绘画就必须高于一切。如果画家站在画布前还在想这画能卖多少钱，或担心评论家们的指指点点，那就很难有所成就。一心一意，专心致志是创造作品的源泉。"

同样，学生们的学习，要想最大限度地发挥自己的智慧才能，获得最大的收获，也必须进入痴迷陶醉状态，进入忘我状态，达到最佳学习状态。

美国曾有人对芝加哥一所高中的学生进行了调查研究。该校学生都是高分考入，进校后逐渐分化。研究者把学生分为高分的优秀生和低分的差生两组，加以考察发现：优生学习时，有40%的时间处于心情放松愉快，深入思考的忘我状态，而差生只有16%的时间处于这种状态，差生常常处于心烦意乱的焦虑状态，或无所事事的状态。研究认为，能发挥或超水平发挥学习潜力的学生，往往花费更多学习时间，更多地处于忘我的巅峰状态。差生不能专心致志于学习，也体会不到学习收获的乐趣。

二、激活最佳学习状态的训练方法

（一）进入最佳学习状态的作用

进入最佳学习状态的作用：

其一是能使注意力高度集中，心无杂念，有意识地专注于眼前的学习活动，去除身体上的感知（如疲劳感、僵硬感）获得最佳学习效果。

其二是在巅峰状态下，心情愉悦、自然，放松又专注，从而使学习保持高效率，这与在大脑纷扰、疲倦状态下的学习效果完全不同。

其三是由于处在放松状态下，大脑皮质层的兴奋下降至 α 波状态，神经系统的兴奋与抑制都辩证存在、恰如其分，和谐自然，此时的神经系统工作效率保持最佳，问题解决也就十分顺利了。

想象一下，如果你总能使自己处于最佳学习状态，那么你对新观点或新信息的吸收情况会怎么样呢？你的脑力必定得以成倍的提高。你再不用为写一篇英语作文、完成数张数学试卷、搞懂那些复杂的物理公式或者记住那些密密麻麻的单词而发愁了。你将非常轻松地完成所有这些任务。

很肯定地告诉你，你完全能做到这一点。接下来，你会发现如何把科学家揭示的知识为你所用。通过深呼吸、放松，以及一些简单的肯定语句，你能在需要的时候，很容易便能进入最佳学习状态。你还将学到一些特别的技术，以使你能清楚地回忆你在最佳学习状态下不知不觉获得的信息。

（二）通过放松技术激活你的学习状态

你只需要稍做准备就能使最佳学习状态在需要的时候出现。有关最佳学习状态的研究已经发现了一些能诱发最佳学习状态的因素。要把这些因素结合起来是非常简单的，只需要几分钟，通过三个步骤就可以完成。

早期有关最佳学习状态的研究把它与θ波联系在一起。运用脑电仪（脑电波）进行的调查显示，当我们的学习处于巅峰状态时，大脑会发出4～7次/秒的电磁波，或θ波。我们观察到，不同的意识状态分别对应于特定的脑电波。

从慢到快，我们可以把脑电波分为不同的等级：

δ波（1～3次/秒）——深度无梦睡眠

θ波（4～7次/秒）——情绪高昂或注意集中

α波（8～12次/秒）——放松和调整

β波（18～40次/秒）——清醒的意识或做梦

对于有利于学习的两种脑电波，其功能如下表：

表3-1　两种脑电波对照表

α波	8～12赫兹	α为优势脑波时，人的意识清醒，但身体却是放松的，它提供意识与潜意识的桥梁。此时，脑的活动活泼，运作就会更加快速、顺畅、灵感及直觉敏锐。现代科学积极倡导α波为人们学习与思考的最佳脑波状态，道理就在于此。	
θ波	4～7赫兹	θ波为优势脑波时，人的意识中断，身体深沉放松，这是一种高层次的精神状态，也就是我们常听到的"入定态"。在这样的状态下，由于意识中断使得我们平常清醒时所具有批判性或道德性的过滤机制被埋藏起来，因而大开心灵之门，对于外界的信息呈现高度的受暗示性状态。此外，θ波与脑部边缘系统有非常直接的关系，对于触发深层记忆、强化长期记忆等帮助极大，所以，科学界称θ波为"通往记忆与学习的闸门"。	

与最佳学习状态相联系的 α 波和与深度放松相联系的 θ 波彼此紧邻，只差1次/秒。通常，我们认为积极的创造和平静的放松是完全不同的两回事。但从脑电波的频率看，很明显，令人深度放松的智力成分和最佳学习状态的智力成分之间存在密切的联系。

问题的关键是，你虽然不能有意识地使自己进入 θ 波学习状态，但能有意识地使自己进入警觉性放松状态。这两种状态只有1次/秒的差异。这启发我们开发出一套方法，只需三个步骤：先使我们的躯体和大脑达到最佳学习状态的边缘，然后继续放松，最终使那重要的1次/秒消失，我们便进入了最佳学习状态。

这三个步骤是：

①通过深呼吸创造最佳学习状态。

②通过放松巩固最佳学习状态。

③通过自我肯定进一步巩固最佳学习状态。

1. 通过深呼吸创造最佳学习状态

呼吸是人类最重要的生命活动之一。美国学者希尔在《从呼吸索取生命力》一文中指出："有控制地深呼吸练习，可使大脑尽快消除疲劳，可以调节神经系统，使人轻松舒畅，使生命获得大量的能源。"深呼吸是产生最佳学习状态的最基本的活动。也许人们从未想到过如此简单、自然的事居然能对人的学习和健康产生如此大的作用。也许有人会觉得这很神秘，但是，无数严谨的科学研究表明，深呼吸是最佳学习状态的必要条件。呼吸之所以对我们的大脑有如此重要的影响，是因为其一，它为巅峰学习状态下的大脑提供丰富的氧气资源。其二，它帮助放松躯体肌肉，消除身心紧张感。其三，它形成一种利于高效学习的脑电波，使大脑达到8~12次/秒的 α 波状态。

事实上，通过深呼吸可以使你的脑力和身体均得到有益的提高。

通过下面这个简单的练习，你能在2~3分钟之内为完成某个学习任务做好准备。请立即尝试，并在将来的日常学习生活中继续使用。

① 取一个安静而舒适的位置，坐下来，背要伸直，两脚平放，大腿与地面平。

② 将右手放在肚脐部位，左手放在肋骨下方然后放松腹部肌肉。

③ 从容而自然地吸口气（不是用腹部肌肉，而是让肺自然地吸气。伴随吸气，你的右手会微微移动，请不要故意运动腹部肌肉以引起右手移动。同时，你的胸腔会扩张，引起左手向外向上移动。左手的移动也应该由呼吸自然引起，不要故意运动胃部肌肉）。

④ 回到步骤1和2的状态呼气（让气体自然而非被迫地流出）。

⑤ 花几分钟练习上述步骤，直到你感觉自己能舒服而从容自然地呼吸

为止。

⑥ 现在开始用鼻子慢慢吸气，从一数到四再停止（想象氧气从肺部一直流入大脑的图像）。

⑦ 屏住呼吸，从一数到四（想象氧气使大脑平静下来的图像）。

⑧ 慢慢呼吸，也从一数到四（想象大脑或身体的紧张状态随呼吸而缓解的图像）。

⑨ 重复五次第5～7步（再多就会使大脑的氧气过度饱和）。

⑩ 恢复自然呼吸。现在，你一定能感到自己已从一般意识状态转变到最佳学习状态。

2. 通过放松巩固最佳学习状态

深呼吸技巧能够帮助大脑平静下来，同时又能使身体和大脑保持旺盛的精力。它使大脑从标准的18～40次/秒即β波状态转变为与深度放松相对应的8～12次/秒即α波状态，后者与最佳学习状态已非常接近。

但是，如果你不继续巩固α波的放松状态，你就会很快失去它。听之任之只会使你的大脑迅速回复到18～40次/秒的一般意识状态。因为大脑生来就习惯于在此区域活动，不断审视周围环境，产生各种想法。

心理学家艾里克·克林格博士的研究发现，当你努力学习的时候，一般意识会阻碍你达到α波状态及邻近的最佳学习状态。你"努力地不停地思考"，这将耗费你超过75%的学习能力。于是，你剩下不到25%的能力用于获取新信息和完成当前任务。

当然，我们有可能使思维平静下来，巩固放松状态，解放学习能力，逐步接近最佳学习状态。人们对这套基本方法的了解已有几百年的历史。

研究发现，让人们在安静而舒适的房间里，逐步引导他们在头脑中想象一些平静的画面，他们的大脑便会很快产生α波。据实验室的仪器显示，人们的大脑平静下来，呼吸很有节律，他们进入了深度放松状态。与此同时，他们的血液中充满了能提高脑力的化学物质，如内腓肽，以及其他一些与愉快、乐观或"棒极了"等感受相联系的神经递质。

关于此课题的权威研究者本森博士发明的训练方法使数百万人能放慢思维速度，使自己的大脑达到8～12次/秒的警觉性放松状态，越来越接近7次/秒的θ波状态。

本森博士提出的方法不但能使大脑安静、平和、保持警觉，使肢体深度放松，而且非常简便易行。罗纳德·格雷斯（Ronald Gross）在其《巅峰学习状态》一书中写道，无论是与深呼吸配合，还是独立运用，放松都会给你的学习带来"非常深远而有益"的影响。

如果你在某次学习之前能有几分钟的准备时间，请在深呼吸之后试用下面的方法进入深度放松状态。这些方法是根据本森博士的方法改编而来的。它们会引导你逐渐靠近最佳学习状态。

（1）在几分钟的深呼吸之后，闭上双眼，开始用鼻子自然呼吸。

（2）当呼吸回到正常状态时，请关注气体如何从你的鼻孔静静地吸入和流出。

（3）如果你开始分心，思想有些凌乱，请不要为此担心，也不要强迫自己停下来；你只需要重新把注意集中到自己的呼吸上，慢慢地你的呼吸就会平缓下来（不要刻意地、有意识地放松——你只需要静静地关注自己所处的状态）。

（4）至此，你应该已经达到了深度放松状态，大脑宁静并处于 α 波状态。

3．通过自我肯定进一步巩固最佳学习状态

通过深呼吸和放松，你已经逐渐靠近最佳学习状态，或者你已经进入最佳学习状态。这时你需要通过自我肯定来巩固最佳学习状态。

自我肯定与其他技术一样必须通过必要的练习才能取得成效，如果我们有耐心，"它会从根本上对我们的潜意识施加影响"。

自我肯定的方法与深呼吸及深度放松配合练习，可以使人进入最佳学习状态。我们可以在学习前或学习中多次重复这种方法，使最佳学习状态在整个学习过程中得以保持。

执行过程如下：

① 以下是能帮助我们打开最佳学习状态大门的四句话，逐句重复默念。

"我是一个非常棒的学习者。"

"我渴望并正在进入最佳学习状态。"

"我会学习得很轻松，记忆得很牢固，理解得很深刻。"

"我要学的东西会很有趣，使人愉快。"

② 用一分钟左右想象每一句话的含义，或者默念一句就好好体味一下这句话的含义。

③ 在思考了每句话的含义之后，大声说出这些句子，语气要肯定自然。

④ 完成上面三个步骤后，你的学习状态已经有所提高，你可以带着这种状态去学习了。

> "我是一个非常棒的学习者。"
> "我渴望并正在进入最佳学习状态。"
> "我会学习得很轻松，记忆得很牢固，理解得很深刻。"
> "我要学的东西会很有趣，使人愉快。"

第五节　体育锻炼能促进良好的情绪生成

一、锻炼身体与知识的学习

体育锻炼和知识的学习是互相依存的。毛泽东同志早年在《体育之研究》一文中指出，体育是载知识之车，寓道德之舍，不仅可以强筋骨，而且还有增知识、调感情、强意志之效。毛泽东不仅自己刻苦锻炼身体，还带动组织同志们参加各种体育锻炼，他非常喜欢游泳，可以说一辈子坚持游泳。到了七十岁，他还横渡长江。在担任学校学友会总务兼研究部长时，他就组织过游泳，有百余人参加。全国解放后，他更加重视开展群众体育。1952年他写下"发展体育运动，增强人民体质"的光辉题词，成为社会主义体育事业发展的总方针。1953年又进一步提出："体育是关系六亿人民健康的大事。"毛泽东还向全国人民发出"凡能做到的都要提倡，做体操、打球类、跑跑步、爬山、游泳、打太极拳及各种各样的体育活动"的号召。

现代研究表明，体育可以促进人体的正常发育，当然也促进大脑的发育，提高神经系统的活动能力。发育健全的大脑是学生从事学习和思维的物质基础。

体育能有效地增强体质，有利于学生精力充沛地从事各种学习活动。

适宜的体育活动对学生来说是一种积极性的休息，有助于消除学习神经中枢的疲劳，从而提高学习效率。

据研究，人的大脑尚有90%的潜力未能得到开发利用，而这90%的潜力，很大部分存在于大脑右半球，体育有利于发展学生的情感意志和记忆力，因而体育是开发大脑右半球的有力手段之一。

体育锻炼还可以培养坚强的意志品质，并能将之迁移到日常生活、学习中去，形成健康的心理基础。如果学习中总是担心完成不了任务，那就得选择一些如跳绳、俯卧撑、广播操、跑步等项目进行锻炼。坚持锻炼一个时期后，信心就能逐步得到增强。

适度的放松有助于学习效率的提高，与其在漫长的高强度学习中出现疲劳状态，不如利用短短的几分钟活动活动，既锻炼身体又缓解学习压力，在愉快的氛围中锻炼身体，并为学习打下基础。中小学生的身体正处在生长发育日趋成熟的重要阶段，也是智力发展的主要时期。不少学生在繁重的学习任务面前，成天埋头书本，只重课本学习，而忽视了体育锻炼。这样，不仅导致体质下降，也大大影响了学习效果，结果贻误了青少年时期打好体质基础的黄金阶段。

从生理学的角度来说，人的大脑与肌肉的信息是双向传导的。神经兴奋可以从大脑传至肌肉，也可以从肌肉传至大脑。肌肉活动积极，从肌肉向大脑传递的神经冲动就多，大脑的兴奋水平就高，情绪就会高昂饱满。反之肌肉愈松弛，从肌肉向大脑传递的冲动就愈少，大脑的兴奋性就降低，情绪就不会高昂。体育手段之所以能有效地调节人的情绪，也就是运用和遵循了这一原理。体育手段能调节情绪，而情绪对人的学习有着决定性影响。情绪系统还能影响其他生理系统，这主要是因为作为情绪神经核团的丘脑和下丘脑不仅能控制情绪，而且还会激发交感和副交感神经系统，而交感和副交感神经系统又支配影响着内脏器官、免疫系统等。所以体育锻炼可调整心态、稳定情绪。积极的情绪促进人的身心健康，而不良的情绪是导致生理心理异常和疾病的重要因素之一。事实上，情绪低落，使人压抑，易导致心理疲劳。更重要的是，情绪是促进和影响学习的根本因素之一。良好的情绪给学习带来良好的状态，使人能在当前状态下发挥最大的潜能和效率。

二、太极拳与最佳学习状态

作为学习者或教育者，我们更多地关心如何锻炼以及如何使锻炼更好地促进学习的发展。首先我们要弄清楚体育锻炼的方式和大脑学习最佳状态的统一。

在前面的文章里我们讲到了"最佳学习状态"下的脑电波是 α 波。那么，我们如果能有意识地自主调节最佳学习状态，这必将带给我们学习上的高效率，也是学习史上一次伟大的变革，而这场变革是由脑科学、神经学、心理学、教育学结合运动生理学及学习革命带来的结果。在我们寻找适合中国教育国情下学生学习过程的有效体育锻炼方法的同时，我们有着意外的发现：从国内外对此课题的研究结果来看，中国的传统太极拳是最适合学生学习，并与中国学生学业成绩高度相关的运动项目。太极拳锻炼时要求进入"放松入静"的心理状态，把纷杂的连绵思绪纳入太极思维控制之中，进入似有似无的舒适、宁静的境界。此时，各种刺激的感觉阈限提高，大大地减少从外界传入中枢的信息，使思维活动减少到最低程度，意识却处于十分清醒的高度入静状态即最佳学习状态。

在进行太极拳运动前，人们首先要正确认识太极拳，转变一些错误的观念：比如"太极拳是老年人练的拳"等。

太极拳是祖国武术宝库中的一颗明珠，是具有中国特色的传统体育项目之一，是中华民族宝贵的传统文化遗产，是我国武林百花中的一朵奇葩，也是国之瑰宝。其拳理、拳法的形成有三个来源：一是中国古典哲学；二是中国传统医学的经络学说；三是戚继光的《拳经》等技击典籍。这样就使这套拳术形成为一个完整而科学的内外兼练的，既有健身性又有技击性和艺术性的优秀武术项目。因此，目前太极拳的科学实践价值，正在引起越来越多的中外人士的重视，受到广大国内外人士喜爱。

事实上，研究表明太极拳确实具有强身健体的特殊功效。太极拳使人的脑电波中α波（觉醒波）占明显主导地位，主峰突出，α波频率同步化，有序化，大脑机能进入良好的觉醒状态。从教育学上看，这种状态能促进学生高效学习并充分挖掘学生的学习潜能。

第四章
学习行为促进技术

第一节　学习行为概述

在学习过程中，我们经常看到有的学生行为懒散、作业马虎、学习拖沓、上课不专心、作息无规律、学习无计划、不爱动脑筋、过分依赖老师和家长等，这些归结起来，都是学习行为问题。

习惯对人一生的影响是非常巨大的。英国萨克雷曾说过："播种行为，收获习惯；播种习惯，收获性格；播种性格，收获命运。"学习生活是青少年的主要生活内容，引导学生安排好学习生活，并使之模式化，即形成动力定型，也就是习惯，会使青少年们一生受益无穷，不仅有助于学生提高学习效率、激发潜能，更有助于其适应当今这个需要终身学习的社会。

叶圣陶说："教育就是行为习惯的培养。"在学习过程中，行为与思维是紧密相关、相互作用、相互影响的。正如直立行走促进了大脑的发展，日常行为习惯也在促进着学生神经系统乃至思维的发展。一个经常运动的人，思维也会敏捷，善于思考；一个懒散的人，必会思维缓慢、反应迟钝。有一个现象是：行为积极的学生，其思维也积极；行为懒散的学生，思考上也懈怠；行为敏捷的学生，思维也敏捷；行为上能吃苦的学生，其思想上也能吃苦，思维与行为是作用与反作用的关系，思维决定着行为，思想的错误必然导致行为的错误，而行为则反作用于思维，是内部思维的外在表现。促进思维的发展、行为的规范和习惯的养成对思维水平的提高起着不可或缺的作用。因此，学生在日常学习的活动中，要积极行动，有意识地发展身体运动智能，积极锻炼，积极做事，养成良好的行为习惯。既然劳动改造了人类的大脑，那么劳动也能促进我们的学习。

成绩的好坏与行为习惯的好坏直接相关。如果行为习惯不良，则会大大影响学习成绩，许多家长没有注意到这个问题，忽视了这种品质的培养，致使孩子缺乏勤劳的品质，造成在平常人看来非常简单的行为，孩子都觉得很困难，没有信心完成，容易厌倦、消极，畏难情绪严重，从而影响学习。好的学习习惯是提高学习成绩的关键，好的行为习惯更是人生成功的资本。

虽然学习行为看起来是学习方面的习惯，但它却是修养和人格的重要体现，会影响人的一生。培根说："行为习惯是一种顽强的巨大的力量，它可以主宰人生。"不良的学习习惯不仅会影响现在及将来的学习状况，而且会影响学生的生活、人际关系、家庭关系等，行为习惯不好也容易造成自卑感的形成，造成敏感敌对等性格。反之，有了良好的行为习惯，会使人终生受益无穷。

学习行为习惯是学习态度与学习方式相结合而形成的一种稳定的动力定型，它与学习态度相关，又与学习方式紧密相连。可以说，学习行为是学习态度和学习方式方法经常化的外在表现，并经过反复强化而养成的学习行为方式，是一种定型性的行为。学习行为是经过反复练习和强化在头脑中建立起来的一系列条件反射。从心理学上看，良好的行为习惯是一种内在的需要，如果不这么做，人就会感到难受和别扭。行为习惯的发生不需要别人督促提醒，也不需要自己的意志努力，是一种省时省力、高效率的自然动作，譬如简单地拿筷子的习惯，所谓"习惯成自然""五岁成习，六十亦然"。

学生的学习行为水平一般有三个层次，第一层是不自觉学习行为，需要靠外部强制力量；第二层次是较自觉的学习行为，不需要外部监督，但还需要自己的意志努力；最高层次是自动学习行为，它既不需要外部监督和提醒，也不需要自己的意志努力，而是一种定型定势的动作行为——习惯。行为习惯本身就是一种巨大的力量。如果学生通过自我训练养成良好的学习行为习惯，那么对学习将是一种巨大的推动。那些学习行为习惯好的学生，不仅学习成绩优异，而且往往学习自主快乐，学得轻松自如，因为一切科学的学习行为都已经升华为动力定型，内化为自己的一种"本能"。

俄国著名教育家乌申斯基说："良好的习惯乃是人在其神经系统中存放的资本。"我们也可以说，良好的学习行为习惯是不断升值的资本，存储者终生都享受着它的利息。不良学习行为习惯是难以清偿的债务，它也会以不断累积的利息折磨着债务人，直至其彻底破产。

第二节　学习习惯养成技术

养成良好的学习习惯是达到高效学习效果的行为基础，没有良好的学习习惯做支撑，学习就失去了原有的意义。行为主义心理学家华生提出"学习的习惯化"，认为学习的过程就是学习行为习惯养成的过程。复杂的行为习惯是由一些简单的条件反射构成的。这些条件反射是在学习的过程中，把那些正确的但没有内化成定型的规范性行为加以内化定型、组织而成。而教育心理学认为，学习行为习惯的养成有四个条件：一是模仿，二是重复，三是有意训练，四是矫正不良行为。良好的学习行为习惯能够使人全身心地学习而不分散精力，不良的学习行为习惯会使人学起来不能集中精力，给学习带来困难，让人容易产生厌学心理。学习行为习惯是一种能动的、自觉发生的、自动化学习行为过程。在客观的学习环境作用下，学生的学习行为习惯往往将一些单个的行为协同起来，自动地做出一系列的学习行为。

一、掌握学习行为习惯养成的规律

要养成良好的学习行为习惯不是轻而易举的，它需要学生付出持之以恒的努力，而且还要掌握行为习惯的运动规律。

行为习惯的养成是将外部要求内化成为内在品质的过程。学生的学习习惯是在教师和家长的要求下，或者主动模仿他人的情况下产生的。随着年龄的增大和认识的提高，学生有能力把家长和老师的要求转化为内部的动力，这是个内化的过程。于是，学习行为习惯的形成逐渐趋向于自觉性。

学习行为习惯的养成是客观外在要求的不断强化，以及学生自身矛盾不断产生、解决的过程。对于学生来讲，不良的学习行为不是一朝一夕形成的，因此也不是一朝一夕能改变的，而且行为上的定势必定伴随着心理上的定势。这种定势的破除需要强大的心理力量，学生要求外部力量的监督和参与是合理的。不良行为习惯的破除对学生来讲是痛苦的，也是不适应的，但不能因为不适应和精神上的痛楚而逃避改变，应该勇往直前，坚持真理和行为的正确性，否则痛苦会伴随一生。对于教育者来讲，不要因为学生有着固有的定势而不坚持要求，要知道矛盾对立是过渡到统一的前奏。对立和统一是事物发展的固有规律。

学习行为习惯的养成是从简单到复杂，从具体到抽象的过程。在小学阶段，学生需要养成的是一些简单的行为习惯，如坐姿、握笔、写字、早起等，到了中学阶段，随着对学习认识水平的提高，知识的不断增长，良好的学习行为习惯在学习活动中将日益得到巩固，如课前预习、课后复习，提问解疑、及时处理笔记，制订和调整计划等。

学习行为习惯的形成是从不稳定到稳定的发展过程。行为习惯是经过多次强化、反复练习而逐步趋于稳固的。在习惯养成的过程中，有些行为纠正了之后还会不断地回复到原有的状态，对学习者来讲这是很不舒适的，心理上是矛盾和烦乱的，甚至造成精神上的长期低落、自卑、期望降低、失去热情等，但我们要知道这是正常的，只要自己不断坚持，认定真理，这种不稳定现象会逐步降低、减少，在教师和家长的帮助下，良好的学习习惯就会稳定下来。

二、矫正或消除不良学习习惯

不是好习惯代替坏习惯，就是坏习惯代替好习惯。要养成高效学习行为习惯，必须从认识不良学习行为并破除陋习开始，而且要逐渐养成破旧立新的行为习惯，久而久之，习惯成自然，形成固定、稳定的高效学习风格及稳定的科学学习模式。

家长和教师应该根据孩子的个性特征和家庭环境以及孩子行为现状，培养其良好的学习行为，不断做出要求和督促，矫正或消除不良学习行为，在这个过程中，要坚持原则和正确的立场。例如，有的孩子既想学习又想玩电脑，首先不要将电脑放在孩子学习的房间里，要保持房间的学习氛围，并且规定必须在达到学校和家长的要求，完成相应的任务后才能使用，有意识地培养学生用顽强的意志克制玩电脑的欲望，坚持学习，同时培养学生的自主学习意识。经过多次原则性坚持和学生行为习惯的反复，就能养成即使别人在玩电脑的时候他也能坚持学习，即在学习任务没有完成的情况下就没有玩电脑的念头，这种专注的品质是需要逐步锻炼而成的。行为习惯具有稳定的特征，一旦形成，就会很难打破。同理，要打破陋习，需要付出更大的努力和更多的坚持。

三、自觉养成良好的学习习惯

古人云："少若成天性，习惯成自然。"良好的学习行为习惯是完成各项学习任务的重要保证，是学习能力的一个重要组成部分，使孩子养成良好的学习习惯也是教师和家长的重要责任之一。

（一）培养勤劳节俭的习惯

行为的勤奋直接关系到思维的上进。心理和行为是同时存在的，又是相互作用的。学习生活中努力勤恳，则必然作用于思维水平和方式，行为的进步必然要求思维的进步。勤劳的人，行动力强，心胸开阔，乐观积极，不怕困难；懒惰的人，执行力差，心胸狭隘，悲观消极，畏惧困难；节俭的人，懂得珍惜时间和学习资源，抓紧机会，刻苦学习，常做内归因；奢侈的人，肆意浪费时间和学习资源，错过机会，懈怠学习，常做外归因。事实上，学习是生活的一部分，学习是离不开生活的，学习的品质也是在生活中养成的，跟日常行为息息相关，那种把学习和生活分割开的观念是不对的。有些学生总是拿学习做借口，逃避劳动的做法和想法也是错误的。有些家长一心只要孩子学习，不用做家务，甚至帮孩子把什么都准备好，恨不得孩子从早到晚坐到座位上看书写字，这种观念和行为是非常不好的，会导致严重的后果。在这种思想影响下培养出来的孩子，其内在学习品质上是不健全的，也是不可能有大的作为的。

2007年笔者为湖南卫视教育栏目《变形计》提供教育技术和学习技术期间，接待了数百位家长和学生，发现孩子学习习惯不好，尤其是学习惰性及消极学习行为，主要来源于家长的教育原则不当。劳动是人的基本权利与义务，家长们为孩子代办一切事物，就是不尊重孩子的劳动权、剥夺孩子的劳动品质，就是藐视孩子劳动的天性！

科学的家庭教育要注意"适度"，要讲"原则"，要保持教育的高度"一致性"，从而做到"无为而治"，对那些自以为是的家长，笔者认为："家长越聪明，孩子越笨，家长越勤劳，孩子越懒惰"，就是告诫家长教育不能过度。

（二）培养认真听课的习惯

课堂是学生学习的主要阵地，是学生获取基础知识的主要形式。学生听课过程是对学生学习成绩起决定作用的环节。课堂认真听课是学习行为习惯和思维习惯的统一，应该养成认真听课的习惯。上课铃声一响，就要集中精神到该课程中了，思维要跟着老师，甚至要超越或快于老师，在听懂老师所述内容的同时，要养成科学总结和归纳的习惯，更要养成快速有效做笔记的习惯，还要积极参与到课堂活动和答问中去。课堂上要善于捕捉学习内容的重点和难点，善于揣摩课文的要旨，并善于做笔记。

（三）养成勤思好问的习惯

知识的学习主要是思维活动的运动过程，学习的核心就是思维的核心，学习不仅仅是要掌握知识，更重要的是要通过知识的学习来提高学生的智力水平、学习能力及学习习惯，这些因素提高了，学生的学习活动就变得容易了，遇到更为艰巨的学习任务也才有能力解决。在学习过程中，要运用普遍联系的哲学原理，在新旧知识之间、学科之间、书本知识与实际生活之间产生联系，不要机械、孤立、片面地对待学习内容，要养成多元化思考的习惯，有意识地训练自己思维的多维性及灵活性，形成横向思维与纵向思维的整体思考方式。长此下去，必定能够促进学习能力和学习效率的提高，从而促进智能的长足发展。

在学习过程中，要养成科学提问的习惯，不仅要多提问，还要善于提问，无论学习什么内容，都要勤于思考，凡事多问几个为什么。求学就是发现问题并解决问题的过程，在解决问题的过程中使知识面得到拓宽，使学习能力得到提高，使学习技术得以提升，使学习品质得以内化。学贵有疑，学习上没有问题就是最大的问题。事实上老师和家长最喜欢学生提出问题，因此提问不要有所顾忌，不要因问题简单而担心遭受批评和嘲笑，要抱着实事求是的态度对待自己不懂的知识和问题。要知道不提问题、不解决问题就是没有进步、没有发展，所谓"学起于思"。勤于思考的学生，思维敏捷活跃，提出问题多，解决问题频繁，所以学习成绩就能够扶摇直上。

（四）养成广泛阅读、善做笔记、勤查工具书、多写总结的习惯

课内外的阅读可以帮助学生拓宽知识面、增加词汇量、活跃思维、培养创新能力。阅读的材料要科学选择，要多参考师长的选择意见，接受他们的指导。在课内外学习的过程中，做笔记是必不可少的，除了勤做笔记以外还要善于做笔记，即科学地做笔记、有效地做笔记。在学习的时候，要多使用工具书，比如语法、词典、公式手册、课外典籍等，尤其在英语学习的过程中，要多查词典，在词典中获得更多的词汇、知识，获得更多的例句和语言环境，提升自己的运用能力。词典是最好的老师，在查词典的过程中，不仅增加了知识面，而且能掌握每个词的用法，掌握很多的例句，并且还可以在查的过程中，对词加深记忆。学习是不断总结的过程，无论什么课程，每告一段落就要形成总结，形成经验，以指导其他的学习过程，这样以后的学习就会更加简单易行，学习技术就会得到进一步的提高，从而提高了学习效率。

（五）养成有错则改的习惯

有错则改的前提是知错，"人非圣贤，孰能无过，知错则改，善莫大焉"！知错则改首先是一种态度。学习态度直接影响着学生学习的积极性、效率和成绩。事实上，在人们的眼中，改错是一个十分了不起的品质，是种美德。

有错则改还表现在对题目的纠正上。怎样对待在练习和考试中做错了的题？首先，要建立起学习的纠错机制，错了的题是自己的薄弱环节，要在题目上做上记号和笔记。不懂的要自己弄懂，再不懂就要想办法问老师、同学。把自己在平时的练习和测验中发生的错误圈点、记录下来，再找出与之相联系的知识点，找出相关的知识结构和背景。其次，在明确相关知识的基础上深入全面分析错误的原因，搞明白自己为什么产生这样的错误，分析这个错误是根源于审题呢？解题方法呢？还是思维的片面？学习习惯的问题？最后，复习巩固。要反复做曾经错过的题目，重新温习自己的总结。特别是对含知识点比较多且复杂的综合性题目，要全方位地进行理解和巩固，把解题的全部过程摸清楚，把整个思维过程浮现出来，注重思路，注重前后的联系。通过纠正错误，学会如何整理思路，学会如何进行正确思考。

第三节　学习行为训练技术

学生在学习过程中，由于诸多方面的原因，不免会形成一些坏的行为习惯，如作业马虎、上课分心、书本乱扔，学习被动、生活懒散、依赖他人、拼时间、加任务，学习时看电视、听音乐、吃东西等。通过长期的训练，可以达到纠正不良习惯的目的。

一、加强学习行为习惯的训练

在学习行为习惯的培养中，如果只是提高学生的认识水平，而不让他们付出行动，那是毫无用处的，因为行为习惯是一种动力定型，要经过长期的训练才能养成。对于大多数学生来讲，行为习惯形成训练过程如图4-1所示：

图4-1　学习行为训练过程

由图可知，持之以恒的训练是行为习惯形成过程中的重要环节，它使认识转化为行为，定型为习惯。所以，正确的行为习惯的形成必须对学生进行长期的训练，在这个时候就像足球训练一样，教师是一个教练，而学生是一个球员，教师和学生站在统一的立场上，为着共同的目标而努力。可见，行为习惯的训练过程是要在改变以往不正确的行为习惯的基础上进行的。在训练过程中，教育者要格外严格要求，这是一个艰难的过程，无论对学生还是对教师，须知"玉不琢，不成器"。

在训练过程中，要循序渐进，把复杂的、难度大的学习行为目标分为几个阶段和步骤来训练，达到逐步增强，逐步养成。

二、制定科学具体的行为规范

在学习行为习惯养成的过程中，必须制定明确的行为规范。俗话说，无规矩不成方圆。没有行为的具体规范，训练就成了空话。学生在制定行为规范的同时要注意奖励和惩罚的并用。在这个过程中，要求外部力量的配合和监督是必要的。那种只有表扬鼓励，没有批评惩罚的方式是不对的。两方面都是不可缺少的。这些规范和奖惩制度在老师或家长的监督下执行，使学生的行为向积极的方向努力，学生的行为习惯得到约束，并提醒学生不做违反规则的事情。

学生在希望自我规范并要求监督的前提下，可以采用有效的代币方法。这种方法对于行为习惯的养成有着良好的作用，但需要持之以恒。现在对这个技术进行简单介绍，在实行的过程中，要有老师的指导和家庭成员的参与。代币学习的目的是在一个学习的环境中，使学生增加过少出现的期望行为，并减少他们的不良行为。这些学生以期待行为获得的每一分，都是一个代币。学生做出一个期望行为后立即给予一个代币，后者被兑换成后援强化物。因为代币伴随其他的强化物，它就成为一种条件强化物来加强期望行为。后援强化物只有用代币支付才能获得，而代币只有通过表现期望行为来获得。选择后援强化物时因为学生知道，在学习环境中它们对自己来说是强有力的强化物，因此才会极力表现期望行为，从而回避不良行为。

下面是代币学习的基本构成：

（1）要加强希望目标行为。

（2）作为条件强化物使用的代币。

（3）与代币兑换的后援强化物。

（4）获得代币强化的计划表。

（5）用代币兑换后援强化物的比率。

（6）将代币兑换成后援强化物的时间、地点。

（7）在一些例子中，还有一种反应代价成分，要求确认待消除的不良目标行为，以及它们每次出现时代币丢失的数额。

三、积极进行自我评价

在学习中，评价是一个影响学习的重要因素，评价分为自我评价和他人评价。我们主张学生多做自我评价，形成自我批评和自我肯定。积极自我评价是规范自己学习行为的基础。消极的自我评价会打消学习的积极性，产生自我贬低的心理，自信心低落，情绪消极，从而不利于学习行为的发展。评价适当会促进学习的积极性，产生自我激励的心理，自信心高涨，情绪积极，这些有利于学习行为的发展。因此，科学评价是学生形成良好的学习行为和取得良好学习成绩的保证。

四、寻找自己的人物榜样

榜样的力量是无穷的。榜样的树立对学习具有潜移默化、激励调节的作用，在学习行为培养的过程中发挥着独特的功能。成功的人、学有所成的人，常常有一个或几个榜样人物的激励和影响。这些榜样可以是著名的科学家、政治家、艺术家等，也可以是同一领域的杰出代表，还可以是身边比较优秀的人，这些榜样要是真实、可信和亲切的。学生可以接受他们的帮助，增强自己前进的动力和战胜困难的勇气，激发自己的潜力，从挫折之路走向成功之路。成功者善于寻找前进的榜样，学习榜样人物的高尚情操，学习他们的优良品德，学习他们的治学态度和方法，学习他们不怕困难、挫折的坚强意志，学习他们解决问题的优秀风格。成功者善于向他人学习，将他人的长处内化为自己的行为品质和行动力量，甚至能将榜样人物的帮助发挥到极限，超越榜样。

学习榜样的训练过程具体如下：主动找一两个你所崇拜的人物，其中可以是优秀同学、任课老师、著名人物、历史伟人等，研究他们行为习惯，治学之道，言谈举止，把他们作为自己的榜样，模仿他们、学习他们，把他们的优秀品质内化为自己的精神结构，从而指导自己的思想，规范自己的行为。学习榜样人物或崇拜偶像，只要你信心坚定，坚持不懈，就能激发潜意识的功能，获得潜意识的力量，从而取得成功。

学习榜样人物也可以进行心理训练。训练方法是找到榜样人物的肖像、照片或把榜样人物的形象画下来，也可写下榜样人物的名字，把他的理念和优点写在纸上，然后想象自己也是这样的，将其内化为头脑中的形象，每天都进行想象，想象自己一天天都在接近榜样人物，想象自己就要成为榜样人物那样的人，想象自己在像榜样人物那样思考处理问题，那样学习、做人、办事，那样言谈举止。想象自己已与榜样人物融为一体了。如此，榜样人物的形象和理念慢慢植入自己的潜意识，引导着自己成为榜样人物那样的人。

五、在合作学习中调整学习行为

合作学习（cooperative learning）是一种巨大的学习力量。合作学习是20世纪70年代初兴起于美国，并在70年代中期至80年代中期取得实质性进展的一种富有创意和实效的学习方法与策略。由于它在改善学习气氛，大幅提高学生的学业成绩，促进学生形成良好行为品质等方面实效显著，很快引起了世界各国的关注，并成为当代主流学习方式与策略之一，被人们誉为"近十几年来最重要和最成功的学习革命"。《国务院关于基础教育改革与发展的决定》特别提及合作学习，指出"鼓励合作学习，促进学生之间的相互交流、共同发展"。合作学习的方式之一是和班上部分同学以及周围的朋友结成学习伙伴关系，相互协作，合理分工，共同完成某项学习任务。这种学习方式既可以使我们获得丰富的学习材料，又可以吸取他人良好的学习方法，更重要的是可以调整自己的学习行为习惯。

参与合作学习成员必须做到几点：一是要有合作意识，二是要有责任感，三是要有参与意识。

勤思善问，学而得法。"三人行必有我师"，合作学习平台给学生与学生之间，学生与老师之间相互的交流学习提供了广阔空间，学生可在老师的主持下解决学习中遇到的困惑，及时对知识疑点进行充分理解和消化，改进学习方法，增强学习兴趣，将学习态度、学习动机和学习习惯的培养渗透在整个学习过程中。"独学而无友，则孤陋寡闻"，没有人全知全能，也没有人一无是处，学员既可向他人学习，也可为别人解惑。

第四节　养成体育锻炼习惯　增强学习行动力

体育与智育是对立统一的，体育对智力的发展有着积极的促进作用。运动生理研究证明：从事体育运动，掌握各种动作技能，能够促进大脑相应部位神经中枢的发达，能改善和提高中枢神经系统，特别是大脑皮层的工作能力；使兴奋和抑制更加集中，提高神经过程的均衡性、灵活性和大脑的综合分析能力，如思维敏捷，判断能力增强等。

学习的过程是一个脑力劳动的过程，大脑皮层处于积极活动的状态，会引起一系列的神经和心理紧张。体育活动可以加速血液循环，提高心脏的功能，改善大脑的供氧情况，提高呼吸系统的功能，提高大脑的工作效率，增强记忆力等。体育活动对学生的学习活动来讲，是一个积极性休息的手段。大脑工作一定时间后（时间长短因人而异），必定会产生疲劳，适当的消极休息（如睡眠、静坐等）当然是必要的。如果在头脑意识清醒的情况下，采用体育活动的方式进行积极性休息（如散步及柔性运动、放松运动等），效果会更好。高级神经活动的负诱导规律（即在大脑皮层中运动中枢的兴奋，可以导致学习中枢的抑制，优势兴奋中心愈集中，则邻近区域的抑制也愈强的原理）证明了积极性休息的必要性和科学性。

运动中枢的兴奋可以使思维、记忆中枢得到更完全的休息，从而很快消除疲劳，恢复学习能力。这也正是在集中学习一段时间后，去从事一些体育活动，会使人感到头脑清醒、精神焕发，记忆力增强的生理机制。8-1>8这个富有哲理的公式，就是从这个意义上提出来的。经常性的体育运动能够促进身体健康，保证人体有充分的精力从事学习活动。而且体育运动能够发展智力，促进思维。

另外，由于从事体育运动全面发展了人的身体素质，提高了青少年身体的灵巧性、协调性、力量性、耐受性以及适应各种环境和条件的能力，从而增强了学习行动力，即执行力。

一、体育运动的益智作用

早在古代，人们就已经认识到体育运动的益智作用。古希腊的亚里士多德曾创立了所谓"逍遥派"，他同弟子经常边散步边讲课。当散步使身体发热时，思维活动变得更加活跃，"逍遥派"便由此得名。我国古代文学家也有散步吟诗和"游学"的传统。

体育运动不仅能够促进思维活动过程，而且能促进青少年、儿童的智力发展。对幼儿园同龄孩子的研究证明，能够自由活动的孩子比很少活动的孩子懂得更多的词汇，并且词汇运用得也更正确。更重要的是，他们形成概念的过程更容易更准确。据研究，在历届诺贝尔奖获得者中，不少人是有名的运动员，或者是奥运会冠军。例如丹麦的物理学家波尔曾是出色的足球守门员；1945年诺贝尔生物化学奖获得者、美国的契英斯在得到科学奖的7年后，获得了奥运会快艇比赛的金牌；法国著名的原子能学家居里当年也曾面临两种选择：当职业足球运动员还是献身于科学。一些著名的科学家、哲学家和思想家，如苏格拉底、柏拉图、毕达哥拉斯、牛顿、托尔斯泰、巴甫洛夫（甚至包括列宁等），都在体育锻炼中得到过推动自己事业发展的动力。苏联学者研究认为，体力负荷能刺激思维活动。他们做了一个这样的实验：要求被试做不复杂的计算、选择预先组合的单词、检查计算的正确性。这些工作要求在不同的情况下完成：一种是静坐完成，另一种是在安静散步或在缓慢转动的功率自行车上完成。结果表明，在进行适当的习惯的体力活动时，工作能力比静坐状态有所提高。苏联学者对大批在校学生进行了研究，其目的在于检验学生学习成绩与身体锻炼之间的相互关系，研究结果也有力地证明学习成绩与身体锻炼高度相关。

由美国哥伦比亚大学等研究机构的科学家组成的一个科研小组，曾在美国《国家科学院学报》上发表报告指出，他们先后对老鼠和志愿者进行了研究，并利用核磁共振技术对被试大脑进行分析。结果发现，身体经常运动的被试不但大脑供血量比不经常运动的被试大，而且还新生长出一批负责记忆的脑细胞。

这些事实表明：

（1）人的脑力和身体发展之间存在着密切的联系。

（2）脑力的成长和发展要求身体的相应发展。

（3）运动刺激对身体和智力的发展具有同等重要的作用。

（4）经常进行体育运动可以改善人的心理素质，促进健康心理的形成。

（5）体育锻炼能促进良好的情绪生成。

二、科学的体育锻炼方法——传统太极拳

在我们寻找适合中国教育国情下学生学习过程的有效体育锻炼方法的同时，我们有着意外的发现：从国内外对此课题的研究结果来看，中国的传统太极拳是最适合学生学习，并与中国学生学业成绩高度相关的运动项目。

太极拳哲理博大精深，是祖国传统健身瑰宝，具有独特的修身、健身、防身理论和效果，受到广大群众喜爱，并以其特有的魅力，不断地走向世界。研究证明：开发右脑是使智力、体质全面发展的重要环节。它不仅能充分开发青少年的聪明才智，而且也将为青少年体质全面发展打下良好的基础。目前中国青少年的学历和体质呈反比态势：学历（知识水平）越高，体质越差。因此，采用什么手

段和途径开发青少年的右脑潜能、全面发展体质，就成为青少年教育科学的战略性的重要课题。因此，如何有效地提高和增强人们的智力以及神经系统持续和高效的工作能力，是一项具有重大战略意义的课题。太极拳在这样的时代背景下就显得十分重要。

从中医学角度讲，太极拳有利于健脑益智。现代医学研究证明，练太极拳时，主要通过以下方式对神经系统产生积极影响，从而起到健脑益智作用。练太极拳能在大脑皮质层形成一个特殊兴奋灶，而其他区域则处于抑制状态。这样就使大脑得到了充分的休息，可以打破疾病的病理兴奋灶，修复和改善高级神经中枢的功能，起到健脑强身作用。练太极拳，对植物神经系统产生良性影响。练太极拳时呼吸较深，可对植物神经系统的机能发生影响（据上海医科大学生理教研室动物实验证明，呼气时副交感神经兴奋，吸气时交感神经兴奋），从而可使植物神经系统活动紊乱得到调整和改善。练太极拳还有利于提高人体动作的平衡性与协调性。太极拳动作的协调性和平衡性要求较高，这对神经系统是一种锻炼，有利于平衡和协调动作的发展。太极拳是一项富有哲理性的辩证运动，其动作对称和谐，刚柔相济，动静平衡，上下、开合、虚实、进退、升沉、快慢相间、互为其根。这种辩证协调的运动，正符合我们现代理论的双脑论的训练原理——有利于左右脑平衡发展。太极拳的动作往往要求左右手同时往不同的方向运动，且动作也不相同，这就能使左右大脑半球的协调性增强。太极拳练习中左手运动也较多，能起到开发右脑的作用。太极拳是运用阴阳原理的极佳典范，每个动作都包含阴阳之变化。虚与实、动与静、表与里、开与合、进与退、收与放、左与右、刚与柔、正与隅，相辅相成。增强了整体观念，要求身心合一，松静无为，内外上下一致，以意领气，气随意行，意到气到。因此，练习太极拳能调整阴阳，疏通经络，达到保健的作用。

太极拳是一种很有趣味的运动，经常练习的人都有这样一种感觉：练习套路后，周身感觉舒适，精神焕发；练习推手后，周身感觉活泼，反应灵敏。这都是练拳的人情绪提高与兴趣浓厚的证明。情绪的提高在生理上是有重要意义的。情绪提高，可以使各种生理机制活跃起来。许多试验都证明，做一种运动时，在用体力之前，仅仅是精神的影响就可以使血液化学、血液的动力过程、气体代谢等发生改变。对患某些慢性病的人来讲，情绪的提高更为重要。它不仅可以活跃各种生理机制，同时能够使病人脱离病态心理，这对治疗功效来讲很重要。以上例子都充分说明，练习太极拳对中枢神经系统有着良好作用。

第五章
科学认知技术

第一节 认知过程技术

实现技术化学习需要以一定的认知能力作为基础，提高认知过程技术是形成良好认知能力的必要途径。认知能力的高低很大程度上依赖于人的注意、观察、记忆、想象和思维等认知过程技术的提高。国内外的许多研究表明，认知过程技术的高低与学习的效果是密切相关的，技术化学习要求学习者具备良好的认知过程技术。

一、注意技术

在学习中，自古以来，教师和家长通常要求学生务必做到"专心""用心""聚精会神""心无旁骛""两耳不闻窗外事"，这些都是学习对注意的要求；老师在讲课的时候经常讲的一句话是"请同学们注意"。可见，学习中学生的注意力水平是十分重要的，它是一种积极准备状态，也是学习必需的持续状态。我们也知道，没有良好的注意力，学习活动就无法高效进行，学习成绩肯定会受到影响，从而导致一系列问题的产生。

注意是意识的选择性活动。人的任何心理活动都离不开注意，学习活动就更离不开注意了。在学习活动中，越来越多的信息不断地作用于我们，选择性地接收均由注意决定。注意的水平影响着我们的学习效率。心理资源的分配学说认为注意是有限的心理能量在某个方向上的聚集。当我们注意某个事物或某个对象时，心理能量就主要集中在这个对象或事物上，而忽略了其他的对象和事物。

根据引起和维持注意时目的是否明确以及意志努力程度的高低，我们把注意分为无意注意和有意注意。无明确目的，无须意志参与的注意称为无意注意，也称为不随意注意。例如，当我们闲着无事的时候，随手拿起一本书翻开，突然映入眼帘的一个图片或一个单词引起了我们的注意。有明确目的，需要意志参与的注意称为有意注意，也称为随意注意。例如，尽管老师讲的内容枯燥乏味，但是为了考试拿到好成绩，我们还是认真听讲，或者尽管有人在吵闹使我们看不进书，但是为了使自己学到知识，我们还是会通过自己的努力，主动将心理能量集中到所要学习的内容上。有意注意是一种积极的、主动的注意。而我们完全可以将无意注意转变成一种科学的学习方法、记忆方法，对无意注意的利用能够为我们的学习做出很大的贡献。

一般来讲，司空见惯的事情是难以引起我们的注意的，而不常见的东西常常能引起我们的注意。所以学习材料如果具有新奇感或新鲜感，或转移到新的环境中间，则会给人增加新鲜的刺激，新颖的感觉会引起人的高度的无意注意。无意注意通常也和人的自身状态、需要、兴趣、情绪、知识和经验密切相关。饥饿的人对从远处飘来的饭菜香味最为敏感，口渴的人对潺潺的流水特别注意，这是因为人对于最迫切需要的事物最容易引起无意注意。因此，要利用无意注意进行学习，就必须让自己对所学的知识产生需要，让自己进入良好的动机状态。一般来讲，人们对自己感兴趣的事物是极易引起注意的，因此培养兴趣是获得无意注意的良好途径。情绪是引起无意注意的一个重要因素，心情舒畅放松时，许多平时不容易引起注意的事物也能吸引我们的注意，情绪良好的时候，我们甚至看待周围的事物都往往是充满阳光的、是积极的；情绪抑郁的时候，许多平时能引起注意的事物，也不能引起注意了；情绪低落的时候，我们甚至看待周围的事物都往往是阴暗狭隘的。无意注意的产生与一个人已有的知识经验是很有关系的，有知识经验的人能"见微知著"，而没有相关知识经验的人却"视而不见"。

而在我们的学习生活中，更多的是需要用到有意注意。学习是一种复杂的脑力劳动，是一种特殊的认知过程。具有明确的目标，具有良好学习习惯，对于结果的高期望水平、良好的意志力、丰富的知识经验是引起有意注意的前提条件。在学习之前，我们要对材料和任务的重要性进行思考，对任务和材料的重要性理解得越深刻，目的越明确，完成任务的愿望就越强烈，学习行为就越努力。优秀学生对于自己为什么要学，目的是什么是很清晰的，在他们的心里都有着一个或多个明确的目标。良好的学习行为习惯是使意识集中的必要条件，一个生活习惯和学习习惯良好的学生，能自觉遵守纪律和要求，一般都能集中精力于学习对象上，做到专心致志。一个行为习惯懒散的学生，生活杂乱无章，不能自觉遵守纪律和要求，没有明确的努力目标，不能做到专心致志。在学习中，把手脑运动结合起来有利于有意注意的产生和保持。因此，学习时运用多种感官参与学习，能使学习产生良好的效果，读写做笔记是必要的。例如，做笔记时，用笔尖点着看书，可以引领注意的集中，保持注意的持久性。很多时候，学生对于材料本身并无多大兴趣，但往往对于掌握材料后的结果很有兴趣。这种间接的兴趣能使学习者保持高度的注意，因此，人为地赋予材料以意义是促进注意的一条良好途径。

我们都知道，学习、做事、克服困难需要有顽强的意志力，有意志力的人，容易调整自己的有意注意水平。

除了有意注意和无意注意之外，还有一种有意后注意。它是注意的一种特殊形式。从特征上讲，它同时具有有意注意和无意注意的某些特征。有意后注意是事前有预定目的，不需意志努力的注意，也称为随意后注意。是一种高级状态的注意，它是从事创造性劳动的必要条件。教师能把学生的注意引入并保持于这种类型的注意，是一种高超的教学艺术。苏霍姆林斯基说过："有经验的教师……是用讲课的内容来'拴住'儿童对教师的叙述和讲解的注意力的。"显然，生动有趣的教学内容，引人入胜的教学方法是引起并保持这种注意的最有效的条件。这种注意的形成有两个条件，一是要对活动有浓厚的兴趣，二是活动的自动化。因为它是由有意注意通过努力学习而转化来的。例如，在刚开始做一件工作的时候，人们往往需要一定的努力才能把自己的注意保持在这件工作上，但是在对工作产生了兴趣以后，就可以不需要意志努力而继续保持注意了，而这种注意仍是自觉的和有目的的。

在了解了注意的种类和概念及与学习的关系之后，我们可以通过主观努力来训练注意力，达到高注意水平，以作用于学习。下面是几种比较实用的策略。

注意力训练方法一：明确活动或学习的目的，明确的学习目标能够启动内部动力系统，调动有意注意和持续注意，激起一个人内部的学习潜能。有一个深受孩子们喜爱的传统游戏叫"偷象棋"。把棋子哗啦一下倒在棋盘上堆成一个堆，然后用食指轻轻地将棋子一颗一颗地拿走，发出声音就算失败了。这种游戏很容易集中精神，因为孩子都有征服和获胜的欲望，他们可以通过达到不让棋子发出声音这个目标而得到成功后的快乐。这个游戏给我们的启发是学习首先要明确学习目的。

注意力训练方法二：视线引导法。运用一定的视线引导工具来帮助自己集中注意力的方法就叫视线引导法。比如：在读报纸时，可以用手指顺着文字的排列来引领自己的注意；也可以用笔尖的移动来指引自己的视线。对此，会计最能体会视线引导工具的重要性。他们手中的笔就是引导工具。使用引导工具能够大大改善注意力集中的水平，可以帮助学习者改善注意力分散状况。

注意力训练方法三：积极思考。学习活动中注意的集中情况与思维的积极程度成正相关。思维越积极、活跃，注意就越集中、越稳定。当人们围绕一个问题忘我地思考时，注意力的稳定和集中都是超水平的。

注意力训练方法四：培养坚强的意志。意志力具备对注意力进行调控的功能。教师在教学过程中，要求学生树立理想、坚定信念、制定目标并为之坚持、耐苦、抵制外界诱惑、克服困难，并在学习行为中运用一定的教育或心理方法促进孩子意志力的发展，有利于注意力的培养；家长在家庭教育中，要重视劳动品质的培养，劳动过程事实上对意志力培养相当关键。在人类的实质性发展中，劳动起到了关键的作用。意志这种心理品质，只有在劳动的过程中才能得到形成和发展。

注意力训练方法五：康德精神集中法。康德是德国伟大哲学家，每当他在书房里沉浸于冥想之中（沉思）时，必定要将目光穿过窗户向屋檐上方看。然后注视着风车杆尖端的一点。一边专心注视，一边思考问题。当人将视线集中在一点时，人脑就会自动忽视其他东西，意识的范围也就缩小了，此时，人的心境就会逐渐宁静、放松，这样注意力自然就集中了。在学习时，我们可以先利用这个原理，选择一个点进行注意，比如注视手表的指针，并聆听指针的滴答声，也可以摆一个闹钟在桌上，这样就不用去找合适的东西来锻炼了。

注意力训练方法六：许特尔图表法。所谓许特尔图表就是在一张20cm×20cm的正方形卡片上画25个小方格，在每一个小方格内无顺序地填写上阿拉伯数字1～25，然后要求按1～25的顺序找出每个数字，而且必须边读边指出。要求集中注意力，以最快的速度找出来。正常的7～8岁儿童，寻找每张图表上的数需30～50秒，平均40～42秒。正常成年人看一张图表的时间大约是25～30秒，有些人可以缩短到11～12秒，极个别的人只需要7～8秒时间。在情绪稳定、身体健康、恢复了疲劳的正常情况下，在每张图表上所用的时间几乎是相同的。如果时间增加了，说明注意疲劳了。如果不能按时完成，而且每张表所用的时间和完成的情况都有很大差别，那就是一种异样的情况，应该引起重视。如果你用这套图表坚持每天练习一遍，那么你的注意能力，包括速度、范围、辨别力、稳定性，以及视觉定向搜索运动的速度等就会得到提高。下面是列举的一组许特尔图表（共10张）：

7	24	5	9	3
2	12	1	18	23
17	19	6	13	16
20	4	14	21	11
10	15	25	8	22

8	24	6	9	13
10	2	1	18	4
17	19	5	3	14
22	23	16	7	11
12	15	25	21	20

7	24	5	9	3
2	12	1	18	23
17	19	6	13	16
20	4	14	21	11
10	15	25	8	22

8	24	6	9	13
10	2	1	18	4
17	19	5	3	14
22	23	16	7	11
12	15	25	21	20

23	16	7	9	19
22	12	1	5	10
2	3	21	13	20
8	24	14	4	11
17	15	18	6	25

4	5	17	10	7
19	23	1	22	24
8	11	18	13	2
20	16	14	21	3
9	15	25	6	12

17	24	15	9	19
23	12	1	14	20
11	3	4	13	2
16	7	18	21	12
5	10	25	6	8

2	24	6	10	19
22	21	17	18	23
5	3	1	13	12
20	25	14	8	11
4	15	7	9	16

3	24	2	9	4
22	6	12	13	23
16	18	17	19	15
11	7	14	21	1
5	8	25	10	20

4	15	3	23	9
5	12	1	18	2
13	24	6	22	20
11	7	14	21	10
8	19	25	17	16

图5-1 许特尔图表

该图表可用来测量一个人注意的稳定性水平。如果每天坚持练一遍，那么，他的注意能力就会大大提高。

注意力训练方法七：锻炼注意分配的能力。注意分配是指在同一时间内把注意分配在两种或两种以上的对象上，即我们常说的"一心二用"。也许有的人认为学习一定是"一心一意"，但事实并非如此，在学习中，"一心二用"是可能而且是有效的。这种现象在生活中到处可见。例如，教师一边讲课，一边还能关注学生听讲的情况；工人同时可以同时操作不同的机器，还能观察各种情况等。又如学习中有些"一心二用"的同学，可以一边记笔记，一边理解老师讲课的内容。

二、观察技术

观察力是人类智力的重要因素之一，是人类认知过程中必备的能力。哈佛大学教授霍华德·加德纳提出人类具备八种基本智能，其中之一是观察智能（本书前文有所介绍），一些著名的人物如达尔文、克拉克、奥杜邦和林奈等从小就培养了卓越的观察智能。

从身心发展的角度看，一个人所处的环境是缺乏刺激、生活枯燥的，那么过少的观察将会使大脑神经细胞处于长期抑制状态，突触发育缓慢，智力发展就会落后。相反，一个人所处的环境丰富多彩、充满刺激，经常接触大自然现象的影响，大脑神经细胞就会长期处于兴奋状态，突触发育良好，智力发展就会发达。

众所周知，人的身心发展受到遗传和环境的双重作用，其中环境对人的发展起主要作用。因此，要想拥有一个聪明灵活的头脑，使学习活动更有效果，就要善于观察，逐渐锻炼自己的观察力！

观察力的训练主要有以下几种方法：

（一）用"感觉袋"训练唤醒观察智能

加德纳教授认为，我们大脑中有一个区域是专门用来观察、认识和理解事物的。要唤醒和激活脑内的观察力，最好的办法是与大自然接触，大自然丰富而充满刺激的环境，远远胜于室内。与大自然直接接触可以激活大脑中的某些神经细胞群。通过运用各种不同的感官体验外界的动植物、水、无机物、沙滩、草地等，通过五觉以及人类心灵的感觉作用于自然的微观世界来唤醒和激活观察智能。以下训练过程有的学生自己可以完成，有的适合教师辅助完成。

（1）制作"感觉袋"。教师可以在几个袋子里面分别装入从自然界中采集而来的一些小块物体，可以是一块树皮、一块泥巴、一片羽毛、一棵小草、一粒核桃或者一块牛皮，也可以准备几个"嗅觉袋"，在里面放一些具有独特气味的自然物，如茉莉花、鱼腥草、桂皮、栀子花、橘子皮等。

（2）在相关的课程里面，让学生在班里传递感觉袋，要求学生不要朝袋子里看，凭自己的感官感受不同袋子里面的东西，看是否可以识别，并告诉学生不要马上说出结果。

（3）传递一圈后，教师取出物件展示，引导学生与邻座的同学交流第2步进行时的感觉。这个训练唤醒和激活了学生的观察中枢。

（4）引导全班同学交流和分享他们的体验和结果。

（二）通过"自然漫步"拓展观察智能

绝大部分的教学都是在教学楼里进行的，就这一点来讲，这种教学不可避免地切断了学生观察智力的发展途径。现代的学生随着年龄的增长，逐渐远离了大自然，缺少了探究自然的机会，尤其是城市的孩子，每天24小时都在钢筋混凝土的人造丛林中穿梭，在这样的环境中，人的观察智能得不到发展甚至不断萎缩。

对于这种进退维谷的困境，只有两种办法可以解决：去大自然漫步或者把大自然带进教室。诺贝尔奖获得者物理学家理查德·费里曼（Richard Feynman）曾写道，他父亲在漫步时给了他一生的启发，这种启发是以这样的问题开始的，如"你认为是什么动物在那儿打的洞？"自然漫步开始了他的科学之旅，他的科学质疑态度就是这样形成的。事实上，任何学科都可以有自然漫步的方法。

我们可以从几乎麻木的城市感觉中脱离出来，应该尽可能在我们附近的自然环境中获得重新刺激和童年所拥有的好奇心的恢复，重新激活我们自然智能中的潜力。我们可以到植物园、动物园、森林公园、苗圃、花圃等地进行自然观察。

（三）观看一些有关观察力的影视

一些关于细节观察和逻辑思维的影视作品将人物的卓越观察能力表现得淋漓尽致，这些观察的场景对我们的启发很大，一个善于观察的人能避免和解决许多的问题，使我们能够从中获益。这些能力一旦得到培养，是人一辈子终身受用的。它可以促进我们的学习，使我们的学习质量更高。

（1）选取几部影视作品，例如由本尼迪克特·康伯巴奇、马丁·弗里曼主演的迷你电视剧《神探夏洛克》，由西蒙·贝克主演的《超感警探》等。

（2）分别挑选几幕剧中的场景进行回味、推敲，体会主人公发现事物的内在品质，写下一些感想。

（3）联想这些品质怎样才能习得，并内化为自己的品质，想象自己也能像主人公一样具有很强的观察力。

（4）用以上习得的感觉去观察事物。

（四）在教室或家里种植植物

在我国现行的教育体制下，我们不可能每天走出校园，探索自然，你可以把自然带进教室。笔者曾经走访了几家有着现代化教育理念的中学，他们鼓励学生自己种植花草，教室有专门的空间让学生摆放花草，以此来试图营造一个积极的学习环境和培养孩子的自然观察智能。在教学中，我们也可以利用这些植物作为道具，作为教学的背景。

学生在种植的过程中不仅受益于完整劳动过程带来的成就感，而且培养了劳动品质，理解了付出与收获的关系，重要的是发展了在简单环境中难以培养的观察智能。

在种植过程中，教师可以事先设定一些观察主题，从不同的角度引导学生进行观察训练，如准备观察日志，要求学生每天或每周将观察到的变化描写下来；要求学生运用各种感官感受植物的各个特征，如用手触摸叶子的纹路，用眼睛观察植物各部分的细节，用鼻子去感受植物的气味，然后闭上眼睛感受这株植物的整体印象，最后可以鼓励学生把植物的形象用画画的形式表现出来。

（五）在教室里饲养宠物

许多有着新理念的中小学开始允许在教室里饲养"教室宠物"，如沙鼠、兔子、金鱼等，按照多元智力的教学价值观，这种活动对学生的观察智能的培养是非常重要的。

在教室饲养宠物，对学生而言可以与大自然建立联系，可以体验到照顾动物带来的乐趣，培养情绪情感，缓解压力。更重要的是，通过饲养动物可以提高学生的观察技能。自然科学家珍妮·古德尔追溯她对动物的热爱时说，在她五岁的时候，她在鸡笼旁待了5个小时，观察鸡是如何下蛋的。教师可以做如下事情来引导学生训练其观察力：

（1）征求全班学生意见，确定购买何种教室宠物。

（2）与学生签订"饲养契约"，让学生做出责任和义务承诺。

（3）共同学习饲养方案。

（4）要求定期记录宠物的习性、宠物摄取食物特征、体重变化、休息和运动特征等。

（5）引导学生思考问题，如"你们认为小白兔是怎样看待我们的？"

要培养我们的观察技能，有如下几个素质是必须具备的：

（1）好奇心。

当代著名物理学家李政道博士说："好奇心很重要，要搞科学离不开好奇。道理很简单，只有好奇才能提出问题，解决问题。可怕的是提不出问题，迈不出第一步。"的确如此，好奇心是我们探索世界、观察世界的动力源泉。如果一个人对周围的事物都麻木，就不可能发现新事物。

爱因斯坦也曾说："我没有特殊的天赋，只有强烈的好奇心。"

（2）学会分析。

发现问题后，要善于对问题进行分析，只有对所发现的事物进行纵向和横向的全面分析，才能找出问题的原因和规律。如果你有着分析的习惯和善于分析的品质，你就有可能发现鲜为人知的知识。

（3）善于质疑。

明代思想家、教育家陈献章说："前辈谓学贵有疑。小疑则小进，大疑则大进；疑者觉悟之机也，一番觉悟，一番长进。"

对事物产生质疑才会进一步观察，著名的物理学家瓦特有一次看到开水把水壶盖子冲到地上了，他想，盖子为什么会被冲开？是什么力量把它冲开的？它究竟有多大的冲力？带着这些问题，进一步观察和实验，终于，瓦特发明了世界上第一台蒸汽机。

巴甫洛夫曾说："在你研究、实验、观察的时候，不要做一个事实的保管人。你应当力图深入事物根源的奥秘，应当百折不挠地探求支配事实的规律。"

三、记忆技术

（一）记忆的原理

什么是记忆？如何将一生的信息存储在西瓜大小的脑袋中呢？记忆是智力活动的重要因素之一，关系到学习成绩好坏的最重要的因素。

记忆是大脑神经系统活动的过程，是过去的经验在人脑中的反映，是一种复杂的心理活动。人在学习的时候，大脑就会发生一系列的物理和化学变化。外界的刺激（学习材料被人加工时）导致神经冲动通过神经元之间的突触进行传导，更多的神经元被激发，在激活的时候，一组神经元共同放电，就形成了记忆。另一方面，如果以上模式反复发生扩大，相关神经细胞群组共同放电倾向增强，即反复刺激（表现为复述和练习）使得记忆形成。

按照信息加工的观点，形成记忆的过程包括识记、保持、再现和回忆四个基本过程。识记是通过感知得到信息并在大脑中留下印象的过程，是整个记忆活动的开始，依据记忆之前有无目的，可分为有意识记忆和无意识记忆。保持是把识记过的材料（事物）进一步有条理地、牢固地保存在头脑之中，使其暂时不遗忘，它是记忆过程中的一个关键环节，记忆力强弱的重要标志之一就是看保持是否持久。凡是识记过的事物，当其重新出现在自己面前时，有一种似曾相识的熟悉之感，甚至能明确地把它辨认出来，称作再认。凡是识记过的事物不在自己面前，仍能将它表现出来，称作再现。因此，再现就是指在人们需要时，能把已识记过的材料从大脑里重新分辨并提取出来的过程。识记、保持、再认和再现既紧密联系，又相互促进。只有识记得当，保持牢固，才能正确地再认和重现。可见，要提高记忆效率，首要和重要的一步就是科学识记。

记忆有瞬时记忆、短时记忆、长时记忆三个阶段。①瞬时记忆也叫感觉记忆，指进入感觉器官的各种刺激在刺激停止后留下的短暂记忆。据研究，视感觉的记忆在1秒钟以下，听感觉的记忆在4~5秒钟以下。这种记忆的特点是：信息的保存是形象的；保持的时间极短；保持量较大。瞬时记忆如果受到注意就转入短时记忆。②短时记忆又称操作记忆，指保持时间在1分钟以内的记忆。研究表明，短时记忆的容量约为7±2，即5~9个，但如果把记忆材料适当分组，编为"组块"，则能在一定程度上扩大容量。例如，把79453618032分为以下四组：794—536—180—32，就有可能记得多些。所以，短时记忆的容量是指"组块"，而不是绝对数量。这种记忆的特点是：保存时间不长；容量有限；易受干扰。短时记忆经过复述、运用或进一步加工，就能转入长时记忆。③长时记忆，信息储存超过1分钟以上，包括数日、数周、数年乃至终身不忘的，都叫长时记忆。长时记忆的数量极大，是没有限量的。据研究，长时记忆的信息是以良好的组织状态被储存起来的。长时记忆又分为程序性记忆和陈述性记忆。所谓程序性记忆，即对做事方法的记忆即记住如何做事，比如骑自行车、开车、系鞋带等，更简单地说就是对做事的先后顺序的记忆。程序性记忆与习惯有关，帮助我们学习那些无需有意注意的事情，比如骑自行车到一定程度，那些技巧就因反复的练习而被存储下来成为自动化的程序记忆，因此骑车时就不再需要像新手一样关注踏板和方向扶手了。陈述性记忆是指对事实和事件的回忆。陈述性记忆又分为情境性记忆和语义性记忆两种。情景性记忆与个人生活经验相关，是关于自我生活史的记忆，故又称为自传式经验。语义性记忆则表达对周围世界的认识和抽象事物的理解。一个志愿者知道2013年4月20日雅安发生了7.0级地震，这属于语义性记忆，他还会回忆起参加救援时的经历，这属于情景性记忆。虽然我们在研究长期记忆储存的时候将它分类为程序性和陈述性记忆，但在应用中它们是合一的。比如科学的理论和实践。

人的记忆能力从生理上讲是十分惊人的，可是每个人的记忆宝库被挖掘的只占1%~10%，还有90%~99%或者更多的记忆发挥空间。这是因为，有些人只关注了记忆的当时效果，却忽视了记忆中的更大的问题——记忆的保持问题，那就牵涉到心理学中常说的关于记忆遗忘的规律。

（二）遗忘的规律

1. 什么是遗忘？

对识记的内容不能再认和重现，或再认和回忆时出现错误的现象称之为遗忘。

遗忘分为永久性遗忘和暂时性遗忘。

（1）永久性遗忘：不经过重新学习，记忆过的材料便不能恢复。

（2）暂时性遗忘：对记忆过的材料一时不能重现或再认，但在适当条件下还可以恢复。

2. 记忆与遗忘的关系

保持和遗忘是一对冤家对头。你对以前学过的知识能够回忆起来，就是保持住了，如果回忆不起来或回忆错了，就是遗忘了。记忆与遗忘既对立又统一，相反相成。一是保持，一是遗忘，相互对立。遗忘是记忆的天敌，故记忆就要克服遗忘。另外，有所记则必有所忘，有所忘才能有所记，记忆与遗忘又相互统一，相反相成。

3. 遗忘规律

德国心理学家艾宾浩斯（Hermann Ebbinghaus）对遗忘现象做了系统的研究，他用无意义的音节作为记忆的材料，把实验数据绘制成一条曲线，称为艾宾浩斯遗忘曲线。

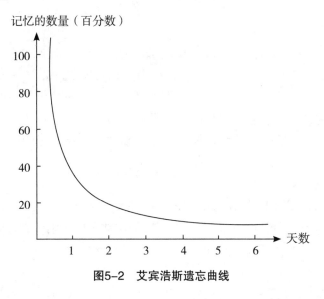

图5-2 艾宾浩斯遗忘曲线

这条曲线一般被称为艾宾浩斯遗忘曲线，也称艾宾浩斯保持曲线，它的纵坐标代表保持量。曲线表明了遗忘发展的一条规律：① 遗忘进程是不均衡的，在识记的最初遗忘很快，以后逐渐缓慢，即"先快后慢"；② 遗忘在学习之后立即开始；③ 对熟练的动作和形象的材料遗忘得慢；④ 无意义材料比有意义材料遗忘快。

根据遗忘曲线的心理规律，我们提出如下对付遗忘的办法：

表5-1　对付遗忘的办法

遗 忘 规 律	应 对 方 式
遗忘在学习之后立即开始	学习后要及时复习。
遗忘的过程：先快后慢	在学习了了新内容后及时复习，复习的间隔较小，以后复习间隔较大。
对熟练的动作和形象的材料遗忘得慢	将所学的内容与熟悉的知识联系起来，或将之转化为形象的材料记忆。
无意义材料比有意义材料遗忘快	赋予无意义的学习材料以意义。

4. 克服遗忘的学习策略

了解遗忘曲线揭示的遗忘规律是为了找出对付遗忘、增强记忆的方法，使我们能够自觉掌握遗忘的规律，认识记忆和遗忘之间的关系，应用于学习活动，提高学习效率。

（1）策略一：过度学习。

所谓过度学习是指把学习进行到超过那种刚好能回忆起来的程度。假如把材料刚能背诵时所需的时间定为100%，花的时间以150%为宜，即一般过度学习达到150%保持效果最有效。研究结果表明，适当限度的过度学习比刚能背诵的效果好，但如果超过这个限度，其保持效果不再增加。如学习四遍后恰能背诵，则再学习两遍效果最好，记忆效果就会大大提高，但再学习的话，效果则适得其反。

（2）策略二：分散学习。

遗忘曲线告诉我们，刚学过的知识不但要及时复习，而且还要适当地增加复习的次数，随着巩固程度的提高，复习需要的次数可以逐渐减少，间隔时间也可以逐渐加长，这种有一定的间隔时间的复习称为分散学习。分散学习比集中学习效果更好。

我们如果将一个学习过程分为前、中、后三个阶段，那么，前面的学习活动会影响后面的学习活动，心理学上叫前摄抑制。如刚完成数学复习，紧接着记英语单词，注意力常常难以集中，就是因为前面的活动表面上结束了，但这个神经活动并没有停止，还要持续一段时间，从而使后面的学习受到干扰。前面的活动引起的兴奋越强烈，对后面的学习干扰也就越大。同样，后面的学习也会影响到前面的活动，心理学上称之为倒摄抑制。

　　学习过程中，处于中间阶段的学习活动有可能受到前后两个方面的干扰，刚开始时，受前面的干扰，学习最后阶段则受后面的干扰。所以，整个学习过程中，总是开头和结尾阶段的学习效果好。清晨起来，学习和记忆一些难记而又必须记住的知识最为适宜，其原因除了早晨大脑经过一夜的休息后特别清醒、精力充沛外，更重要的在于早晨是学习活动的开始，大脑不受"前摄抑制"的干扰。以学习外语单词为例，如果当天上午学习了一批生词，那么当天晚上集中复习一个小时就不如分散复习的效果好。例如，当天晚上复习半小时，第二天复习20分钟，第四天复习15分钟，一星期后复习5分钟。

　　用分散学习法，要注意掌握好间隔的时间，间隔时间太长容易造成遗忘，间隔时间过短，又容易受到干扰。在学习中要根据学习内容的特点和自身特点，通过学习实践，积累经验，掌握好间隔的时间。

　　（3）策略三：理解和联想策略。

　　理解就是将新旧知识联系起来，从而充分认识新知识的内在意义。理解是思维的结果，思而后懂，理解的材料记忆更深刻。

　　理解了才能真正掌握知识，掌握知识的内部精神实质，才能做到融会贯通。华罗庚曾介绍过自己读书有"从厚到薄"的过程：在读一本书之前，会感到书是那么厚，在读的过程中如果对各章各节进行深入探讨，在每页上添加注解，补充参考资料，就觉得更厚了。但最后在抓住全书的要点，对全书的内容有了提纲挈领的认识，理解了全书的精神实质后，书又变薄了，理解得越深，就会感到书越薄，因为留在大脑记忆中的都是精华。

　　所谓联想，就是由当前感知或思考的事物想起有关的另一事物。联想实际上反映了客观事物之间的联系，它在促进人的记忆、想象、思维等的心理活动中，占有重要的地位，它成了人的思维的一种形式，成为学习的一种方法。学习的一种主要机能就是在有关经验中建立联系，头脑中的联想越活跃，经验的联系越牢固。在学习中运用联想，可以增强学习效率。通过联想，每个人都能将头脑中的心理存在连接起来形成知识网络，以便尽快从中提取所需要的材料。美国心理学家威廉·詹姆士说："在脑子里的一件事，与其他多种事发生联想，就容易很好地记忆，所联想的其他事物，犹如一个人的钓钩，能把记忆着的事物钩钓出来。"

　　联想的具体形式是利用事物在时间和空间上的接近关系，由一事物想到另一事物。俄国心理学家哥洛万·斯塔林茨在实验中发现，任何两个概念之间都可以建立起联想。如"天空"与"茶"：天空—土地，土地—水，水—喝，喝—茶。

（三）四个记忆高峰时段

研究发现，人的大脑有四个记忆高峰时段。早晨清醒后，大脑在得到休息和调整后，清空了内存，容易接纳新的知识，大脑工作效率高，此刻学习一些难记忆而又重要的材料较为适宜。这是第一个记忆高峰。上午8～11点是第二个记忆高峰。此时体内肾上腺素分泌旺盛，精力充沛，大脑思考能力严谨而周密。第三个记忆高峰是下午6～8点，这个时间段用于复习、归纳、整理比较适合。与清晨相对应，临睡前几十分钟，是记忆的第四个高峰，利用这段时间记忆一些重难点，对次日的学习很有帮助。

（四）记忆技术的训练

记忆方法不是拿来就能用的，如果能即取即用，任何人只要看看书，听听讲座就可以成为记忆高手，但事实不是这样。目前，图书市场里关于记忆的书籍多如牛毛，但能充分运用在学科学习中的学生少之又少，这是为什么呢？因为记忆方法需要经过训练才能上升为记忆技术，才能被有效使用，只有经过有效训练之后，记忆才可能产生质的飞跃。如果不经过训练，再好的记忆方法都派不上什么用场，而且对于学生来讲，记忆方法只有在学科学习中才能充分体现其真正重要的价值。因此，记忆方法是要学生经过训练并充分在学科学习的运用中才能变为生产力。

我们要学会游泳，需要训练；我们要成为打字高手，需要训练；我们要提高乐器演奏水平，需要训练；我们要成为足球运动员，需要训练；我们要成为出色的作家，需要训练；我们要提高英语口语水平，需要训练；我们要掌握记忆方法，同样也需要训练。大多数人知道记忆方法运用不当记忆水平无法提高，原因在于他们没有经过记忆技术的训练；是因为他们一直在追求的只是记忆方法，而不是记忆技术训练。记忆技术训练的目的就是要帮助自己熟练掌握记忆技术系统，使自己在进行任何记忆的时候都能熟练自如地运用这些记忆方法。现代学生学习记忆技术的目的是要把学科学得更好，提高自己的学习成绩，培养自己的记忆能力，以更快更有效率地吸收知识。

记忆技术训练就像我们学游泳，我们掌握了游泳的理论方法，知道游泳的正确动作是怎样的，但这时却仍然无法真正去游泳，因为我们的身体还没有熟练掌握这套游泳动作。只有通过一段时间的训练，身体已经对这套游泳动作运用自如了，才算是真正学会了游泳技术。这样经过训练，一进入水中，身体就会自动运用游泳的方法，我们才可以真正畅快地游起来。至此，游泳理论和方法才能上升到游泳技术。

记忆方法系统就相当于游泳的理论方法，知道了记忆方法，但如果没有经过训练，我们的大脑并没有掌握这套记忆技术，当面对记忆材料的时候，大脑仍然无法自如地用这套记忆方法来进行记忆，就会习惯性地回到原来的死记硬背方式中。

当我们的大脑熟练地掌握这套记忆方法，上升为记忆技术，我们的记忆力就会真正提高，越来越能获得记忆技术飞跃所带来的快乐。

那么，怎样训练自己以提高记忆水平呢？

1. 要有记忆意图和"能记住"的自信心

明确记忆意图，可以增强记忆效果。美国心理学家威廉·詹姆斯说："天才的本质，在于懂得哪些是可以忽略的。"记忆的意图很重要，因为要增强记忆力，先有一个明确而强烈的意图至关重要。我们在学习时如果能明确地知道自己要记住什么、理解什么，区分当下的重点和非重点，那么记忆效率将大大提高，如果漫无目的地看书，越看就越不想看，这样的学习很难持续，很难达到高效。

教育心理学著名教授桑代克做了几次实验，测试了记忆的意图对记忆效果的作用，在一次实验中，让第一小组的学生仅仅写一连串的单词和数列；而第二小组不仅要写单词和数列，而且要记住。结果哪个小组成绩好呢？当然是第二小组。

很多人可能都有这样的体会，考试之前看书，记忆效果比较好，这主要是因为他们记忆的目的明确，知道自己该记什么，到什么时候记住，并知道非记住不可。这种强迫记忆带来的紧迫感，会极大地提高记忆力。明确记忆意图，并不是一个记忆的技巧问题，而是关系到人的记忆动机、态度、意志的问题。当我们懂得记忆的意义后，便会对记忆产生积极的态度，从而产生内在动机。例如，在记数学公式时，很多人在自己的认知体系里没有建立起记公式的意图，没有认识到公式的熟练掌握对解题的深层次作用，所以对公式总是懈怠，不愿记，也记不住。相反，有的人认识到数学公式是解题的必要工具，而且认识到公式不仅要记住而且要熟练掌握并系统化，才能对解复杂题目起到作用，这样他们在记忆公式时的态度和动机水平就不同于没有意图的人。总之，要使自己真正成为记忆高手，成为记忆方面的天才，你首先要做的就是要有一个明确的记忆意图。

不少学生总抱怨自己的记忆力太差，这是一种不正确的归因。认为自己记忆力差的学生往往没有注意到自己的学习态度和动机不端正，缺乏强大的内在动力，从而导致自己缺乏"一定能记住"的信心，进而在认识上再次产生偏差，形成恶性循环，成绩也就越来越差。

要形成良好的记忆水平，还要建立起高度的自信心。当你面对需要记忆的内容时，首先你一定要相信自己通过努力能取得进步，不要有畏难情绪。可以先记一小部分材料，比如记外语单词，先择取一小部分加以记忆，一定要用心，根据记忆原理反复多次，然后自我测试并做评价，你会发现自己收获很大。如果坚持一段时间，肯定能取得一次好成绩，就会增加信心。如从记住5个单词，再增加到10个，再到20个，这样不断地使自己获得成就感。记忆材料时要注意记忆的方法，同时要及时复习。只要你有一次考试获得成功，就能大大增强自信心和自尊心，产生良好的情绪，进而进入良性循环。

2. 多采用意义记忆

实验表明，意义记忆的效果优于机械记忆。意义记忆法就是从理解材料本身的意义入手，对材料进行多维的分析、联想、归纳、分类，让材料与我们的思维活动产生互动的一种记忆方法。

意义记忆的效果之所以优于机械记忆，是因为材料的意义反映了事物的本质和内在的联系。机械识记虽不如意义记忆，但机械记忆在学习中还是很必要的，因为学习中总有一些材料是无意义的，只能用机械记忆。所谓材料的意义，就是指材料内部或不同材料之间的各种关系，以及材料和客观实际的联系、材料和学习者已有经验的联系。联系越多，意义内涵就越丰富，学习者对材料的意义理解得越多越深刻，联系也就越多，在这样的记忆过程中，思维活动就始终处于积极状态，记忆的效果也更好。

对一些原本没有意义、没有联系的事物，如果赋予它们以意义，就会有助于识记。比如，你记一个楼号"021705"。机械记忆可能很费劲，但如果你清楚每个数字的意思就好办了，"02"是楼号，"17"是层数，"05"是门号。再有，利用谐音也可以帮助记忆，如"616"，"遛一遛"；"150"，"要我动"。

保持赋予材料以意义的学习方式，不仅使记忆高效，而且经常会给我们带来学习的乐趣和意外的发现，比如学习历史时，对年代的记忆往往比较麻烦，如果尝试赋予其意义，会有惊喜的发现，如对于中国最早载有明确日期的雕版印刷品是公元868年的《金刚经》这个知识点，如何将年代对应"金刚经"呢？如果你数一数这三个字的笔画就会惊奇地发现笔画恰好分别是"8""6""8"！

记忆中要对材料意义进行积极思维联想。一个联想是将事物记在心中的一个挂钩，当一个事物隐藏在内心深处时，联想便是勾起这个事物的手段。也就是说，"记忆当中应该有悟性"的活动，否则便是死记硬背，也就是把具有联系意义的材料变成没有意义的材料，把意义记忆变成机械记忆了。

心理学家经过实验指出，意义记忆比机械记忆的效果高出近10倍，有的独特的意义的识记效果甚至高出近20倍，所以我们在记忆的过程中，必须对记忆材料进行多方面的分析、组织、比较、分类、归纳以及和旧有的知识产生联系加以系统化等思维活动。

记得有句俗话叫"欲要记得，先要懂得"。它充分说明在记忆过程中进行积极思维加工的重要性，心理学的许多研究成果也都证明了这一点。所以我们应该从小养成一种在记忆时进行积极思维加工的习惯。在我们的生活中，经常会看到一些学习较努力但成绩就是不好的学生，实际上并不是他们智力水平不高，而是因为他们沿袭着一种死记硬背的方法和习惯，从而造成学习效率低下的情况。

怎样展开思维的联想呢？

下面介绍几种有效的联想思维方法：

（1）相似思考法。

相似思考法指的是可以根据两则材料或记忆任务的相似点去产生联想。如在学习平行四边形面积公式时，可以联想到三角形面积公式，因为一个平行四边形可以看作两个三角形在一起的组合，所以面积也是两个三角形面积之和，即2倍的底乘以高除以2，相当于底×高之积。这样掌握相似点，我们不但记忆牢固，而且理解得也更深。又如在学习并联电路中电流与电压的特征的时候，我们可以与水流联系，产生相似联想，把电流类比为水流，把电压类比为水压，就可以帮助我们理解电流电压。学习外语时，还可以找到它们发音和意思相近的两种词，来进行归类学习。

（2）对比思考法。

对比思考法指的是由一则具有一定意义的材料引起学习者联想起另一则材料，两种材料所表示的意义是相对或相反的。如唯物主义与唯心主义，分解反应和化合反应，液化与汽化等。对比性法则可以令我们加深对材料意义的认识，从而深化记忆。在生活中亦是如此，反面得来的经验异常深刻。"区分"是我们解决"混淆"最为直接的方法。

（3）联系思考法。

联系思考法指两个材料所代表的意义之间具有某种连续，在一定的时间和空间里，其中一则材料使你容易联想到另一则材料。它大致包括以下三种联系：顺延关系（由明朝联想到清朝）；部分与整体关系（由分数联想到实数）；因果关系（由等腰联想到三线合一）等。当然，联想的法则细究起来还不止这三种，我们一定要注意留意生活和课本中展开思维联想的实例。总之，要使自己的思维活跃起来就必须时刻有意识地探索，主动寻找记忆材料之间的关系，联系实际，不断训练和提高自己的联想水平。

3. 要及时复习

已经记住了的外语单词、文言文、定理、公式等，隔了一段时间后，大部分都被遗忘了，怎么办呢？一个重要的方法就是及时复习。如果不及时复习，那么学过的知识就在进入长时记忆之前被丢弃了，即被忘记了，而且当新的信息和材料进入大脑的同时，旧的知识若没有经过复述加工，自然就被"挤"出了大脑的空间，如果不加整理和有序存放，则很容易丢失。因此，必须在还没有遗忘之前进行复习，以加深和巩固对学习内容的理解与记忆，将短时记忆真正变为长时记忆。复习总比第一遍学习要容易些，而且所花的时间要一次比一次短些。因为学习过的东西在大脑里已留下了痕迹，这种痕迹在一定的条件下还是可以恢复的。所以学过的东西一旦忘了，不要认为过去的工夫就白费了。综上所述，在学习过程中，坚持及时的课后复习、阶段复习、期中复习和期末复习是与遗忘做斗争的有效策略。

4. 尝试回忆法

学生都想将所学的内容记住，但用什么方法才能达到良好的记忆效果呢？我们提倡，在及时复习的过程中回忆再现，即尝试回忆。换句话说，就是在学习或复习的过程中，采用复述或默写的方式不断考查自己，看能不能达到要求。例如，在熟记外语单词的过程中，可以看着英文默写中文，也可以看着中文默写英文，然后加以对照，把不对的更正过来，接着再背。背诵课文时，也可以不断尝试着自己背，或者请别人帮助核对，背得不对时，再看，再记。记忆一个比较长的材料时，可以在理解的基础上将内容概括成几个关键要点，然后去识记，并不断地尝试着独立地复述，直到背熟为止，在这里尝试将原文转换为自己的话是个关键的过渡阶段。

实践和大量研究证明，在学习过程中，采用尝试回忆法能大大提高记忆效果。不少学生在学习时，一遍遍地看书，很少合起书来回忆一下书中的要点、思路或公式等。结果书一看就懂，一放下就忘。这种学生对书本产生了依赖心理，是不愿意动脑筋的一种表现。如果在学习时多动脑筋，使大脑处于积极活跃的状态，不断尝试回忆，把想出来的内容复述出来，如先写在纸上，然后再看书，那么记忆效果一定会很好。

当然，有的学生担心尝试回忆太费时间，总有"好马不吃回头草"的观念，这是十分错误的。尝试回忆是记忆过程的关键环节，尝试回忆次数越多，记忆越牢。如果急于赶进度，急功近利，每天不去回忆，看似每天学了不少新内容，但实际上忘记的内容更多，甚至出现"入不敷出"的情况。如果算算账，尝试回忆的收获大，花费时间少，记的内容多。

5. 综合学习法

如果面对一份内容多、涉及面广的复杂学习材料，采用什么方法才能获得较好的记忆效果呢？一般采用三种方法：

（1）分段学习法。

分段学习法是把内容平均分成几部分，然后安排在几个单元时间去识记。这个方法对记忆很有好处，但缺点是一开始就人为地把有内在联系的知识分割开了，从而影响了对知识的理解，从这个角度讲，这样做又降低了记忆的效果。

（2）整体学习法。

整体学习法是一次识记需要记忆的内容，这对于理解和掌握知识的系统性和内在联系大有好处。但由于一次要记忆的内容太多，记忆最佳的首尾阶段减少了，所以效果也不太好。

（3）综合学习法。

综合学习法指的是开始就对整个学习内容加以理解并找出内在联系，然后将材料分成几部分，分次识记，对难点着重识记，最后再综合起来加以复习。由于开始对整个内容进行了识记，所以在识记每部分内容时，就可以掌握部分内容与全局的关系，这对理解和记忆每部分内容很有好处。由于分成几部分识记，可以与分散学习法和尝试回忆法结合起来进行，从而取得最佳记忆效果。

当然，具体采用哪种方法来记忆学习内容，还要根据具体情况来决定。如果学习内容很多，而内在联系并不紧密时，可以采用分段学习法；如果学习内容不多，而内部联系紧密，可以采用整体学习法；而对于内容多，难度大，内部联系又紧密的学习材料，则最好采用综合记忆法。

6. 要使用多种感官

在整个识记过程中，要尽量使用各种感官。与各种感官相联系的是相关神经系统，上升到智能的角度，是运用多元智能来学习。由于使用的感觉器官有差别，记忆的效果也就不一样。有人通过实验提供了以下的数据：在单位时间内，依靠听觉获得的知识，可以记忆其中的 15%，依靠视觉获得的知识，可以记忆同一内容的25%，而将视觉听觉器官结合起来可以记忆同一内容的 65%。可见多种感官同时使用，效果大大超过单一感觉器官的使用。

老师讲课时，通过声音、动作、表情作用于学生的感官；如果再加上实物、照片、教具、实验和幻灯等直观手段，让学生边听边看，再加上开动脑筋，着重于理解，勤于思考，往往可以收到较好的记忆效果。

不少学生有这样的体会，通过语言和文字去了解一个学习过程，不如亲自动手做一做，看一看。亲自动手做了，亲自看了，就不容易忘记了。就像我们看电脑书学电脑一样，左看右看不懂，一上机，边看边动手，操作一会儿就会了。

7. 培养记忆的兴趣

很多时候，我们会突然发现一些以前很长时间都不在意的食物很好吃。比如，一些蔬菜水果，这是因为以前对这些食物的主观定义是消极的。在学习上也一样，一开始对学科或材料认定的好与坏，并不一定科学和客观，要知道有些东西，就像对待从未吃过的水果一样，不能单凭主观印象，应该先细细品尝，尝出了其中的味道，主观看法就改变了。

读书也一样，如学习英语课文，你会觉得枯燥无味，但是，克服一些困难，咬咬牙坚持下去，当你能试着把课本上的中文翻译成英语，或在适当的准备后用英语同外国人对话，也可以从英文刊物上找些短文翻译出来，这样你就很有可能会对它产生兴趣了。另外，我们还可以借助想象力创造兴趣。从材料中找到自己感兴趣的地方是增进记忆的良好的方法。比如，有些记忆方法介绍的奇特联想记忆法里面就有许多有趣的联想创造。有时，你甚至可以把记忆材料当成一种"儿戏"，任意地去进行有趣的联想创造，这些联想没有什么拘束，只要能达到记忆的目的就可以。当不羁的联想积累到一定程度，不仅你的学习能力会发生质的飞跃，而且你可以真正达到主导学习的境界。

8. 要在最佳的心理状态下进行记忆

心理学的实验表明，当人们处在心理状态较佳的时期，识记信息非常容易被输入和储存，而处于不佳的心理状态时，信息就不容易被输入。这就告诉我们，在记忆的过程中要尽量保持最佳的心理状态。

最佳学习状态就是一种既轻松愉快而又全神贯注的状态，是一种全身心沉浸的奇妙感觉，这是一种警觉性放松的状态，即你能控制当前的状况，你在充分发挥自己的能力。当你处于最佳学习状态时，你能毫无遗漏地吸收并最大限度理解你所学习的东西。

在最佳学习状态下，人的情绪是良好的，心情是愉快的，深沉而宁静，心无杂念，它既是放松的又是专注的，专注于当前的工作或学习任务中，意气风发，专心致志，心无旁骛，聚精会神于眼前的学习，心行合一。

我们都有过这样的体会，读书时心情愉快就读得进去，效果也很好。心情欠佳，就难以读进去，效果极差，甚至半天也不知道自己看了一些什么。高尔基在小说《人间》里，生动地描述了人在恬静舒适的心理状态下能提高各种记忆机能："树林在我的心里引起了一种精神上安宁恬静的感觉，我的一切悲伤都消失在这种感觉里，不愉快的事统统忘掉。同时提高了我的感受性：我的听觉和视觉变得敏锐多了，我的记忆力强多了，我的头脑里储存的印象也加多了。"这说明舒适的心情对记忆效果的重要性。

达尔文曾说过，当碰到与他支持的学说有矛盾的事情就立即记录下来。这是因为如果不把它写下来很快就会忘掉，这是他亲身体验的。我们的潜意识对于不愉快的事物是不愿意去记忆的。

在各种各样的心理状态中，人的情绪状态和记忆效果更为密切。

9. 形象控制训练法

形象控制主要是利用关于奇特形象的想象，塑造良好的形象，回想成功的经验，明确奋斗的目标，来达到增强学习效果的方法，其目的主要是促进情绪的放松，增强大脑兴奋度，增强学习动力的作用。形象控制训练法就是抓住身心轻松愉快和树立信心这两个关键点，进行提高记忆力的训练。

具体训练方法是：

（1）把你的整个身心放松，使之处于一种轻松舒适的状态，一般采用的姿势为靠式或坐式。由此使你的大脑安静下来，疲劳的脑细胞得到休息和恢复，从而提高大脑的活力。在形象控制法里，我们把能够使人"身心轻松舒适"的体验叫作基本形象，把相应的练习叫作基本练习。练习的时候，两个胳臂放在扶手上，手心向下，要求两肩轻松自然，两腿分开与肩同宽，尽量使自己的身体处于舒适恬静的状态，以消除身上的紧张感。练习的地点应比较安静、通风、温度和光线适中。随着练习的深入，养成了习惯后，在公共汽车上或课桌旁即可进行练习。

（2）基本姿势正确以后，把两臂和两脚尽量地向前伸出，同时用尽全身的力量使得手脚颤动。当手脚充分地伸出以后，突然地停止用力，在这一瞬间，你马上可以感到手脚的肌肉全部放松下来，要抓住这种放松的感觉并保持下去。把上述的练习再重复一次，可闭上眼做，然后马上进入腹式呼吸，微微张开嘴，把小腹的空气慢慢地吐出来，慢慢收缩小腹，把空气吐干净以后，停止呼吸1~2秒。接着一面使小腹慢慢地鼓起，一面用鼻子静静吸入空气，吸到不能再吸为止，再停止呼吸1~2秒。重复3~5次之后就进入普通的舒适的呼吸方式，然后在头脑中浮现出轻松愉快的形象。例如，想象自己在美丽的草坪上舒畅地休息，愉快地沐浴着阳光，像洗过澡那样全身都舒适轻松，像听完幽默诙谐的故事那样愉快无比等形象。当你入静时，在你头脑中所出现的基本形象应当是你过去经验中最使你的身心"轻松舒畅"的那种形象。绝对不要出现与不愉快的事情相联系的那种形象。这些对一般人可能是良好的感觉，但个别女孩子可能会产生怕虫子出现的恐惧，引起不好的情绪，所以要视个人情况而定。

（3）在头脑中要浮现出提高记忆的良好形象以及提高学习成绩的良好形象。如考试前，我一天晚上能记住200个英文单词，还把厚厚的笔记给"消化"了；我能同时记住3个同学的手机号码；我的化学有一次考了100分，是全班第一名；我的一篇英语作文写得特别好，老师在全班表扬和展示等。尽量把当时的情景想象得细致明确，这样你就会产生一种"自己一定能记住"的自信心，也使你对记忆的对象产生兴趣。同时也会促使你想办法寻找一些有效的记忆策略和方法，比如我们在前面已经讲过的尝试回忆记忆，按照遗忘规律采用及时复习策略，综合记忆及奇特联想等。

（4）在头脑中浮现出对未来的良好形象。所谓对未来的良好形象，就是通过想象和期望的作用，在大脑中形成有关成就、积极肯定的自我形象。例如：

我将学会许多行之有效的学习技术，因此学习成绩大大提高，成绩十分优秀。

我将考上全市最理想的高级中学。

我将考上一个理想的大学，成为令家人和朋友骄傲的大学生。

我将考上研究生、博士生。亲戚、朋友、同学对我赞不绝口。

我将成为一名出色的文学家、历史学家……我的成绩将得到社会关注，受社会尊重。

这些是多么令人振奋的事情啊！

（5）在头脑中浮现出整体的形象。在这个过程中，根据自己的学习进度对学习材料或内容做一个整体形象的浮现，即对自己所学的内容进行分析、归纳、比较、赋意等加工组合后在头脑的内部视觉中心形成一个整体的形象。如我们上一节英语或数学课，就可以对课文的各部分内容和结构进行一一加工，形成特定的形象，然后把这些内容形成一个整体形象浮现在头脑中。

这个过程要求以形成形象为核心，用形象去记忆内容，这样印象更深刻，记忆效果好，在记忆过程中，把话变成画。研究表明：用形象方法比单纯用语言进行记忆容易得多，记忆的效果更好，以后回忆记忆事物的形象时，也会轻松得多，所以对于自己所要记忆的事物，要努力在头脑中浮现它的整体形象，这是非常重要的。

（6）练习的时间最好是早、中、晚三次。早晨起床后，午饭后，睡觉前，分三次练习是比较理想的。假如做不到三次，至少一天要练习一次，平均三个月左右的练习，就能掌握形象控制法的全过程。重要的就是坚持每天练习，每次练习时间为10~15分钟。

四、想象技术

（一）想象概述

想象是对头脑中已有的表象进行加工改造，创造出新形象的过程。这是一种高级的认识活动，想象技术决定我们想象力的高低。

想象是人们在实践活动中形成和发展的。想象反映的是未曾经历过的或现实中不存在的事物的形象。大量的科学研究成果是受想象的启发而获得的，无数文学人物形象是通过想象而创造出来的。丰富的想象是创造的基础。所以爱因斯坦说："想象力比知识更重要，因为知识是有限的，而想象概括着世界上的一切，推动着进步，并且是知识进化的源泉。"

（二）想象技术的训练

想象技术是学习技术中最基础，同时也是最重要的技术之一，是帮助我们更好地发挥想象力、提高想象力的一门技术。我们知道，在图像、声音、数字、文字四类材料中，图像是最容易被大脑记住的。因此，在我们学习的过程中，要尽可能地将枯燥难记的材料变成图像来记忆。

图像记忆其实是每个人都有的记忆方式，我们在看小说、电视、电影等的时候，在记忆日常生活场景的时候，用的就是几乎过目不忘的图像记忆方式。然而，在面对一些比较抽象、复杂的学习资料的时候，往往却采用了声音记忆这种相对来说非常低效率的记忆方式。

想象技术则正是帮助人们充分调动起自己的想象力，把抽象枯燥的记忆对象转化为生动、具体的活动图像，从而在面对抽象资料的时候，也能够用高效的图像记忆方式来进行记忆。

当我们运用到图像记忆的方法来对抽象资料进行记忆的时候，所需要做的就是要通过想象力把这些抽象的资料转化为生动具体的图像，并且通过想象把这些图像紧密地联结起来。

想象技术不是与生俱来的，它是后天训练的结果。只要我们每天自觉地进行想象技术的训练，就能保持想象力永不枯竭。想象的主题可以是天上的流云、地上的花木，可以是夜空的繁星，也可以是江河的游鱼。世界浩瀚无穷，大自然五彩缤纷，一切简单的东西，在丰富的想象面前，都会变得纷繁奇妙，绚丽多彩。

想象技术的训练方法有：

1. 想象性呼吸训练

这个训练方法是美国学者德米勒发明的，目的是开发学生想象方面的潜能。

第一段：

想象自己面前有一条金鱼。在空气中游来游去……

金鱼游进我的嘴巴。我深吸一口气，金鱼随之进入体内……

金鱼在体内钻来钻去地游动……

我呼气把金鱼从体内呼出……

第二段：

我吸气，吸进大量的水，水在体内哗哗地流……

我呼气，体内的水，顺着呼吸流出去……

第三段：

我吸气，吸进一堆枯叶，枯叶在体内飘来飘去……

我呼气，体内的枯叶随之飘出体外……

第四段：

我吸气，吸进一团沙粒，沙粒在体内滚动……

我呼气，体内的沙粒随之喷出体外……

第五段：

我吸气，吸进一挂小鞭炮。鞭炮在体内噼啪作响……

我呼气，体内的烟尘和纸屑随之呼出……

第六段：

我吸气，吸进一群小狮子，狮子在体内吼叫……

我呼气，体内的狮子跳跃而出……

第七段：

我吸气，吸一团列火。列火在体内熊熊燃烧……

我呼气，体内的烈火喷出，像火焰喷射器……

第八段：

我吸气，吸进一堆煤炭，煤炭在体内的烈火中泛红……

我呼气，体内的煤炭喷涌而出……

第九段：

想象你面前有一棵大树，你喷口火，把树烧着……

想象你面前有一座城堡，你喷口火，把城堡烧光……

想象你面前有一座冰山，你喷口火，把冰山融化……

想象你面前有一片汪洋，你喷口火，把汪洋烧干……

2．听觉想象训练

设想自己站在树林的小溪边，认真地倾听传到你耳中的声音：水声、风声、树叶沙沙声、小鸟的鸣叫声，仔细分辨各种声音的区别，把它们组合成一首大自然的交响乐。再把其中的声音依次放大，用心感受那种嘹亮、清晰的感觉，直到能够轻松自如地调动出某种声音来。

3．形象想象训练

回忆曾经经历过的一个场面，尽可能地回忆出细节：都有谁？在哪里？环境怎样？大家的表情神态、动作、衣着、发型，在环境里的空间方位等，想出一幅跟真的情景一模一样的画面，清清楚楚、栩栩如生。

4．动作想象训练

想象某个复杂动作技能形成的过程，如骑自行车、驾驶汽车、体育运动中某个组合动作等，先仔细地设想每一个步骤的细节，然后再连贯起来，反复练习整套动作，直到熟练为止。

五、思维技术

思维是人脑对客观事物本质属性与规律概括的间接的反映。思维力是通过多维立体的思考找出一类事物共同的、本质的属性和事物间内在的、必然的联系方法的能力，属于理性认识。思维在学习中的重要作用，早已被人所知，早在2000多年前，孔子就说过"学而不思则罔，思而不学则殆"。爱因斯坦也曾说过："学习知识要善于思考，思考，再思考，我就是靠这个学习方法成为科学家的。"思维具有间接性和概括性。间接性是指它对事物的本质属性和内在联系的反映，是需要通过知识经验的媒介才能完成的。正是这一特性，大大提高了人类认识事物的能力，跨越时空的限制，拓宽了认识的广度。概括性是指思维所反映的一类事物所共有的本质属性和各类事物间规律的联系。人们借助于分析和综合这两个基本过程，对事物去伪存真、去粗取精、由表及里、由浅入深地进行加工，发现事物间的联系，找到问题的实质。思维训练的核心是把大脑的思维当作一种技能来进行训练，就像是训练绘画技能和运动技能一样。思维技术是人脑对客观事物本质属性与规律概括的技能。思维训练的目的归根到底是为了开发个人的智力潜能。天赋只是一种潜能，只有经过长期的技能训练才能将它转化为现实的能力。思维的本能不等于思维的能力，任何一种能力的形成都是反复的技能性训练的结果，必须把思维视为一种技能反复训练。把思维当作一种技能来训练是对智力的一种专业化要求。　思维技能的核心训练主要分两部分，一是根据问题的类型、难易、繁简，训练把思维方法转化为现实的能力。二是训练综合运用各种思维方法解决问题的能力。

思维方法的本质是主体化了的客观规律和关系，是人们在客观规律和关系的基础上依据主体需要而形成的思维规则、程序和手段，是人们认识世界的中介。思维方法对思维操作的有序进行起着规范作用，具有选择、组织和解释信息的功能。它直接影响着人们的认识活动的成果。辩证思维是立足于客观事物的辩证本性而展开的思维，它以概念、判断、推理、假说和理论等思维形式的矛盾运动，深刻地反映客观世界和人类实践活动的内在本质。辩证思维的方法是揭示概念的辩证发展、矛盾运动的方法，是理论思维的工具。

辩证思维方法是一个整体。它是由一系列既相区别又相联系的方法所组成的，其中主要有归纳与演绎、分析与综合、抽象与具体、逻辑与历史的统一等方法。

归纳和演绎是最初也是最基本的思维方法。归纳是从个别上升到一般的方法，演绎是从一般到个别的方法。归纳是演绎的基础，演绎是归纳的前提。归纳和演绎都具有局限性，需要运用更为深刻的其他思维方法。

分析和综合是更深刻地把握事物本质的方法。分析是把整体分解为各个部分，然后逐个加以研究的方法；综合是把分解出来的各个部分加以整合，达到对事物整体的认识。分析是综合的基础，综合是分析的完成。

抽象和具体是辩证思维的高级形式。抽象是对客观事物某一方面本质的概括或规定。思维具体是许多规定的综合，它不同于感性具体。由抽象上升到具体的方法，就是由抽象的逻辑起点经过一系列中介，达到思维具体的过程。

由抽象上升到具体的逻辑思维过程同客观事物的历史过程和认识的历史过程应当符合，也就是逻辑的和历史的统一。历史是逻辑的基础，逻辑是历史在理论上的再现，是"修正过"了的历史。

良好的思维水平的标志是：

（1）善于全面思考问题（横向思维）；

（2）善于深入思考问题（纵向思维）；

（3）善于独立思考问题（批判思维）；

（4）善于快速思考问题（跳跃思维）；

（5）善于创造性思考问题（创新思维）。

如何进行训练呢？

首先要破除思维定式，人一旦形成了习惯的思维定式，就会习惯性地沿袭着定式思考问题，造成许多思维的错误，从而导致行为的错误。

锻炼思维能力的方法其实并不神秘，只要在日常生活中时时注意，你的思维能力一定有所提高。

在训练过程中，自己应该把握好所要训练的目标，一般来讲，我们应该明确以下几个方面：

（1）训练思维的独立性：在思考过程中，要以客观事实来制约自己的思维、感情和兴趣，不轻易地因他人的影响而改变思维轨道，更不要不加思考地人云亦云。

（2）训练思维的逻辑性：思考问题时要坚持循序渐进的原则，敏锐地把握住思考的顺序，按照客观规律逐步深入。不要随便岔开思路，放弃前一段思考的结果。

（3）训练思维的广博性：只有知识渊博，才会思路敏捷，显示出超人的智慧。在此基础上，训练自己的思维向纵横伸展，对事物不要只做表面的观察，而应做由此及彼、由表及里的分析，要有联想、有扩展，不断扩大观察和思索的范围。这样才能随时能迸发出思想的火花。

（4）训练思维的深刻性：遇事沉着冷静，溯本求源，抓住问题的本质，把握发展变化的规律，对问题就能够看深看透。

（5）训练思维的敏捷性、灵活性：学会总是迅速做出判断、决定，这不仅需要敏捷、果断，同时也需要灵活。

这里介绍几种思维训练的方法：

（1）抽象与概括。

抽象与概括是对一类事物进行分析，总结出主要特征的一种方法。

比如在几何中学习"角"的要领时，就要分析组成"角"的各种特征，将非本质特征——形状、位置、角度等与本质特征——端点、射线区别开，并把本质特征抽取出来，这就是抽象过程，然后把抽象出的本质特征联系起来，得出"角"的概念。角——由一个端点引出的两条射线所组成的平面，这就是概括过程。通过这种方式进行训练，就可以提高我们的抽象、概括水平。

（2）学会分类。

分类也是一种非常重要的思维方法。把具有某些相同特征的事物归成一类，这样有助于我们从整体上掌握某一类事物。分类时，要明确不同的分类标准。如：三角形，如果按边是否相等，可分为等边三角形和不等边三角形；如果按角的大小，可分为锐角三角形、钝角三角形、直角三角形。

确定分类的标准后，就开始对事物进行分类。尽量把每一类的事物都想全，如把昆虫这一类的事物都想全，把它按会飞与不会飞来分，那么会飞的昆虫这一类中就包括苍蝇、螳螂、蜜蜂、蜻蜓、飞蚂蚁，还有蝉、蚂蚱……当然，分类中能否想得全面，与我们的知识水平有关。我们应当在自己已有知识的基础上，充分发挥自己的想象力。

（3）归纳和类比。

小高斯在计算老师出的题 $1+2+3+\cdots+98+99+100=?$ 时采用了归纳法，他是这样进行的：一共50项即 $101 \times 50=5050$。

采用这种归纳法，使问题很容易得以解决。

归纳时要抓住事物的关键。例如从男人、女人、成年人、儿童、白人、黑人中归纳他们都属于人。从汽车、火车、自行车、摩托车、三轮车等归纳出"车"的概念。这些都是用了归纳的方法。

类比是由一事物的某些特征而联想到另一事物，并进行比较。比如鸟与飞机，它们都会飞，由三角形到四边形，由直线想到平面等，类比是通向创造发明的一条重要途径。许多发明和创造都是通过类比而实现的。

比如，20世纪60年代才发展起来的仿生学，就是建立在类比推理的基础上。收音机、潜水艇的发明，就是从鸟的飞翔、鱼的浮沉中，经过类比联想，触类旁通而获得的。如果我们善于应用类比和归纳，也可能会成为21世纪的发明创造人才。分析与综合、演绎与推理也是重要的思维方法，这里就不再多说。

六、提高思维力常用的思维方法

发散思维法——它是根据已有的某一点信息，然后运用已知的知识、经验，通过推测、想象，沿着不同的方向去思考，重组记忆中的信息和眼前的信息，产生新的信息。它可分流畅性、变通性、独创性三个层次。

目标思维法——确立目标后，一步一步去实现其目标的思维方法。其思维过程具有指向性、层次性。

逆向思维法——人们改变习惯的思路，将问题倒过来思考，在思维过程中"反其道而行"的思维方法。它也是一种有效的创新方法，能使人得到许多惯常思路所得不到的思维成果。

迁移思维法——是指把某一领域的科学技术成果运用到其他领域的一种创造性思维方法，仿生学是典型的事例。

联想思维法——包括相似联想、接近联想、对比联想、因果联想。

形象思维法——通过形象来进行思维的方法，它具有形象性、感情性特征，是区别于抽象思维的重要标志。

演绎思维法——它是由概括到具体，从一般到个别，从普遍到特殊的思维方法，是人们用已知的知识来解决未知的问题的最佳途径。

归纳思维法——它是由个别的、特殊的事物创造性地推出同一类事物的一般性结论的思维方法。

第二节　高效学习策略与实用学习方法

一、学习策略

（一）学习策略的定义

学习策略作为学习科学的一个专有名词是在布鲁纳提出认知策略概念（1956年）后逐步形成和确定起来的。近一二十年学习策略的研究发展很快，关于学习策略的著作也多了起来。

我们认为，学习策略是学习者为达到学习目标，对影响的各种因素加以综合思考、精心策划和有效调控的学习方案、步骤和技能。学习策略对个人的学习具有整体策划的特征。通过对有关因素全面分析，拿出整体方案、行动步骤和调控措施，以谋求最佳效益。因此，对学习的策划——学习策略是以追求最佳效益为其基本原则。学习方法是学习策略的重要组成部分。学习方案的策划要落实到学习方法上，借助学习方法体现出来，同时，只有经过整体策划之后，选用的方法才会具有策略的性质，成为学习策略的有机组成部分，不加思考随意用的方法不属于学习策略的范畴。

学习策略定义的意思是说，一个学生在学习的时候，应当具有策略意识，应对影响学习效果的各种因素加以分析考察，了解各学习变量与学习的因果关系，精心策划出符合学习特点的学习行动方案、办法、途径。对影响学习的相关因素加以利用和调控，从而获得最佳学习效果。首先要有明确的学习目标和任务要求，然后分析影响完成目标的各种条件，如学生已有的知识水平及其学习态度和价值观念、学习材料的长短难易、时间要求、方法选择、环境条件、外部学习资源、参考资料等。通过对各种学习条件分析并精心策划，提出完成学习目标的行动方案，采取行动去实施计划，而且在完成计划的过程中还要不断进行自我监控，自我评估，看看学习的进展和效果如何。如效果不好，就要加以调整；如目标过高或过低，就调整目标；如方法不当，就应该选择更有效的方法。在学习过程中还要不断调控自己的注意力，激发学习的动机和兴趣，从而满怀信心地去完成学习目标。

（二）学习策略的结构

学习策略包括以下几个方面的内容：①明确学习目标，分析相关学习条件，制定合理的学习方案。②选择适当的学习方法，主动组织加工知识信息，形成层次分明的整体网络知识结构。③有效管理学习过程，不断自我监控、评估和反馈学习的进度及效果，及时调整不适当的目标、方法、确保学习的有效性。④将心理状态调控到最佳，充分发挥大脑的潜能。⑤利用学习资源，提高努力程度，适当投入时间，加强师生沟通和同学交流，利用家庭有利条件，利用图书馆和学校设备，创设舒适安静的学习环境。

研究指出，掌握和运用学习策略不仅能大大提高学习效果和学习成绩，而且能促进心理发展。优秀学生善于学习，而学习不好的孩子只是尚未找到适合自己的策略方法，没有建构好自己的知识结构，不会调控自己的学习活动和心态而已。

（三）学习策略的功能

运用学习策略有以下重要作用：①提高学习效率，有效完成学习目标。②提高学习质量，建构良好的知识结构，大大提高学习能力和成绩。③促进智慧才能的发展，增强解决问题和创新的能力，使人变得更聪明睿智。④促进心理素质整体发展，使人变得更自信、自尊、自立、自强，并具有积极的情感态度和价值观。

在讲到学习策略的功能时，沈德立教授指出："一个人的学习是否有效还取决于他的学习策略。"也就是说，非智力因素必须通过适当的学习策略才能充分、有效地调动其智力资源，从而保证顺利地完成智力活动或学习任务。学习策略是通过自我意识自觉形成的，是智力因素和非智力因素有机结合的产物。

掌握和运用学习策略能有效调动个体的智力因素和非智力因素的积极性，从而有效发挥大脑的整体心理功能。策略性的学习将使你获得更多的知识经验和更具有创造性，从而使学习具有有效性和丰富性。当代认知科学和神经科学研究指出，丰富有效的学习能改变大脑的物质结构和功能组织，从而促进大脑和心理的发展，可见策略性的学习能引起人脑和心理的深层次发展，使学生受益终身。

二、实用学习方法

（一）高效阅读技术

在学习中，我们明知道要认真努力地记忆课本知识，但往往记得并不牢固，而且记得很吃力又容易遗忘。可是，当我们去欣赏一本小说的时候却不一样了！书中精彩的内容，往往把我们吸引得废寝忘食，爱不释手。可是，当命题者从小说中摘录一段文字进行考核时，却发现记忆起来很吃力。

这究竟是什么原因呢？其实原因就在于阅读的心态和方式。当作小说去看时，所用的心思是一种"欣赏"与"品味"的态度，那是没有考试的压力存在的，是以愉快和喜悦的心情在阅读的，结果很多人都能在看过一遍之后如数家珍般的叙述出来，然而只要编到学校的课本上之后，哪怕只有一小段文字，都会让我们无形中产生对考试的畏惧心理。而这种沉重的心理因素，就把我们原来所拥有的自然记忆力和阅读力给完全地扼杀了。

1. 开发大脑阅读潜力

大脑的潜力是无穷的，人类在学习新知识领域时的阅读潜力也是无限的。但是阅读的潜能需要开发才能被发挥出来，才得以在学习过程中应用。

潜能就是隐藏在我们身体中的一些潜在的能力，如眼睛有阅读的潜能、头脑有记忆、思考的潜能等。人体中潜能最多的应该是头脑潜能。

我们身上的无论哪种潜能，都必须不断的练习，才会逐渐被开发出来，例如身体的平衡能力、眼睛看得快的阅读能力，都必须采用正确的方法，持之以恒地去练习，才能开发出来。

身体潜能的开发有一个共同的特点，那就是必须在很自然的情况下，才容易开发成功。如果情绪不稳、动作紧张的话，这些潜能就会远遁而去，很难被开发出来。简单地说，潜能是一种自然能力，只有在不知不觉、轻松自在的情况下，才能够发挥得淋漓尽致。

潜能隐藏于我们身体中的每一部分，是我们身体里一位沉睡的巨人，我们必须运用特殊的方法，才能唤醒那位沉睡的巨人。

2. 阅读技术训练

步骤1：摘下对身体有压迫感的物品，如帽子、手表、眼镜，松宽腰带、鞋带等。环境要保持安静，光线不要太亮，尽量减少其他无关的刺激。

步骤2：采取坐姿，坐在椅子或板凳上，上身中正，头部正直，双目微闭，舌顶上颚，沉肩坠肘，含胸塌腰，自然呼吸。两手轻置于大腿之上，手心向下，两腿自然分开与肩同宽。也可以采取站姿。

步骤3：从脚部开始，依次向上绷紧全身肌肉，每绷紧一个部位，数1、2、3、4、5、6、7、8、9、10，然后放松。待全身肌肉运动完后伸展四肢，活动一下各关节。让肌肉运动从紧张到放松的目的是要由生理放松而达到心理放松。每一部分肌肉放松的训练过程都有如下5个环节：集中注意→肌肉紧张→保持紧张→解除紧张→肌肉放松。放松顺序为：脚部→躯干部→手臂部→头部。

步骤4：脚趾往里勾紧10秒，放松20秒，脚趾向上翘10秒，放松20秒。

步骤5：脚跟提起10秒，放松20秒。

步骤6：脚跟蹬地，脚前部翘起10秒，放松20秒。

步骤7：腹部、胸部挺起10秒，放松20秒。

步骤8：弓背10秒，放松20秒。

步骤9：手握拳10秒，摊手20秒。

步骤10：手臂用力（肌肉绷紧）10秒，放松20秒（6～7节左右手轮流做）。

步骤11：颈部向右转10秒，转入正面20秒，颈部向左转10秒，转入正面20秒。

步骤12：眼睛向前瞪大10秒，合眼20秒。

步骤13：鼓起腮帮（合上嘴）10秒，放松20秒（8～10节动作切记要慢）。

步骤14：当各部分肌肉放松都做完以后，告诉自己：现在感觉很安静、很放松。等呼吸平稳后，把意念从头到脚缓缓下移，同时默念"松—静"，可以想象有一股清澈温暖的泉水从头上流了下来，身体坦然自在，似乎在向外蓬松散开；可以想象自己置身于充满明媚春光的森林里，暖风轻拂，身心已经与环境融合在一起。当意念达到脚部后，要停顿意守一会，这样放松几个循环。

步骤15　感觉到自己特别放松的时候，做深呼吸半分钟，然后默念一些增进阅读的暗示语：

"我精力充沛，思维敏捷，记忆极好，阅读力极强。"

"我一定能做到快速阅读。"

"我是一名阅读高手。"

"现在，我的阅读水平已今非昔比，进展神速。"

"我每天都在改进，每天都在进步。"

3. 读书方法

教科书是学生最基本、最重要的学习资料，经数百个学生的试用，采用EICS（即："Extensive Reading" "Intensive Reading" "Consolidate" "Shift"）四步读书法可以取得良好的学习效果。现将EICS介绍如下：

我们知道，事物的存在、发展都是有规律的，规律的存在和发生作用不以人的意志为转移，所以人类认识事物要遵循规律、运用规律。人类的学习活动总是遵循着先小后大、先表后里、由浅入深的规律进行的。读书亦要遵循这些规律进行，方使得读书有效、高效。针对我国现阶段中小学学习的特征，如学习科目多、知识容量大、学习负担重等，除了在作业和学习时间方面减负以外，更应该在学习技能方面实行减负，训练学生的学习技能使其提高学习效率也是途径之一。若要提高学习效率，科学的读书方法是必不可少的。

（1）泛读（Extensive Reading）。

泛读是一种观其大概的读书方法，也叫略读或浏览，读书时从头到尾阅读，通览一遍，了解所读材料的梗概和要点，意在了解全貌、整体、浅表的印象，泛读就好比我们到陌生城市使用一张地图，又如我们画素描时的第一层次——构建框架。

我们知道，朱子读书法是古代最有影响的读书方法论。在《朱子读书法》中，朱熹说："穷理之要，必在于读书，读书之法莫贵于循序而致精。"所谓"序"，除书籍的先后安排以外，更有对内容的加工顺序，他认为读书要遵循"先表后里、由浅入深、先框架后细节"的顺序，如"读书之法，既先识得他外面一个皮壳，又须识得他里面骨髓方好"。又如"为数重物包裹在里面，无缘得见。必是今日去一重，明日去一重，去尽皮，方见肉。去尽肉，方见骨。去尽骨，方见髓"。可见，朱子读书强调泛读的必要性和科学性。

泛读属于探测性的阅读。这种阅读对每个人来说都是很重要的，能为精读打下一定的基础。在此阶段，对材料进行大体的通读，抓住材料的关键性语句，弄清主要观点。在泛读过程中要适当地做"泛读标记"，比如关键的要点，疑问和需要查阅的内容等，需要做上具有一定意义的符号标记，以便为精读打下良好的基础，节省精读的时间。

训练泛读要注意：有意识拓宽视读广度，既要读得快，又不能漏掉要点和有用信息。所谓视读广度，是指视力一次所能看到的读物的幅度。不同的人视读广度不同，有的人一次只能看一两个词甚至只看一个字，有的则能看一个句子、一行或数行。视读广度越大，泛读的能力就越强。它可以通过逐步的、有意识的锻炼来提高。泛读多采用默读的形式，并运用快速阅读的方法来提高质量。泛读的一个重要任务是要关注材料的框架结构，便于构建脑内"地图"。因此，在进行泛读训练时，要把浏览、速读、默读、跳读等方式结合起来，互相促进、共同提高。

（2）精读（Intensive Reading）。

精读也就是精细地阅读，是一种有意识地"熟读""精思""钻研""用功""穷理""质疑而消疑"的阅读方式，目的是为了深入理解和有效记忆。

在精读过程中要仔细阅读，反复琢磨，深入研究，深刻记忆，边总结边评价，务求彻底理解，牢记于心，以掌握材料的精髓和实质。只有精心研究、细细咀嚼、文章的"微言精义"，才能"愈挖愈出，愈研愈精"。正如"读书如饮食，从容咀嚼，其味必长"。

精读要求根据一定的阅读目的，对学习材料的内容、结构、要点等认真思考，究其精髓，全面掌握，深入理解，融会贯通；还要通过练习和检验，将阅读材料中所蕴含的信息内化为自身的知识和技能。

精读，不仅要横读，还要会纵读。横读就是着重把握材料内部和材料之间的横向的联系；纵读，就是着重把握材料内部和材料之间的纵向的、历史的联系。横读和纵读，就是要求读者善于用联系的、发展的、全面的观点来理解和掌握材料内容，做到灵活运用，理论与实际相结合。

在精读过程中要像品茶一样要细细地品读。读书要体会文字之外的精神实质，也要读出字里行间的"弦外之音"。精读训练要求：从头熟读，逐字训释，逐句消详，逐段反复，虚心努力，且要晓得句下文意。未得于前，则不敢求其后；未通乎此，则不敢志乎彼。

精读要求质疑。古人云"学贵有疑"。朱熹特别强调读书须有疑，读书无疑者，须教有疑；有疑者却要无疑，到这里方是长进。又说："书始渐未知有疑，其次渐有疑，再其次节节有疑，过此一番之后，疑渐读释，以至融会贯通，都无可疑，方始是学。"开始读书时只是理解而已，然后渐渐产生疑问，通过思考，疑问渐解，最后达到全然无疑，这个过程就是读书成功的体现。

精读要求学习者钻研用功、抓紧时间、振作精神、全神贯通、刻苦努力。朱熹把读书比作撑上水船，比作治病和救火，以此来强调读书要抓紧时间，一刻也不能放松。"直要抖擞精神，如救火治病然，如撑上水船，一篙不可放缓。"朱熹认为，做学问要用心，心到最重要。因此，他要求"读书须将心贴在书册上，逐字逐句，各有着落，方始好商量。大凡学者，须是收拾此心，令专静纯一，日用动静间，都无驰走散乱，方看得文字精审。如此，方是有本领"。这是教人读书必须做到"专静纯一"，志于为学。

在精读时，可以采取以下几种方法辅助阅读：

第一，做记号或评注。在精读时要有圈点笔记的习惯，可以随时在书的重点、难点、精彩之处画线或做各种符号。如直线、双线、圆圈、黑点、交叉、箭头、曲线、红线、蓝线、方框、问号、叹号、大于号、小于号等。对关键性的词语、句子，在下面画线或加着重号，这样有利于区分重点和非重点，使重点部分醒目突出，便于记忆。但要注意应有选择地画线和加着重号，不可过滥，以至于去了画线加着重号的意义。还可以用不同颜色的笔画线，以示区别。

读书时有疑问，就要在存疑处标上问号，最好标在材料当页的左边或右边，从文中画出一个箭头以示来源，在该页折角，提醒自己去解决。

评注可以是对词句的理解和认识，对材料的分析和评论，还可以是自己总结出来的经验。

第二，写读书心得、笔记摘抄。在精读时，为了便于记忆和积累，可以把关键知识点、重要词句、精彩片断、生疏内容等写在卡片上，然后随身携带，以便随时翻阅、记忆和背诵。

第三，这里特别要说明的是，不要过分爱惜书籍。有的同学买来新书，马上用包书纸包好，显示其干净整洁。事实上一本封面设计得很漂亮的书，包上了包书纸，既是一种浪费，也不容易识别。有的同学看书时又舍不得在上面圈圈点点，每次上课做笔记时就有所顾忌，虽然是小小的细节，但这会过多分散学习的注意，因此，不是读书的好习惯，往往对学习效率产生影响。

第四，读书要动笔，所谓"不动笔墨不读书"。鲁迅先生提出读书要"眼到、口到、心到、手到、脑到"。读书动笔，能使人容易集中注意力，帮助记忆，并且深入思考，掌握书中的难点、要点；也有利于扩大知识面，提高分析综合能力。"好记性不如烂笔头""不动笔墨不读书"就是说读书要多动笔。

第五，重读和轻读、速读与慢读、朗读和默读、品读和评读相结合，变换多种读书方式，对于不同的材料、不同的情境使用不同的方法。

（3）巩固（Consolidate）。

遗忘是学习的最大敌人。为了克服遗忘，知识要不断巩固。它是在反复学习的基础上实现的。复习，是巩固知识的重要途径。为了真正让学生掌握知识，我们必须合理掌握时间，及时复习，不仅要掌握好复习时间，更应该探讨复习的有效方法，复习的内容。心理学研究表明，对知识加工得愈充分、精细，则记忆效果愈好。通过复习、巩固来克服遗忘，才能使同学们取得优异的成绩。在知识即将遗忘的时候进行巩固效果最好。巩固是以较快的速度进行浏览和速读，将短时记忆转入长时记忆，但转入长时记忆不是靠一遍的巩固来解决的。至于遍数要根据学习者的情况而定。每巩固一遍都要获得知识的广度和深度，正所谓温故而知新。

复习时不是机械背诵所看过的句子、文章和段落，而是回想所看内容的提要，用自己的话表述出来。这不仅能加强记忆，而且能加深对内容的理解，促进我们对知识的内化进程。

练习，是巩固知识的重要手段。中国古代的大教育家孔子说过，我看过的我会忘记，我听说过的我会记住，而我做过的我就能理解。强调实践在学习中的重要作用，正如英文中所说的："Practice is the best way to success（实践是通向成功的最好途径）。"正所谓"学而时习之，不亦说乎"。

（4）转移（Shift）。

转移分为两种：一种是材料的转移，一种是环境的转移。材料的转移是指把书本上的材料经过泛读、精读、巩固后，把实在记不住或估计会遗忘的知识以归纳总结的形式转移到笔记本上，这里的笔记本是指临时笔记本。笔记是自己总结出来的，而不是照抄下来的"原版"，是经过学习者加工后的材料。所谓加工，就是对材料进行阅读、理解、分析、归纳、整理、运用等学习行为。

环境的转移是指由所在的一个学习环境（地点）转入新的学习环境。从罗拉诺的整合学习理论中，我们知道环境对学习所起的特殊作用。他提出尽量创造一个适于学习的环境，以便能全身心地投入学习。环境的布置要适合个人的特点，适合学习的环境，是最使你感到轻松自在的环境。

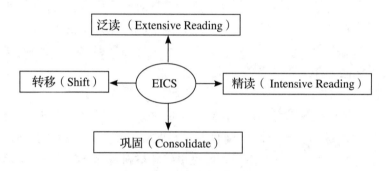

图5-3　EICS读书法

（二）实用记忆方法

1. 试讲记忆法

学生在学习的过程中往往有这样一种情况：看书时似乎都懂，到做题的时候却做不出来了；或者不知道自己是否已懂，是否已掌握知识概念。在这种情况下，我们可以采取试讲的方式来检验，同时把所学的知识以讲的形式演绎出来，达到学以致用，从而内化、巩固所学的东西。"讲"是对知识的一种深层加工，能讲出来的东西，一定是经过分析、理解、整理了的知识。因此，试讲是一种教学相长的良好记忆方法。

试讲其实是一种"自我讲述""自我表演"的个人试讲。试讲的时候要求找到一个听众，听众可以是真实的人，比如父母、同学、朋友，也可以是物，比如杯子、手表等。要求进入角色，感情色彩越丰富，记忆效果就越强。试讲在小组合作学习模式中应用起来非常有效果。

2. 趣味记忆法

趣味记忆法是有意激发自己对记忆材料产生兴趣以增进记忆效果的方法。兴趣与记忆的关系是非常密切的。对学习材料本身的兴趣是推动人们进行高效记忆的内在动力。当人们满怀热情、津津有味地专注于学习内容时，大脑就进入高度兴奋状态，注意力就十分集中，不容易出现注意转移。这种状态是高效记忆的基础。

运用趣味记忆法需要学习者对学习材料进行赋意和情绪情感加工，把学习材料变成生动、形象、新奇的内容。具体做法是：①把某些学习材料编成便于记忆的故事、歌诀或赋予其具体的直观的形象，在大脑里构建图片。②围绕学习材料组织小组合作学习、互助学习。③对材料进行先行组织处理。④用诱导的方法树立学习动机、调动学习兴趣。

运用兴趣记忆法要注意培养久远性兴趣。为了追求高分、教师的鼓励等，也常常会使学生尤其是兴趣较低的学生表现出一种对所记忆内容的暂时兴趣。我们既不能一笔抹杀出自这类动机的暂时兴趣，也不能以此为满足，而要着力诱发学生对知识本身的兴趣，这就叫久远性兴趣。有了这种兴趣，尽管诱发兴趣的客观条件消失，学生仍有兴趣去记忆知识。

3. 理解记忆法

理解记忆是在积极思考、达到深刻理解的基础上记忆材料的方法。理解记忆也称意义记忆，是和机械记忆相对而言的。理解记忆是以理解材料内容为前提的。这种理解不仅是看懂材料本身，而且也熟悉材料各部分之间的逻辑关系，以及新旧知识之间的联系。要做到真正理解记忆的对象就必须做到：①对识记材料要分析归纳，真正掌握材料的意义及材料内容的精神实质。②把所学的知识付诸实践，联系实际，要在运用中巩固已经记住的材料，使理解不断加深。

4. 联想记忆法

联想记忆法是利用联想来增强记忆效果的方法。联想是由当前感知或思考的事物想起有关的另一事物，或者由头脑中想起的一件事物，又想到另一件事物。由于客观事物是相互联系的，各种知识也是相互联系的，因而在思维中，联想是一种基本的思维形式，同时也是记忆的一种方法。我们知道，记忆的一种主要机能就是在有关经验中建立联系，思维中的联想越活跃，经验的联系就越牢固。如果能经常地形成联想和运用联想，就可以增强记忆的效果。

将联想应用于单词记忆中，例如，vernal（春天的）和venial（可宽恕的），这两个单词很相像，读音也相似，唯一的区别在于前者有个"r"，后者有个"i"。根据意思，不妨这样想，"r"很像一片小树叶，自然是和春天有关；而"i"像个人，是人自然会犯错，就和"宽恕"的意义联系了起来。这种方法有时看来"牵强附会"，但对于少数实在记不住的单词，不妨发挥创意，根据自己的习惯和文化背景联想记忆，也会使枯燥的背诵有了乐趣。

5. 比较记忆法

所谓比较记忆法，就是对识记材料进行对比分析，弄清以及把握它们的不同点与相同点，用以增强记忆的方法。比较是人们认识客观世界的重要手段，有比较才有鉴别，不经过比较就很难弄清事物的相互关系。比较记忆的方法所应用的范围很广。例如，在修辞学习中可以把比喻与拟人及夸张做比较、把排比和对偶及反复做比较、把设问和反问做比较；在语法学习中可以把宾语前的定语与谓语后的补语做比较；在文言文学习中可以把同一词语在不同语境中的词义、功用做比较……

6. 反复记忆法

记忆的天敌是遗忘，而遗忘的天敌是反复记忆。及时的复习是良好记忆的必要条件。及时的复习需要做到以下几个方面：①当堂复习。每次快下课时，老师总要做一些小结，归纳和总结本堂课的重点和难点，因此这时你必须认真听讲，才能起到复习的效果。②当天复习。放学后，在写作业之前应该将学习内容快速复习一遍，很多学生都没有养成这个习惯，上完一天课到家后，从不把当天教的内容再回顾一下。③周末复习。一周的课程结束以后，利用周末休息的时间将整周的知识系统地复习一遍，并利用周末相对自由的时间做适当的练习，对知识加以深化和巩固。

7. 分段记忆法

所谓"分段记忆法"，就是把要记忆的大幅材料分成若干小段来记忆的方法。记熟了一小段后，再去记另一小段。这样分段推进、步步为营，心情会越来越好，背得也越来越快。这是一种化整为零的学习方法，化成小段后，每完成一段就是一个成功，对自己来讲就是一份鼓励，这样信心自然就有了。

可见，采用分段记忆法的好处是化整为零，增强记忆的信心；化难为易，在记住一段后会获得成功的喜悦，调动了学习的积极性。

8. 自录音记忆法

我们记忆材料，使用最多的感官是视觉。长时间地利用视觉学习，必定很容易产生疲劳，影响记忆效果。而在学习过程中，听觉其实是一种很好的记忆通道，但在学习中往往被忽略或不知如何利用。怎么充分利用听觉呢？我们可以通过录音，现在很多学生都有MP3或复读机等电子设备，但往往只用于听歌。我们可以将学习材料导入MP3或其他的录音设备中，在视觉疲劳时可以充分利用时间和听觉功能，让记忆活动仍能进行。这样就可以躺着听、坐车时听、劳动的时候听、锻炼的时候听。

9. 讨论记忆法

在学习过程中，自己觉得对某些材料记忆和理解感到困难或者因疲劳等因素影响而记忆效率不高的时候，可以锁定一些主题，与同学们进行讨论，这样在相互交流的过程中，可以收到良好的学习效果。在实施这个方法的时候要明确讨论的目的是什么，是记忆还是理解。用来讨论的问题可以是自己懂了但不熟练的，也可以是不懂有疑问的。

10. 提问记忆法

古人云："君子之学必好问，问与学，相辅而行者也。非学，无以致疑；非问，无以广识。"故提问是严谨治学的必经之路。是否善于提问也是判断一个学生的学习方法科学与否的标志。

作为一个学生不仅要有问题，而且要善于提出问题。有句话说得好："没有问题就是最大的问题。"学习是在不断提出问题、解决问题的过程中得以进步的。提问需要学生对学习内容进行仔细思考，问题是在付出努力、仔细思考后产生的，绝不是想到什么就问什么。不加思考的提问不但没用，而且会给学习者的学习造成负面的影响。

从提问的角度，可将学生分成三种：

第一种：提不出问题。这类学生在学习中不喜欢动脑筋，有惰性，很少真正学懂，因而产生不了疑问，很少提问题。

第二种：有问题，不敢提。这类学生有问题，但往往对自己不够自信，心底深处有一定程度的自卑，总担心人家拒绝解答或嘲笑他。

第三种：问题太多了。这类学生经常提问，但所提的问题都没有经过大脑的思考，一有问题不自己思考，马上就去问别人，尤其是在做作业的时候，这样的学习是无效的。

11. 卡片记忆法

实践证明，利用卡片来记忆是一种行之有效的方法。会学习的人都会用到卡片。我们所说的卡片是一种质地较硬、边长约7～10cm、方便携带和书写的方形纸片。在我们的学习过程中，必然有难于记忆、难于理解、需要复习、需要归纳的知识点，这些知识点非常重要又容易遗忘，且每天的固定学习时间如此有限，用什么办法可以记忆如此大量的知识呢？其实，一天中间隙时间是很多的，如果能把间隙时间充分利用起来，必然能使人积累大量的知识。依据心理学近因和首因效应的研究成果，卡片记忆可以使人高效率学习。但卡片记忆的习惯需要一段时间的训练，要经历一个由不习惯到习惯的过程。一旦形成了使用卡片的习惯，那么它必将使我们终身受益。

卡片使用起来灵活、方便，可以随身携带。在茶余饭后、睡觉前、散步时，甚至在洗手间也可以阅读。为了充分利用无意识记忆，还可以将卡片粘于醒目处。

12. 分析总结法

学习是一个不断分析总结的经验积累过程。因此，我们要从小养成分析、总结的习惯。归纳是学习思维中最重要的一项。对待难题、错题更应该多做分析总结。具体做法是在核对了作业、考卷的答案之后，把每道题都重新认真地"研究"一番，"研究"命题者的目的，题目考察以及涉及的知识点；自己为什么会做错；哪些知识结构还要补充等。对一些应引起注意的问题都用红笔标出来，提醒注意，"研究"完了以后，把做错的地方全都重新解答一遍，写在试卷空白处，直到反复把试卷"研究"透了才分类收起来。从长远考虑，试卷要有日期等标志。

学生往往对自己的每一次考试久久不忘，从这个角度看，"分析试卷法"是符合记忆规律的，因此坚持这个方法，可以提高学习成绩。

"人不该在同一个位置上跌倒两次"意思是要及时吸取教训，及时分析失败的原因，及时改正，不在一个问题上犯两次错误。遗憾的是有相当一部分同学经常犯的是同样的错误。因此，分析总结法的培养十分重要。

（三）科学笔记技术

1. 做笔记前的物质准备

做笔记必须的物品是笔和笔记本，在学习技术的体系中，对笔和笔记本是有要求的。需要准备铅笔、橡皮擦、红蓝黑三色圆珠笔或钢笔，也可以准备一些彩笔。笔书写起来要流畅，用多色笔可以使笔记充满个性并层次分明。还可以根据自己的意愿用不同颜色的笔迹表示不同的层次性意义，比如用蓝色笔迹表示第一遍复习，用黑色笔迹表示第二遍复习，用红色笔迹表示第三遍复习等，也可以用不同颜色的笔迹表示不同的笔记类型，如重点、难点等。对于笔记本，只需普通纸张和外壳的笔记本，即一般的笔记本。笔记本要易于携带，易于取用，内页最好用白纸。

对于笔记本的数量，建议不要过多，尽量地少，不需要每科一本。很多学生笔记本用了很多，就是没有复习过。笔记本多了反倒分散人的精力，在复杂的学习活动中，更容易产生疲劳。

2. 笔记的类型和形式

笔记分为听课笔记、阅读笔记和复习笔记。

课堂笔记是课堂学习的重要方面，是听课的有机组成部分。听课笔记要处理好听、思、记三者的关系。阅读笔记是在自学或阅读课内外材料时所做的笔记。阅读是为扩展知识面，加深理解课本知识、锻炼自己的阅读理解能力、提升自己的学习成绩所必需的，而阅读笔记能提高阅读质量。复习笔记是在复习过程中记录的概括性、归纳性知识。

3. 科学笔记需要坚持的原则

（1）坚持做笔记的习惯。有的同学看书时舍不得在书上圈圈点点，这其实不是阅读的好习惯。读书要动笔，所谓"不动笔墨不读书"。鲁迅先生提出读书要"眼到、口到、心到、手到、脑到"。读书动笔，能够帮助记忆，加深理解，集中注意力，促进多感官学习。

（2）应该在思想上真正重视做听课笔记。要从提高学习效率和学习成绩的高度去认识做听课笔记的意义，把做听课笔记作为一种自觉的行动。

（3）做笔记要务求实用，不能立足于完成任务。笔记应有利于记忆、理解、消化、复习和巩固所学的知识。有的同学笔记内容繁杂，不分主次详略；有的同学记得密密麻麻，字体小如蚂蚁，条理性差；有的同学做笔记时只求速度，但内容残缺，想记就记，不想记就不记。这些方法都是不实用的。不实用的笔记无助于自己的学习。

（4）记笔记不能耽误了思考和理解，因此要注重速度。为了加快笔记速度，可以学一些适合中学生特点的速记技巧，如使用符号、缩写等。可以采用符号速记和省略速记。符号速记，即用符号来代替汉字，从而加快笔记速度的方法。符号系统应是符合自己记录习惯的系统，可以吸收既有的，也可以自己创造，最好能将这些符号代表的意义写在教材或笔记本的第一页，以便随时查对。省略速记是针对表述很冗长，记起来费时的内容采取的方法。省略的部分可用符号（"～""……""——"）代替。如马克思主义可记成"马……义"。

（5）笔记可以不在乎字迹的工整，不在乎格式的完美，但要注意速度和理解。不懂的记问号，注意多留空白。

（6）既然记了笔记就要多复习，否则笔记是没有用的。复习笔记的时候，有问题、理解不了的，或没记住的要做个记号。从长远来看，已经记住了的也可做另一种记号，再复习时就不用看它了，这样就节省了时间。

4. 具体的笔记技术

听课笔记必须抓住重点，做笔记时，既要注意老师讲解的知识体系，更要注意抓住讲解的重点难点，有针对性地记下关键语句。笔记不是有言必录，而是要记那些最重要、最关键的内容；笔记也不一定求全、求齐，只要适用就行。应尽量省略一些只起承上启下作用的或非关键性的词句，只有这样，才能抓住主要问题，以便日后使用。课堂笔记要正确处理好听、思、记三者的关系。上课要以听讲、思考、理解为主，笔记只是辅助我们理解记忆的一种手段。所以应尽可能做到边听、边思考、边记笔记，三者协调进行。如果只追求笔记的完整而忽视上课认真听讲和理解，那必是舍本求末，只会是捡了芝麻丢了西瓜。在听课过程中跟上老师的讲解是非常重要的，因听课而没有记的笔记，课后可借记得好的同学的笔记查缺补漏。

上课时要记录的主要内容之一包括老师的板书。板书是老师讲课内容的一个纲要，是知识体系的重要结构。记录纲要有利于在我们的头脑里面形成知识体系的内在联系，理清教材的知识结构，掌握学习内容的本质和精髓。在讲课的过程中，教师一般都会形成对该内容或学习方法的归纳总结，一般都是一些规律性的知识。如果能够准确而有条理地记下来，可以减轻我们学习上的许多不必要的负担，少走许多弯路。老师在归纳总结的时候，总要放慢语速，加重语气，反复强调，这时就应提醒自己，抓住时机，做好笔记。在讲课过程中，老师一般能反映出一些良好的思路，这些思路是老师分析问题和推导结论的过程，它体现老师的思想方法和对教材的透彻理解，思考这些思路并记录下来，学会老师分析问题的方法，既可以减少错误，又有利于启发我们的思维，畅通我们的思路，提高我们的思维技能。在听课时还可以把疑问和自己的体会记下，以便课后解决。有些问题是临时或有灵感的时候产生的，应敏捷地捕捉稍纵即逝的"思想火花""灵感"，并记下这些体会，以利于深入学习相关知识。

阅读笔记通常要与教材和辅导用书结合使用。这时可采用标记、批注的方式来做笔记。标记、批注，就是在对教材或学习材料的字、词、句勾画的同时，直接在教材的空白处补充内容。标记就是运用特定的符号如圈、框、点、线、括号、问号、叹号等标出教材或笔记的重点、难点、疑点等的笔记方式。如用圆圈或椭圆圈表示重点，用字下小圆点表示次重点，用字下双短横线表示概念，用方括号代表定理，用字下波浪线表示关键词，用字后叹号表示难点，用字后问号表示疑问，用希腊数字或字母表示层次等。批注就是将听课时需要补充的内容、教师的提问、自己归纳的知识如体会等补写或批写在教材上。批注从形式上可以分为眉批、旁批和间批。眉批是将需记内容记在书页的天头或地脚处；旁批即将需记内容记在正文左右的空白处；间批是为了某种特殊需要将需记内容直接记在文字行距之间。这种方法简便易行，省时省力，从而腾出了更多的时间用来思考、理解、消化。那种凡事都要往笔记本上抄的方式是低效的。

阅读笔记一般要求把心得和抄录部分一起写出。读了一本书或一篇文章或一段材料以后，把自己的体会、心得和经验总结，写成心得笔记，是一种很好的读书方法，可以在笔记上写"注："，提醒自己在这样的情况下要注意的问题。

俄国作家果戈理曾说过："一个作家，应该像画家一样，身上经常带着钢笔和纸张。"

学习和生活中有许多东西是值得我们去记录和运用的，所以要养成积累的习惯，时常做记录，不要怕麻烦，其实记录本身就是一种信息加工，也是一种记忆。

那么，应该怎样使用笔记本呢？

笔记本是读书的得力助手。它的功能是摘抄学习重点，记录自己的理解和体会。正确地使用笔记本，才能更好地发挥它的功用。笔记本最好只用一部分，另一部分留作空白，以备作补充或注解及提示用。如下图：

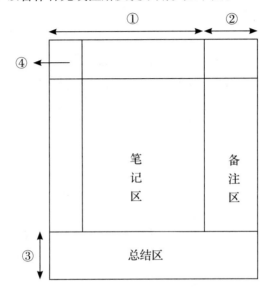

注：①占整个页面宽约2/3；　②占整个页面宽约1/3；
　　③占整个页面长度约1/6；　④填上做笔记的日期。

图5-4　临时笔记结构图

也可以采用对折方式，把纸张对折，使左右两个部分宽度相同，最好也在下面加上一块区域。对于这种布局，我们可以在左边的部分写上题目或单词的中文，或是材料的一部分，解题思路和答案就要写在右边部分。底下的区域，就写备注之类的。这样在运用起来就比较科学，清晰明了，节省时间，提高效率。

下面介绍一种笔记技术——知识结构图化技术。

在学习和复习的过程中，我们可以把知识加工成一种网络化、结构化、空间化、形象化的模式来加以记录、理解和记忆。这是一种良好的学习技术，同时也是一种优秀的笔记技术。这种方法是依据英国教育家托尼·巴赞归纳出的思维导图来加以创造的，称之为知识结构图。目前，知识结构图已经得到广泛运用。知识结构图比传统的线性笔记更符合大脑功能的特征。

大脑的思维是一种由中心向外发散、再发散的方式。人脑的记忆特征是以简约有序的方式来进行表述的，是用一些关键词来概括学习内容、整体情节的。关键词是多维的，就像有许多连接点的钩子，能钩住许多既往的经验和知识，使人产生多方面的联想，引发记忆和理解。人脑运作的方式不仅仅是线性的和语言的，而且是非线性的、空间形象的，要善于从整体方位上理解和吸收知识，还要对整体内部结构的复杂关系进行知觉思考。知识结构图化技术能帮助人们进行全方位复习，大大提高学习效率和效果。

其具体做法是：

第一，通过阅读和复习，对材料内容进行加工，如分析、理解、比较、归纳、联系等，概括出内容的中心主题，找出与主题有关的知识，确定所有知识的不同层次，找出每个部分的要点和关键词以及相互之间的联系，然后画出自己的知识结构图。

第二，内容的中心主题画在纸的正中央。主题要简要明确，使用彩色图像或符号代替。在正中央开始画是因为这样能反映出大脑思考程序的多钩状特性，从核心向四周发散思想可以因此获得更多的空间和自由。"一幅图像胜于千言万语"说的就是要利用图像和色彩改善记忆力和创造力。

第三，与中心主题有关的各部分画在中央部分的四周，呈放射形状，将代表各部分内容的关键词，与中心图用粗线连接。线条要粗，字要大，这样可以反映出这些主题的重要性。重要的部分靠近中心，不重要的则放在边缘。

第四，每部分内容又是一个次中心。它又可以分为若干知识层次，每个知识层次的关键词都与有关部分用线相连呈发散形状。思维导图这种连接的结构反映了大脑中的联想本性。

第五，每个知识层次还可细分为若干知识点，用线与有关知识层次相连，边缘呈开放式，各部分知识点之间如有内在联系。也可用线连起来，这样就形成知识结构网络图。

第六，用图画和各种鲜明的颜色表达关键词，将会更醒目，记忆更牢固。色彩是各种形式思想的最主要的刺激物，尤其是在增加创造力和记忆力方面。色彩具有美感，可以增加大脑的愉悦感，提高复习、记忆、思考的兴趣。尽量用图画表现关键词和中心词，把词汇和图画这两个技巧合并起来，可以使学习效果倍增。在整个导图中使用代码和符号，如各种形状如有色彩和箭头的个性化代码，为思维导图添加了第四维度。他们常会加强思维导图作者的分析力、说明力、构造力、组织力和推理能力。

第七，一堂课、一节内容、一章内容或整本书的内容都可以画成知识结构图，用于复习。

（四）积极提问技术

1. 树立正确的提问观

所谓学问，顾名思义，就是既学又问。如果不学不问，就难以成其学问。

清代画家郑燮有一段话对这个问题说得非常透彻："学问二字，须要拆开看。学是学，问是问。今人有学而无问，虽读书万卷，只是一条钝汉尔……读书好问，一问不得，不妨再三问，问一个不得，不妨问数十人，要使疑窦释然，精理进露。"我国历代学者都十分重视这个问题，如"敏而好学，不耻下问"（孔子）；"君子之学必好问，问与学相辅而行者也""好学而不勤问，非能好学者也"（刘开语）；"贤于己者问焉，以破其疑；不如己者问焉，以求一得；等于己者问焉，以资切磋""贵可以问贱，贤可以问不肖，而老可以问幼"（刘向语）；"发明千千万，起点是一问""智者问得巧，愚者问得笨"（陶行知语）等。

质疑是探求新知的开始和动力，不断发现问题、提出问题是一个人思维活跃的表现，也是创新的动力。著名物理学家杨振宁博士曾经做过这样的对比：中国留学生在美国学习时，学习成绩往往比一起学习的美国学生好得多；然而10年以后，科研成果却比人家少得多。何以造成这种差距？杨振宁认为："主要是美国学生思维活跃，喜欢提出问题、善于提出问题，而中国学生在这方面则相差甚远。"提出问题是解决问题的前提和基础，只有先提出问题，才能解决问题。

好问是一种态度、品质，同时也是一种美德。有些人不敢问，一是怕别人嘲笑自己，怕自己丢了尊严；二是怕自己学不会，没有信心；三是根本没有要问的概念。这些都是错误的观念。每个人都会有不懂的问题，而进步都是从思考和提问开始的。人类一出生，在知识方面都是零，只有不断探索、不断提出问题、不断解决问题，知识才会不断增长，人才会越来越聪明。在学习过程中，我们要遵循实事求是的原则，不实事求是容易落入虚伪的境地。在学习和做事过程中，即使自己什么也不懂，只要多问，多向人请教，就会进步。反之，没有问题就不会有进步。

2. 养成提问的习惯

学与问相结合既是一个理论问题，又是一个实践问题。光想提问还不行，还必须会提问，有提问的习惯。在学习过程中，面对一段材料、一节内容、一篇文章，首先需要运用阅读技术进行仔细思考，争取弄懂，达到理解。没有思考，就不会产生问题，没有努力的思考，就更不会产生关键的问题。所以，对于内容要经过自己的彻底分析和揣摩之后再提问。那么，什么叫懂？什么叫不懂？有些学生不知道区分，甚至连自己懂没懂都不知道。我们知道，实践是检验真理的唯一标准。我们将所学知识付诸实践立即可以辨别。比如将内容用自己的话加以讲述，或用习题和试题来给自己评估等。因此，在学习过程中，适当做些题是很关键的，做题不是为了应付任务，不是为了做题而做题，而是为了自己真正深刻地掌握所学的知识。

怎样提高提问的技术呢?

首先,要确定问题。问题要具体而明确。比如一道数学题,自己怎么思考的,是哪个步骤不懂。可以问"为什么?""怎么想?""这个怎么理解?""这句话看不太明白"等,要把问题准备好了再问别人。

其次,要确定提问的对象,即向谁提问。可以问同学、老师、高年级的校友等。

再次,要学会尊重别人,问完要注意言谢。问时语气要好,不要带命令的口气,那样人家不会乐意解答;提问要注意时机,要当别人不忙的时候提问,否则他人可能会反感。

最后,要学会谦虚,知之为知之,不知为不知,虚心向人求教。别人的意见要虚心接受。不懂可以再问,做到不卑不亢。

(五)合作学习技术

古语云:独学而无友,则孤陋而寡闻。说的是学习应该注重合作。在中小学生时代,同伴学习是高效的学习。学生多种性格特质已在这种氛围中受到了同伴影响。在这种学习合作与交流中,原本内向的学生,性格开始开朗起来,原本自卑的学生开始自信起来。团体的可控制氛围可以调动学生的情绪,可以使学生带着良好的情绪达到最佳状态。他们还可以互相提问,互相激励,互相带动,实现资源共享。在协作学习中,教师实施的是引导性教学和提供学生的资源、指导,解决学生合作中解决不了的问题,组织学生进行有效学习。合作学习的直接目的是解决学习中的某些问题,促进学生认知的发展,通过小组合作的方式来学习,还在于让学生在合作、交往过程中得到情感体验和能力发展。

(六)疲劳消除技术

1. 中小学生的学习疲劳

学习疲劳是指长时间连续地学习,从而导致学习效率下降的一种现象。在日常学习中,经常可以看到一些中学生在长时间高度紧张的学习后,本来能解决的问题由于疲劳而无法解决,这是一种典型的疲劳现象。学习疲劳的产生,与大脑皮层的内抑制有直接关系。由于长期学习,大脑皮层细胞会产生强烈的兴奋,使皮层细胞能量消耗,兴奋性降低而转入抑制状态,或者扩展到周围区域,这就是疲劳或由疲劳引起的睡眠机制。

学习疲劳分为生理疲劳和心理疲劳两大类。生理疲劳主要是由于身体能量消耗所引起的,而心理疲劳是由心理原因所致。若是学习单调机械或没有兴趣,就会产生厌烦或懈怠,导致学习质量下降,学习速度减慢。其表现为思想迟钝,反应速度降低,注意力不能集中,尤其突出的是情绪郁躁、焦虑、厌烦、怠倦等。心理疲劳可以说是主观的疲劳,因此要消除这些疲劳,主要方法是激发动机、改变态度、增加兴趣等。生理疲劳是因为长时间的学习活动导致的疲倦，是干不了；而心理疲劳则是倦于学习，是不想学。

暂时疲劳可以通过适当地休息而使精力得到恢复，如果学习者长期处于疲劳状态而不能得到适当休息，疲劳往往会积累为慢性疲劳，造成学习过程中的恶性循环，而且这种疲劳不容易消除，往往需要通过心理调节或长期的疗养才能好转。

2．科学消除疲劳方法

（1）疲劳防治操。

学习过程中最普遍的姿势是坐姿，由于身体经常处于前倾姿势，形成呼吸浅，肺活量减少，物质代谢功能也随之下降，从而形成疲劳。如果做一下疲劳防治操，则可以在短时期内消除疲劳，具体方法如下：

① 坐着时做些挺胸直背的动作，同时用手臂绕圈按摩腰部。

② 身体后屈，腿、臂伸直用力后摆。

③ 慢慢地做几次头向左右、前后弯曲或绕圈的动作，然后用按摩法轻轻地按摩颈肌、肩胛肌。

④ 深吸气，然后慢慢地呼气。

⑤ 两手臂下垂，做几组手的动作，松紧手指，两手腕放松旋绕。

⑥ 交换坐姿，背靠椅背，移动椅子，再次变换坐姿。

⑦ 离开座位，在教室内或室外走动走动。

（2）身心放松术。

消除疲劳、放松身心的方法很多，采用何种方法并不重要，关键是要使自己从身体到精神都要统一放松，使身心达到一种松弛、舒适、愉悦的最佳状态，具体方法如下：

① 选择一个空气清新，四周安静的环境，放松精神，心无杂念，忘却学习中产生的压力和不愉快的事情，使自己进入一个忘我的境地。

② 选择一种自我感觉比较舒服的姿势，站、坐或躺都行，如果是白天，想要使精神状态进入学习的最佳状态时，最好选择站的姿势或坐的姿势，如果要进入休息状态或睡眠状态，那么可以选择坐或躺的姿势。

③ 从头至脚放松骨骼和肌肉，放松部位要具体，当每一块肌肉放松时，要默念"放松"。

④ 放松过程中，要配合深呼吸，先深呼吸进入状态，做到自然状态，然后在舒适、安逸的情况下忘记自己的呼吸。

⑤ 整个过程中注意力要集中，放松意识，将思想归于放松对象即有意识地注意并放松整个身躯，从而达到一种宁静与舒适的觉醒状态。在这个过程中要运

用想象力，达到一种深层次忘我境界。可以对自己说：我静静地俯卧在海滩上，周围没有其他的人，我感受到了阳光温暖的照射，身下是柔软的海滩上的沙子，我全身感到无比舒适，微风带来清新的空气，海涛在轻轻拍打着海岸，我静静地、静静地听着这永恒的波涛声……海浪轻轻涌上沙滩轻抚我的脊背，温暖又温柔……

在说上述指示语时，要注意语气、语调的运用，节奏要逐渐变慢，配合自己的呼吸。另外，要充分利用想象力，要身临其境地认真体会身心放松的感觉。指示语的内容可以按自己的喜好设定。

第三节　元认知学习技术

元认知是指学习者对自己内在思维活动和学习活动的认知。在元认知的基础上，学习者除了对学习材料的理解、分析、加工和学习经验的积累以外，对自己的学习过程，包括学习目标、动机、计划、策略、评估、反省等进行调控，这种学习叫作元学习。元学习相信人是学习的积极的主体，人不仅能通过学习获得知识经验，而且还能对自己的学习过程、心理状态进行有效的自我评估、监督和调控。因为元学习是对自己思维活动和学习活动的反思和监控，因此它是一种更为高级、更为复杂的认知策略，元学习能力提高，可以提高人的主体积极性、自觉性，充分提高学习者的学习效率和学业成绩。元认知技术与情绪调控技术、行为促进技术、学习过程技术、学科学习技术、认知过程技术、学习管理技术一起构成了高效学习技术体系，并在体系中起着关键性的作用。元认知技术的实施能促进学习积极性的发挥，促进学习迁移的发生，更能培养学生自主学习习惯和技术化学习能力，提高学习效率，大大减轻学生的学习负担以及教师和家长的教育负担。

学习时，学习者要学会使用一些策略去评价自己的理解、控制学习时间、订制有效的计划来解决问题。例如，假如你读一篇文章，遇到不懂的地方，你该怎么办呢？你或许会重读一遍；你或许会查找工具书来帮助分析和理解，这意味着你要学会如何辨别什么地方不懂，该如何去调整。另外，还要知道这样做是对还是错，是科学还是不科学的。所有这些都属元认知策略。

元认知知识主要包括以下三方面的内容：①有关个人作为学习者的知识，即有关人（包括自己，也包括他人）作为学习者或思维者的认知加工者的一切特征的知识。这方面的知识可以再细分为以下三类：关于个体内差异的认识（比如，正确地认识自己的兴趣、爱好、学习习惯、能力及其限度，以及如何克服自己在认知方面存在的不足等）；关于个体间差异的认知（比如，知道人与人之间在认知方面以及其他方面存在的种种差异）；关于主体认知水平和影响认知活动的各种主体因素的认识（比如，知道记忆、理解有不同的水平，知道注意在认知活动中的重要性，知道人的认知能力可以改变）。②有关任务的知识，在有关认知材料方面，主体应当认识到材料的性质（如图形材料与文字材料）、材料的长度（如一段短文与一篇长文）、材料的熟悉性（如熟悉的材料与不熟悉的材料）、材料的结构特点（如论说文与叙述文）、材料的呈现方式（如听觉呈现与书面呈现）、材料的逻辑性（如有组织的材料与无组织的材料）等因素都会影响我们的认知活动的进行和结果；在有关认知目标、任务方面，主体是否知道不同认知活动的目的和任务可能是不同的，有的认知活动可能有更多、更高、更难的要求。比如，要求回忆一篇文章的大意要比要求回忆该文章的准确词序的任务困难得多。③有关学习策略及其使用方面的知识，这方面涉及的内容很多，比如，进行认知活动有哪些策略、各种认知策略的优点和不足是什么、它们应用的条件和情境如何、对于不同的认知活动和不同的认知任务，什么样的策略可能是有效的等等。

概括起来，元认知技术大致可分以下三种：

（1）计划技术。

元认知计划技术是根据认知活动的特定目标，在一项认知活动之前策划各种活动、预计结果、选择策略、探索各种解决问题的方法，并预估其有效性。计划技术包括设立目标、浏览材料、提出问题以及分析如何完成学习任务。

给学习做计划就好比是足球教练在比赛前针对实际情况提出对策。为了保证学习的效率和效果，学生在每一次学习时都应当有一个一般的"对策"。成功的学生并不只是坐着听课、做笔记和等待教师布置任务，而应该计划自己的时间分配，正确处理考试前的复习和作业的关系，打算采取什么方式和策略进行更有效的学习。换句话说，成功的学生是一个积极的学习者而不是被动的学习者。

（2）监控技术。

即阅读时对注意、观察、记忆和思考加以跟踪、对材料进行自我提问、考试时监控自己的速度和时间等。这些技术使学习者关注自己在注意和理解方面可能出现的问题，以便找出来，并加以修改。学生为了准备考试时，会向自己提出问题，会问自己哪些章节不懂，哪些方法行得通，怎样记忆才能在考试时回忆起来，需要尝试什么学习策略。

（3）调节技术。

调节技术与监控技术有关。例如，当学生意识到自己不理解学习材料的某一部分时，就会退回去重新阅读理解有困难的段落；在阅读理解有困难或不熟的材料时放慢速度，集中注意；复习没有加工过的笔记；考试时先做简单的题目而后再做难题等。调节技术能帮助学生矫正其学习行为，弥补策略上的不足。

元认知技术总是和认知技术同时起作用的。如果一个人不具备认知技术及掌握认知技术的愿望，他就不可能有效地进行计划、监控和自我调节。元认知技术对于帮助我们决定如何学习和采用不同策略得到的结果是非常重要的；认知技术则帮助我们整合新旧知识，并且将之有效存储。因此，我们的元认知技术和认知技术必须一道发生作用。认知技术（如笔记技术、试讲技术等）是学习必不可少的工具，但是，元认知技术则监控和指导认知技术的运用。

在"应试教育"的教学方式的影响下，许多教师往往更重视学生的学习结果，不仅忽视了让学生主动地对自己的学习过程、学习策略进行有效的认识、监控、评估及修改，而且忽视了学生对自己的学习结果进行及时的内部总结。未来社会的文盲不是不识字的人，而是不会学习的人。学习新的技能，如自我监控与调节、自我指导、自我评价、适应未来、终身学习与自我更新是必需的。"教学生会学"势在必行！这不仅可以为教师开辟一条省时省力、高质高效的教学途径，而且也可以适应现实对人才的需要，从而促进"素质教育"目标的实现。而给学生以学法的指导，使学生掌握有效的学习方法，是"会学"的前提和保证。

许多研究成果表明，采用适当的教学与训练措施能大大地提高学生的元认知水平，从而促进他们的思维发展，提高他们的学业成绩。

第六章
学习过程技术

要实现技术化学习，迅速提高学习成绩，掌握和运用学习过程的技术至关重要。中小学生学习的过程主要包括预习、上课、复习和考试四个环节。学习过程技术是指学生为了达到学习目标，重视预习、上课、复习和考试四个基本环节的作用，根据自己的实际情况，调节各环节的功能，使学习效果能更优化的一项技能。

第一节　预习技术

一、预习的重要性

"凡事预则立，不预则废。"预习是上课前学生的自学过程。预习发生在教师讲课之前，是学生独立学习新课内容（包括教材和相关学习资料），为提高新课的听课效率做好必要的知识准备的过程。它是学习过程的第一个环节，起着重要的作用。预习可以为上课、听课做好必要的准备，是整个学习过程的启动和铺垫阶段。适当的预习可以使学生在课前对将要学习的内容有一个大致的了解，学生带着问题听课，更能提高听课效率。预习按提前学习的时间和内容的多少，可分为课前预习、阶段预习和学期预习。

二、预习的作用

预习的作用主要体现在以下几个方面：

第一，可以排除课堂学习中的一些障碍。保证听课时紧跟老师的思路，防止因某些旧知识障碍使听课跟不上，思维活动中断。对章节一般内容的熟悉，能够形成学习上的先行组织者。

第二，可以加强课堂学习中听课的针对性。集中注意于重点、难点和预习中自己还没弄懂的地方，以及老师讲课、解题的思路，积极思考，加深理解，提高学习质量。

第三，有利于做好课堂笔记。记笔记不能一味地照抄老师的板书。应该有针对性地记录老师对概念、规律深层次的阐述，对例题的分析、方法的探索、思路的概括和自己对听课的理解等。在预习的基础上去做课堂笔记，会大大地提高记笔记水平，保证了听课时的边记边消化。

第四，有利于改变学习的被动局面。不预习就听课，大多只能被动的听，被动的记，被动的想。通过预习再去听课，就能最充分地发挥自己的主观能动性，去思考深层次的问题。使自己学得主动积极，进一步提高学习质量。如果学某门学科听课吃力，成绩不佳，通过预习可以迅速改变该科学习暂时落后的局面。

第五，能够促进自学能力的提高。预习是个自学的过程，是完全独立地加工处理学习内容的活动，它需要自己去阅读，运用分析、理解、综合、归纳、演绎、抽象等思维方法处理新的材料，长期坚持必然大大有益于自学能力的提高。

三、预习的具体任务

预习的具体任务主要包括：

（1）初步了解新材料的基本内容。

（2）复习有关新材料的知识。

（3）找出新材料的重点和自己不懂的地方。

（4）查阅相关资料，做预习笔记和部分练习题。

四、预习技术训练

1. 预习的心理准备

要有明确的目标，预习总目标是预先感知材料，对材料进行初步的处理和加工，为学习新内容扫清障碍。而具体的目标，则要根据不同科目、不同内容来确定。

2. 预习中的阅读训练

预习不是把老师明天要讲的内容草草看一遍就算了事，而是要严格按步骤和要求进行。

（1）选择好预习的时间。

预习的时间一般要安排在做完当天功课的剩余时间内，并根据剩余时间的多少来安排预习时间的长短。如果剩余时间多，可以多预习几科，预习时钻研得尽量深入一些。另外，把较多时间用于薄弱学科的预习。

（2）迅速浏览一遍即将学习的新教材。

这时要了解教材的主要内容，弄清哪些内容是自己一读就懂的，哪些内容是自己没有读懂的。

（3）带着问题，边思考边读第二遍。

对于初次阅读没读懂的问题，在第二次阅读时，头脑里始终要带着这些问题，深入思考，仔细钻研教材，这时的阅读速度可以适当放慢一些，遇到困难可以停下来，翻翻以前学过的内容，或者查阅有关的工具书、参考书，争取依靠自己的努力把难点攻克，把问题解决，把没读懂的地方读懂。对于自己经过努力仍未解决的问题，也不必勉强去解决，这样会花费更多的时间。可以把这个问题记下来，留待课堂上听课时去解决。

（4）边预习边做好预习笔记。

预习笔记有两种，一种是做在书上，一种是做在笔记本上。在书上做的预习笔记要边读边进行，以在教材上圈点勾画为主。所圈点勾画的应是教材的段落层次，每部分的要点，以及一些生僻的字句。同时，也可以在书面的空白处，做眉批，写上自己的看法和体会，写上自己没读懂的问题。在笔记本上做的预习笔记既可以边读边做，也可以在阅读教材后再做整理。整理的内容包括本节课的重点、难点部分的摘抄及心得体会。例如：本节课讲授的几个主要问题是什么？以及它们之间的前后关系、逻辑关系，预习时遇到的疑难点是什么？自己是如何解决的，查阅了哪些参考书或工具书？所查阅的资料中有价值的部分的摘抄及心得体会。

（5）根据不同学科的特点采用不同的预习策略。

预习也不能千篇一律，要根据不同的学科特点抓住预习的重点，选择不同的预习方法。例如，语文课首先要排除生字、生词障碍，再分析段落大意、中心思想及写作风格、手法；而数学课则要把重点放在数学概念、数学原理的掌握上。

预习的要求有如下几个方面：

① 预习目标、速度、内容都要符合自己的实际，注意量力而行。

② 合理安排时间，最好在前一天晚上预习第二天要学的新课。

③ 预习要读、画、写结合，重点内容和关键词要做出标记。

④ 对于自己擅长的科目，可以少预习或不预习。

3. 先行组织者的唤起

先行组织者是美国著名教育心理学家奥苏贝尔提出的术语。奥苏贝尔认为，新知识只有在和现存认知结构中有关的概念联系起来的时候，才能有效地被学习和保持。根据他的经典解释，先行组织者就是先于学习材料呈现之前的一个引导性材料。先行组织者在概括与包容的水平上高于学生所要学习的新材料，而以学生通俗易懂的形式呈现，是新旧知识发生作用和联系的桥梁，新知识的获得必须以先行组织者为基础。通常教师是不会构筑先行组织者的，这需要学生在预习的时候把先行的知识从记忆中提取出来，加以组织。

先行组织者可以从以下两个方面促进学习者的学习：

（1）激活原有概念。

先行组织者可以唤起学习者认知结构中已有的知识概念，并激活这些概念，为新知识的构建提供基础。它为学习者"已经知道"和"需要知道"的知识之间架设了一道桥梁。

（2）提供"脚手架"。

先行组织者能够为学习者学习新的内容提供一个"脚手架"，因为它包括各种知识的基本原理，使学习者清楚了解新旧知识之间的关系。

4. 发现问题的努力及解决问题的尝试

在学习过程中，发现问题是一个重要的指标，它往往比解决问题更重要，这里的问题不仅仅是材料中的疑难点，而且还包括元认知过程中的问题。前文讲过，善于提问是学生学习能力的一项基本指标。在学习过程中要多方面、多角度思考，充分运用横向思维和纵向思维，结合新旧两种知识，提出关键的质疑，有利于在课堂上充分理解知识，听懂老师讲课。这对学生的能力、独立性、开拓性、创新性能力的发展也是十分重要的。

5. 把握预习时间和程度

预习一般在目标课程的前一天进行，可以是白天闲暇时间，也可以是晚上做功课的前后。预习前要明确哪些科目需要预习，根据可能的时间确定预习科目先后和预习的程度。如果当天没有时间，就在第二天上该课之前抽点空余时间浏览一下也可以。如果教师布置了相关预习的任务，则一定要完成，老师提出这个要求是因为老师认为只有预习才能听懂相应的课程，学生应该尽量与老师配合。

第二节　上课技术

上课是教学的中心环节。对学习而言，上课是在教师的指导下完成课堂学习任务的过程。

这里我们使用了"上课"而不是"听课"是要告诉大家，上课的含义是主动的，而听课是被动的。听课就意味着教师讲，学生听，在这个过程中，学生是被动的。上课就意味着学生是主动的，是与教师平等的。上课技术就是指学生在课堂学习的过程中，充分调动自己的积极性，发掘自己的学习潜能，运用多元智能资源，通过与教师的良性互动而达到高效学习目的的技术。

听课是整个学习过程的中心，学生学习成绩是与听课的效率高度相关的。那么怎样才能听好课呢？

一、充分做好课前准备

孔子曰："温故而知新。"上课是学生接受新知识的过程，同时也是温习旧知识的过程。所以要适当复习以前的知识，同时也要做好预习工作。上课前要准备一些跟新材料有关的知识，做些前期的收集和组织工作，比如查工具书、找些相关的辅导练习等。

上课学习，是一项辛苦的劳动，它需要学生有充沛的精神和健康的体魄，为了做好这个准备，学生必须做到三点：一是要有充足的睡眠和休息；二是要注意饮食与营养；三是要经常锻炼身体。

上课还要有良好的心理准备，在上课前学生要进行心理的自我调节，以达到最佳的学习状态。学习的过程是学生的复杂心理运动过程，是动机、目标、情绪、情感、兴趣、态度、意志和个性相互交织的过程。学生上课的目的和情绪以及学习状态十分重要。专家研究认为，学生只有在目的非常明确具体、心情非常愉快、身体非常放松的情况下，才能充分发挥自己的学习潜能，学习效果才会有所提高。

如何做到放松呢？学习的自我暗示技术可以达到良好的效果。

从心理学实践上看，自我暗示能产生巨大的心理能量。暗示技术同时又是非常简单易行的。课前自我暗示，能够对整整一节课的学习状态和效果产生积极的影响，具体操作如下：

（1）上课前几分钟要回教室安静地坐好。

（2）深呼吸5次。吸气的时候，想象着把清新空气和愉快及学习能力一起吸进来；呼气的时候，想象着把废气、疲劳、烦恼和杂念都呼出去。

（3）从脚部到头部依次放松肌肉和关节，体会放松的内部感觉。

（4）重复第3个步骤2次。

（5）内视自己，并对自己真诚地说：

"这节课对我很重要，我一定能全身心地投入。"

"我很有信心上好这堂课。"

"我能做到听、思、记三者紧密配合。"

"虽然上课过程中我有些知识不懂，没有关系，我有办法弄懂。"

"学习的感觉很好，很愉快，获得知识是非常快乐的。"

"当我学了很多东西的时候，老师在表扬我，父母会表扬我，我能体会到那种受表扬的心情。"

"上课要开始了，我期待着。"

学生可以根据自己的情况对这个放松方法加以修改，经过多次训练，就可以形成有效的学习技术。

二、上课要全身心投入

全身心投入地上课，即高度集中注意力，充分调动多种感官参与听课，听课思维和主动参与高度统一。许多学习优秀的学生能够及时集中注意力，目标明确，能做到眼到、耳到、手到、心到；边看、边听、边想、边记，思维处于高度警觉放松状态之中。虽然从心理规律上讲，在一个课堂中要高度保持注意力并进行快速思考的时间不长，但正因为如此，学生们才要在有限的时间里要尽可能地领会教师的讲解和教材的精髓。一个成功的学习者，既能随着教师讲授的内容前进，也能在必要时，做一点放松、休息和自我调节，来迅速恢复自己的精力继续听课。学生可将注意力集中在教师对自己在预习中发现的难点、疑点的讲解上，并重视教师的思路、思想。对于教师讲课中自己已懂的部分，可以将大脑放松，以求更好地集中精力学习。

三、积极认真地思考

上课是学生学习的一种主要形式，不仅离不开思考，而且对思考的要求是特别高的。"思则明，不思则暗"，当老师开始讲解一个内容的时候，马上就开动脑筋，左思右想，思考所学内容的来龙去脉、它与旧知识的联系以及在实际中的运用。不仅思维要跟上老师，还要尽可能超越老师，想在老师前面，做在老师前面。

首先，要弄懂当堂课的新知识。听课要真正理解老师所讲的内容，那种不求甚解，"当堂不懂课后补"的做法，是既浪费时间又低效的学习方式。什么叫真正理解了呢？坚持实践是检验真理的唯一标准。把所学的东西放在实践中去。怎么放呢？前文提过的试讲技术和讨论技术及做练习都是很好的方法。

其次，要理清教师的思路，即教师讲课过程中运用的思维形式、思维方法、总结的思维规律。学生听课不能仅满足于弄懂新知识，还应向教师学习科学的思路。掌握思路就等于掌握了原理，就可以在学习实践中解决许许多多的问题。

再次，要善于提问。学问学问，不问难以成学。在课堂上要学会设问质疑，设问，不等于乱问，一定要经过自己的认真思考，问到点子上，问到关键处。那种只寻求答案的提问是没有用的，只有寻求思路的提问才是学问之道。

四、记好课堂笔记

做笔记是一项学习技术。在课堂上，不仅要认真听讲，还要积极思考、更要学会如何做笔记。要学会正确处理听讲和笔记的关系。听课的过程中，听和记二者往往会有矛盾。注意力分配在听课上面，笔记就难以记全，而将注意力分配在笔记上，听课的质量就要下降。因此，需要正确处理听讲和记笔记的关系。对于学生的上课来讲，科学的学习策略是"以听为主，以记为辅"。在记录的过程中，要拣关键字记，拣重要的记，笔记不要太注重字迹工整，只要自己能看懂就行。

老师在下课之前，学生要学会用几分钟的时间把本节课学习的内容做一个简单的回顾和总结。这个回顾就好像把计算机内存中的东西存到硬盘上，时间虽然短，对记忆却有很重要的作用。

五、选择正确的学习类型

学生在学习的时候需要各种感觉器官的参与，例如：视觉、听觉、嗅觉、味觉、触觉、动觉等。每个人都有自己的优势感觉，这种优势感觉功能比其他感觉功能要强得多，在学习过程中，这种优势感觉往往能取得很大的、超常的效果。教育学把学习者分为三种不同的学习类型：视觉型、听觉型和动觉型。

视觉型的人倾向于用"眼睛"去学习，这种类型的人对事物的大小、形状、颜色、方位的感知非常灵敏，印象非常深刻。学习材料如果有形象的文字描述，或者直观、层次和色彩分明的图画、图表、思维导图等，视觉型学习者学起来就很顺利。

听觉型的学生倾向于用听和说的方式来学习，通过听获得的知识更容易理解和记忆，通过讲不仅可以大大巩固所学的内容，而且可以使思维向纵向发展，很具实用性。如果听觉受阻，他们就会出现学习困难。

动觉型的学生倾向于运动，喜欢通过身体的动作来实现学习和记忆。比如通过触摸、比划、朗读、表演和肢体动作来带动学习，这种类型的学生相信接触胜过"眼见"，一般对节奏比较敏感，喜欢"动"着学习，比如一边走一边思考问题，手里一般都要拿个小东西，一旦去掉这些习惯性动作他们就会显得不安。

当然，也有一部分人三种类型不相上下，视觉、听觉、动觉的作用差不多，这种类型称之为综合型。这种感知学习类型跟遗传因素和环境因素都有一定的关系，如果能在遗传的基础上加以运用和培养，将挖掘出学生的重要潜能。而开发潜能的关键是发现，学生可以通过相关的测试来了解自己。

一旦明确了自己的学习认知类型，就要在学习中采取相应的学习策略和适合自己感官的学习方式，充分发挥自己的优势智能，形成独特的学习技术。

1. 理解和欣赏自己的优势智能

每个人都有自己独特的优势智能，发挥优势可以增加许多成功的机会，尤其在优势智能的相关领域获得成就。在学习中，要对自己的优势给予肯定，接受和欣赏自己的特点，这样才能形成自己的学习风格，达到最佳的学习境界。

比如，动觉型的学生往往会有"多动"现象，往往因此而受到家长和老师的批评、斥责和惩罚，从而压抑自己的动作，从而使最佳的学习通道受阻，情绪烦躁、注意力分散。听觉型的学生往往表现为"多嘴"，受到外界语言的反击或受到批评和指责，通常也会抑制这种行为，使最佳学习途径受阻，学习低效。

可见，使学习策略和方式适应自己的智能特点和学习类型是非常重要的。

2. 充分利用自己的优势学习智能

优势学习智能对信息的接受和加工总是最容易和最有效的，必须好好利用。这样，学生感觉学起来轻松容易，越学越有意思。视觉型的学生可以使用更多的图像、图表、颜色、模型等来加强学习，利用丰富的想象力来构建"脑图"，形成直观的视觉形象系统；听觉型的学生要尽可能创造机会与人交流、角色扮演、讨论和询问、听录音和音乐，学习时多用试讲技术，多朗读，使用出声思考等将有益于学习能力的提高；动觉型的学生则要更多地运用肢体动作来参与学习，用运动智能来表达自己的思想，在学习时或交流时要多用身体动作加以配合，这样可以加深对知识的理解和记忆。一项特定的诊断研究结果发现，29%的中小学生是视觉型学习者，34%的学生是听觉型学习者，37%的学生是运动感知或触觉型学习者（Miller，2001）。

3. 尽可能使用多感官参与学习

我们强调学习要全身心投入，就是指使用多感官学习。参与学习的感官越多，获得知识的渠道也就越多，记忆和思维也就越深刻，知识也就越全面，学习的速度也越快。

动觉型的学生在课堂上既要满足自己"动"的需要，又不能影响别人学习，这看似矛盾，但还是可以解决这个问题的。他们可以设计一套自己喜欢的动作，降低其幅度和强度，做到不干扰别人。听觉型的人，在课内外都要积极发言和讨论，但也不能影响别人，为了时刻都能运用听觉功能学习，可以虚拟一个"对象"，比如一个茶杯，无声或小声与它进行交流。

六、科学运用思维方式

在学习中，学生如果使用的思维方式以及思维策略失当，就会造成学习困难。某中学生小林近来很自卑，她的自卑源自上课的状态。近两个月来，她发现，班上的同学个个都比她反应快，比她"聪明"，例如上地理课，老师刚提出问题，她还没有看完课本内容，其他同学就已经有了答案；上数学课，她还没有弄明白老师讲的新定理，其他同学就已经对老师出的题目有了完整的解题思路；她需要30分钟预习，可其他同学只要10分钟就可以了；考试的时候，其他同学总是做得很快，试卷翻页的声音总是令小林觉得很自卑。因此，她总觉得自己很"笨"、很"弱智"。

小林的自卑是没有道理的，造成她自卑的条件也是很没有根据的。出现上述的情况，只不过是她的思维类型与他人不一样罢了。

人的思维可以分为分析型、综合型和混合型三种。分析型的人，其思维集中于细节，擅长从各个构成部分而不是整体来看待事物，喜欢一步一步地处理问题。他们的思维清晰，用词准确，在他们看来，事物非对即错，黑白分明。他们总是按照计划、程序或事物发展逻辑顺序进行学习。哪里有疑问一定要刨根问底，彻底搞清楚才进行下一步。综合型的人倾向于对事物总体的把握，能够有效了解大意，很容易掌握事物或原理的总体概貌，他们对细节不感兴趣。混合型的人没有以上两种人那么明显的思维倾向，他们能够随机应变地运用分析和综合的方法。

显然，小林是一个典型的分析型学习者，她按部就班地学习，不肯放过每一个细节，所以她的学习速度与综合型学习者比较起来就好像慢了许多，学新课时她还在想文章中的疑难问题，别人已经从总体上"把握"了全文的主要内容，对学习有一定的了解，因此能够回答教师的问题（通常新课的问题是比较简单的），这就是综合型学习者看起来"聪明"一些的原因。考试的时候，综合型学习者也喜欢对试卷进行"总体"把握，看看这，看看那，先找容易的做，他们翻动试卷的声音让小林感到焦虑，以为他们是做完了。如果说有做得快的，有个因素是决定性的，那就是扎实的基础。我们知道扎实的基础是努力的结果。

事实上，很难说哪种思维类型要好些，分析型的学习者开始的时候好像"慢"了一些，但他们一旦解决了所有的细节问题，知识的"总体"也就形成了，而综合型学习者虽然一开始就得到了"总体"的把握，但细节还得一点一点去处理。这是认知顺序上的差异，并无优劣之分，但从学习策略上讲，充分认识自己的思维类型特点，扬长避短，还是很有必要的。

如果学生要想了解自己的思维类型，可以做一些相关的测试，以优化学习技术。

第三节 复习技术

复习不是把已经学习过的知识原原本本地再看一遍，而是对知识的系统化整合，即进行归纳和概括，从而更深入、更全面地掌握所学的知识，形成自己的知识体系。换句话说，就是把知识转化成自己的内在技能，与自己融为一体。

预习、上课、复习是学习过程的三部曲。预习是上课前的准备工作，准备工作做得充分了，带着问题上课，上课时才会处于一种主动、自觉的状态。复习是反思和总结的重要环节，复习及时可以巩固课堂学习的效果。复习时要善于总结归纳，将所学的知识与以往学过的知识和经验融会贯通，将刚刚学过的技能多次反复练习，熟练地形成技巧。复习应该贯穿在学习的整个过程中。

上课所达成的目标是对知识的初步理解和运用，而课后复习则是巩固知识必不可少的一环。

一、复习的作用

复习的作用大致可以概括为：整理图式、温故而知新、强化记忆、查缺补漏、应付考试。

（一）整理图式

所谓图式，就是人脑中已有的知识网络，将课堂所学的知识纳入已有的图式，并使之巩固下来，这是复习的首要任务。按照建构主义学习理论，学习者总是根据已有的认知结构主动地对外在信息进行选择和加工，使新旧知识发生联系，引发观念转变和图式重组。在课堂上，这种转变和图式重组已经基本实现，但是还不够稳定，复习的任务就是重新整理图式，使新的知识结构得以稳定，达到新的平衡。

（二）温故而知新

通过复习，使各种知识融会贯通，系统化程度更高，知识与知识的联系和叠加会使原有的知识的内涵、外延和适用范围发生变化，这样，在复习的时候就获得了新的视角和新的认识。

（三）强化记忆

使学习的成果牢固地储存在大脑里，以便随时取用。没有复习的学习不是真正的学习，必定会走向失败。有些学生总抱怨自己记性太差，学过的知识，到了该用的时候却想不起来，对学习丧失信心；有些学生则认为，学过的东西反正要忘，早记没用，寄希望于考前的突击，但由于临考前要记的内容太多了，忙不过来，记忆的效果也很不好，这时就会感到很烦恼。

（四）查缺补漏

影响学习的因素很多，在一个漫长的学习过程中，很难保证各个因素都处于最佳状态。因此，完整的知识学完了，难免出现漏洞和欠缺。通过复习，检查缺漏可以及时补上和保证知识的完整性。凡是抓紧复习的学生，学习中的漏洞和欠缺，都及时地得到了补足，很少在学习上"欠债"。因此，他们的知识体系总是比较完整的。

（五）应付考试

在现行教育体制下，考试仍然是各种层次的学生都不可避免地要面对的检验学习成效的主要手段，而恰如其分的复习，正是学生通过考试的保证。

二、复习的技术

复习包括课后复习和阶段复习。前者是指在上完每一节课后，对所学知识的重温和巩固，后者是指根据知识体系和学制的要求分阶段进行的复习，如单元复习、期中复习、期末复习、中考复习、高考复习等。

不同的人显然可以使用不同的方法和技术，任何高明的学习者，都能以自己独有的方式彰显复习的技巧。

（一）课后复习技术

每一节课之后都要进行复习，都要对知识进行归纳和整理，使之融入已有的知识体系，其意义是不容置疑的。

1. 回忆和复述

如果你有足够的时间，复习时先不要急于去翻书，而是静下心来独立地把课堂所学的新课内容回想一遍，思考有关问题，即俗话说的"过电影"。在这一过程中可能会出现思路中断，使回忆无法进行。这时可以打开书本或笔记本，借此提供有关的线索，但仍不要急于去看书。开始复习就直接看书，虽然较轻松，但这种复习不会留下深刻印象，理解的层次不高，效果往往不好，常常是看书的时候仿佛什么都明白，但一放下课本，似乎什么都记不起来了，或是脑袋"一片空白"。回忆和复述是一个思考和记忆的过程，每一次复述都是将学习的内容再现一次，使新课暂时得到一次强化和巩固。另外，回忆和复述中出现的问题有的是新课的难点，有的是自己学习中的薄弱环节，这样下一步就可以有针对性地安排复习了。

2. 精读教材

所谓精读教材，即深入地钻研教材内容，领会教材中的每一个概念、原理及其相互关系，从整体上把握教材，做到完整、准确地理解、消化课文的全部内容。有的同学宁愿直接去读参考书，也不愿钻研课文，以为参考书上有现成的答案、现成的归纳总结、现成的例题，拿过来就可用，简便省事。殊不知，这样没有经过自己咀嚼和理解的知识不易掌握，照葫芦画瓢是不可能成为自己的知识的。在获取知识的征途上是没有捷径可走的，所以课后复习中的阅读必须是对课文的精读，它不同于看小说。对于一些需要透彻理解的课文内容，你可以用提纲、标题、画线或批注将有关知识重新组合起来，变成自己的言词，证明你真正地理解了新课的内容。

3．选读参考书

辅导书的选择要与教材配套，要适合自身的特征，达到巩固和扩展知识、加深理解的目的。在做复习笔记的时候也可以参照参考书，对新课知识进行归纳和总结。

4．看书和做练习相结合

阅读课文和做练习是复习最基本的操作过程。阅读课文是为了理解和记住知识，做练习是对知识和理解加以运用，可以巩固知识的理解和记忆。练习和阅读课文结合得越紧密，学习效果就越好。

（二）阶段复习技术

阶段复习是比较系统、比较全面的复习方式，其功能是使知识系统化、结构化，并进一步巩固知识，培养综合地运用知识的能力。

1．阶段复习计划

没有计划的学习是盲目的，制订一个切实可行的复习计划可使复习达到目的明确、按部就班、保证充分合理利用时间的目的，还可以使各门功课的复习彼此协调起来，让考生成为复习活动的主宰。复习计划的制订所要考虑的因素包括自己的实际情况、可用于复习的时间、任务总量、教学进度、各科学习程度等。

2．阶段复习方法

（1）对知识的整理和归纳。

通过上课以及课后的复习，在课堂上学到的知识已经进入我们的脑海，但是，它们之间没有建立内在联系，所以是孤立的和缺乏系统的。因此，每学完一个单元或者每经过一定的时间，就要对知识进行梳理和归纳，使知识系统化，这样，我们就能够全面地把握知识，并可以从更高的角度去把握知识的全貌。

（2）把一本书从厚读到薄，再从薄读到厚。

当教材的知识体系在心中建立起来后，该体系的架构和脉络就逐渐变得清晰，知识点也慢慢凸显出来，这时候教材中的背景资料、辅助材料和一些演示过程变得不再重要，相当多的内容也已熟记于心。因此，通过有效的加工和整理之后，一本书的内容可以越来越浓缩。相反，我们也可以把书从薄读到厚。

（3）笔记的整理。

知识体系的归纳和梳理是通过笔记的整理实现的。所以说，笔记是复习实现方式。通常复习中笔记的整理有几种方式：文字概括、图表归纳、知识树、思维导图。

第四节　考试技术

在现行教育体制下，考试显得尤为重要，考试成绩对学生来说是决定性的因素。如果考试成绩不好的话，学生将面临如下压力：升学失败的压力、同学竞争的压力、父母施加的压力、老师施加的压力、不自由的压力（不能做自己想做的事情）、愿望不能实现的压力等。总之，考试成绩不好，可能会影响生活和学习的质量。

一个学生说："我从七年级开始，成绩变得不好，每次考试都是处于下游，在学校，老师经常批评我，说拖了班上的后腿，同学经常打击我，说我啥也不懂，我感觉自己很笨，我很自卑；在家里，父母严厉管教我，说成绩这么差，今后怎么升学？总拿邻居打比方，说邻居的孩子成绩总是第一，我想要买双鞋，他们说成绩这个样子，还买什么鞋？双休的时候，看着别人在打球，很开心，而我不行，我总觉得成绩差，玩起来心里总不踏实；我觉得做什么都好像不顺心，总觉得在别人面前什么都不是，心里很消极，我不知道怎么办。"这说明考试成绩和学习是学生的中心任务，是主要矛盾。所以要解决主要矛盾，才能解决所有的问题。

其实考试和做作业、做练习一样，都是对基本知识的运用的过程。学生要想使成绩得以提高，就要做好两方面的事情：一是打好基础；二是成功考试。考试是学习过程中的一个阶段性目标，是学生漫长的学业生涯中必经之路。因此，考试是必要的，是社会和学业所必需的，逃避不了。同时，考试也是证明自己的努力和实力的最好形式。因此，要用正确的态度对待考试，态度应该是积极的，而不是消极的；应该是接纳的，而不是逃避的。要明确一点，只要努力把基础打好，考试就不成问题，关键在于自己的努力和学习技术。

考试技术是学习技术体系里非常重要的一项技术。考试技术是指学生为了达到考试目标，在考试前后和考试过程中，保持良好身心状态，调节良好情绪情感，调动一切积极内外因素，共同作用于考试本身的一项技能。它包括考试心理调节技术、考试答题技术和形成良好考试习惯的技术。

一、考试心理调节技术

由于压力的存在，学生往往会对考试心存焦虑，会出现紧张、害怕等不良情绪，影响考试成绩。所以，在考试之前，学生对自己的心理状态做调整是必要的，确保自己以良好的身心状态全身心投入考试。考试焦虑产生的原因有：

（一）自我预期

学生往往在考前对自己都有预期，给自己制定目标，期望自己会达到但又担心不能达到的时候，焦虑就会产生。

（二）外部压力

首先是来自家庭的压力，每个家长都望子成龙、望女成凤，把振兴家庭、改变现状的期望加在孩子身上，期望孩子出人头地。其次是来自学校和老师的压力。当前，社会对学校的评价仍然是以升学率为主，学校的声誉、教师的评估、晋升和福利也与升学率挂钩，因此学校和教师所承受的压力最终也转嫁到学生身上。再次是竞争的压力，学生是在集体中学习的，同学中间必然产生客观上的高低层次，在竞争中，处于弱势地位的学生容易产生焦虑。

（三）自信心不足

在学校以分数为基础的评价体系中，学生往往自我评价低，产生自卑心理，加之学习内容多，每天负担很重，学习成绩提高不是一朝一夕的事，量变的过程很长，学生往往不能坚持努力，从而产生自卑，最终导致考前焦虑。

（四）学校考试功能异化

考试原本的意义在于做学生的自我水平的参考，其功能是检测学习效果，对学生之间的比较要求不高。但是在现实中，每一次考试都要排名，都要将学生分成三六九等，这样，学生每次考试都面临评优考试，其压力之大，可想而知。

（五）考试态度

学生对待考试的态度决定其考试心理。在对待考试的问题上，要端正态度，用正确的观念看待考试，要认识到考试只是检验学习效果的手段，是检查自己学习中哪些懂和不懂的工具，如果考试分数不高，就说明自己尚有许多知识没有掌握好，需要继续努力或改进学习方法。

还有一部分学生在考前持无所谓的态度，认为反正考不好了，破罐子破摔。这种情况很危险，这样的态度对人生将会产生很多负面影响。

考试焦虑是一种不良的心理反应，如紧张、焦虑、担心、惶恐、不安、抑郁等，这种不良心理反应也常伴随有生理的反应。如心跳加快、血压升高、手心出汗、身体发抖等。人的情绪是由大脑的下丘脑、边缘系统和脑干网状结构决定的。因此，情绪不是人的意识支配的。我们常常体会到，有意识地控制紧张、焦虑，实际上是做不到的，道理就在这里。

如何进行考试心理调节呢？

对于学习和考试而言，保持适度的紧张是必要的，但过度的紧张将会影响考试效果。因此，有必要对考试心理进行自我调节。

1. 认知调节

认知调节首先对考试不良心理产生的原因加以分析，是因为准备不充分？是对自己的评价过低？怕同学鄙视自己？ 还是怕考不好难以向父母交代？你可以仔细分析一下，然后把它们写下来，一条一条地列出来，然后开始按实事求是的原则一条条地推翻。比如，如果是你父母的高期望给你的压力过大，那么他们的期望有没有道理？他们的心情是否可以理解？如果可以，那么，其实他们的期望是对你的肯定，是因为相信他们的孩子、给予了高评价才有这么高的期望，至少天下每个父母都爱自己的孩子。这样一来，你应该反思一下你的担心也许只是自己的假设而已，或许，当你真的考砸了的时候，他们不会像你想的那样来责怪你，相反还会来帮助你寻找原因。如果他们气急败坏，那有两种可能：一是他们因你根本不努力而生气；二是他们的要求超出了你的能力，是你目前根本做不到的。如果是前者，你只要努力就行，这很简单；如果是后者，那么你可以实事求是地讲道理，做到问心无愧就可以了。

另外，你可以试着体会一下做父母的心情，作为父母，有责任也有义务使自己的孩子健康成长，出人头地，他们的用心良苦是可以理解的。

前文讲过，每个人都有天赋，都有过人之处，所以，没有必要对自己评价低，对于同学的鄙视也不用在乎，但是，如果担心考试考不好，必然有自己的非智力因素，所要做的就是要找出这些自己做得不好的地方，比如基础不好，就要想办法，付出努力赶上来。这一点，相信任何人都做得到。

如果上述方法仍然不能解决你的问题，那你不妨先假设最糟糕的情况出现了，自己豁达地接受这种结果，你"豁出去了"，这样自己就站在最低点起步。如果是这样你怎么办，要写出来，然后想办法解决。你实事求是地接受这种状况。其实，即使最糟糕，也是有很多的办法来解决问题的。不信的话，可以试试看。

2. 情绪调节

（1）自我暗示。可以采取一些与自己对话的方式来暗示自己，以获得良好的鼓励。例如：

"考试没有什么，和平常做练习一样，放松做就行了。"

"我不用担心什么，我本来是个自信的人。"

"考试是快乐的，我期待着真实水平的自己。"

"结果并不重要，重要的是努力做了没有。"

"考试是人生必然要经过的路，我很高兴接受考试的检验。"

（2）倾诉。找一个知心朋友，说出自己的心里话，不要有所顾忌。

（3）实在难受了，就跑到无人的地方比如旷野，大声唱歌或喊叫。

（4）做剧烈运动，自我发泄。

3．创造成功

很多时候焦虑是不自信的表现，焦虑是对成功的体验过少。因此，有必要创造一些成功的机会，来增强信心。方法有两种：一是回忆过去的成就，仔细而具体地回味，回忆当时的情景，体验那种成就带来的良好感觉；二是创造一些新的成就，比如做一些自己能做出来的，容易的题目，比如单元练习之类的，这样难度就不是很大，自己可以解决，从而获得良好的分数，给自己制造成功的喜悦，培养信心。

二、考试习惯的养成

（一）考试前要做好充分准备

每次考试都有一个具体的范围，比如检查一个单元的学习情况（单元考试）、检查一个月的学习情况（月考）、检查一个阶段的学习情况（段考）、检查一学期的学习情况（期终考试）。在考前适当的时间，学生应该做好充分的准备，把该部分内容复习好，这样才能检测出自己的学习水平。除此以外，还要设定这次考试的目标，目标不能太高，也不能太低，要符合自己的实际情况，否则目标过高就会引起焦虑，太低可能达不到考试的本意。在复习过程中，可以通过做些模拟试题来检验自己对知识掌握的情况，只有查到自己的不足，才可以弥补，才可以查缺补漏。在做题的时候，可以试着站在命题者的立场上来看待如何考察，会出什么题目才达到考核的目的，哪些是重要内容，哪些是次要内容等。

（二）考试期间要有良好的习惯

（1）要保证充分的睡眠，保持身心的舒适感。考试前相当一段时间，作息时间不能有太大的变动，否则身心难以适应。

（2）考试期间要科学饮食，保证考试时的能量供给。

（3）可以做适量的运动，保持身体的积极状态。

（4）考试需要的重要物品，如文具、证件、水等都要列成清单，并随时检查。

（5）每门考试后要注意调整情绪和体力，注意放松，不能太疲劳，以免影响下一科的考试。

（三）考试后要反思总结

人们常说"实践出真知"。学生应该是在实践中成长的，每一次考试都是一次实地演练。从演练中，我们可以汲取正反两方面的经验。

考试结束后，考得好的，说明自己的学法对路，要及时总结经验，进一步提高学习效果，以取得更好的成绩；考得不好的，说明自己的学法有所欠缺，要及时吸取教训，要检查问题所在，及时进行调整，以避免下次重犯。考试失败没有关系，更为重要的是是否得到经验？如果是学习方法不当，或者没有努力，不加弥补和调整的话，那么本次和下次失败则是必然的。

在现实学习生活中，很多学生在考试结束后，仅仅关注自己的分数和名次，并由此产生相应的情绪体验——自卑或者骄傲。这是不正确的态度。

一般来讲，学生在考试结束后，应该对如下几个方面进行总结和反思：

（1）对自己的知识结构进行反思。仔细考察失分的题目，看问题出在哪里，如果是因为那些知识点没有掌握，或者没有熟悉，就要及时翻阅相关课本和材料，进行研读并对此吸取教训。结合基础知识和考题进行查缺补漏，不断完善自己的知识结构。

（2）对自己的答题技巧进行反思。有些学生失分是因为答题技术不到位，基础知识可能知道，就是在题目中，尤其是综合性题目中，与问题对不上号，或者没有想到这种方法。这种情况下，就要进行强化训练，可以寻找相类似或相同难度的题进行专门的、集中的训练。

（3）对自己的学习过程进行反思。检查自己在前一段时间里学习过程的各个环节是否存在问题？预习、上课、复习是否充分？是哪个环节造成的失分？仔细回忆和分析，然后把总结记下来，在下一次考试前进行弥补。

（4）对自己的心理状态进行反思。心理状态是影响学习效率和效果的主要因素。检查自己是不是受到了学习态度、注意、动机、情绪、情感等因素的影响。

（5）对自己的学习行为进行反思。反思自己的行为习惯是否良好？哪些对考试产生了好的影响？哪些又产生了不良的影响？分析并做记录，然后进行改正。

（6）对自己的学习计划进行反思。检查自己是不是做了计划？计划是不是如期完成了？计划是不是合理科学？计划受到影响的因素是哪些？及时总结相关经验，对自己进行调整。

无论考试成功与否，我们无可避免地都要面临人生道路的重大转折。学习生活中，考试无数，这是需要实事求是地面对的。所以，成功需要不断地总结经验，为新的挑战做好准备；失败者要反思自己，争取下次考试有所进步。考试的失败虽不能说明人生的失败，但是会给人带来不同程度的心理创伤，每次考试后要及时进行自我调节，避免因不正确的观念，产生消极思想。

三、考试中的答题技术

考试中的答题，是一个综合性的问题，是一个要求高水平发挥的过程，它要求有扎实的基本功、较高的解题效率和灵活的答题技巧以及清晰的思维。因此，答题技术对于学生来讲是十分重要的。应该从如下几个方面进行训练：

（1）合理分配时间。试卷发下来之后，用两三分钟浏览一下整张试卷的布局，了解一下考试可用时间、分数分配、题目难易，做到心中有数。

（2）答题先易后难。不管什么考试，题目都是有难也有易，而且较容易和较基础的题占绝大多数。因此，考试时要采用先易后难的策略，先拿下能拿的分数，再去拿难题的分数，避免时间不够用的情况发生。

（3）学会以退为进。对于难题，如果花了不少时间还是没有进展，那就要采取暂时放弃的态度，以退为进。很多时候，往往暂时想不出来的，等回过头来发现又会做了。因为当时思维无法转换，或暂时记忆提取受阻导致不会做题。一般来讲，大概题目做到分配给该题的时间的1/3时还没有头绪，就要转做其他题了。

（4）善于挖掘已知。很多题目给出的直接已知有限，更多的题目要求发现条件，从而考查学生思维的深度。在答题的时候要善于从已有的信息中推断出额外的条件。常用的思维是，在审题时多想"这句话的意思是什么？""可以转化成什么？""化简后是什么样子？"和"我可以这样理解么？"等。

（5）把已知和结论同时考虑。很多学生往往在答题时只看到已知或者只看到结论，这是不正确的。答题的关键在于找到已知和结论的关联，答题的目的就是要得到结论。所以，已知和结论是不能脱节的，要同时考虑，否则往往会在思考过程中"迷失"自己。

（6）学会打破思维定势。遇到难题时，转换一下思维，换一个角度思考，要学会退回去重新思考，或者从另一个方面进行思考。比如做数学题，用一般式求不了函数解析式，就用顶点式试试；用普通方法求不了高，就用等面积法。在几何中，重新画图（自己画）是个打破思维定势的好方法。

（7）综合运用知识。标准化考试中，一道考题涉及的知识点不止一个，具有很强的综合性。所以，考试中要有综合解题的能力。为了达到迅速解题效果，需要立刻回忆起相关的知识点，要求全面、清晰。

（8）卷面要工整清洁。有些考试对卷面有严格要求，很多考试对卷面赋分，即使没有赋分，卷面的形象也会影响阅卷者的评分。因此，卷面的形象需要专门地和有意识地训练，书写既要整洁美观又要快速高效。

渐进性肌肉放松技术

渐进性肌肉放松训练法（PMR），最早由美国生理学家艾德蒙·捷克渤逊（Edmund　Jacobsen）于20世纪30年代创立，后来逐步完善，广为应用，它是目前的一种良好的放松方法。

渐进性肌肉放松训练法基于以下理论基础，即个体的心情由"情绪"和"躯体"两方面决定。如果能改变"躯体"的反应，"情绪"也会随之发生变化。中枢和躯体神经系统可控制肌肉的活动，通过有意识地随意控制肌肉的活动，间接地达到身心松弛状态。

建立和保持轻松愉快的情绪状态对于学习的效率有着良好的促进作用。在日常学习与生活中，当人们心情紧张时，不仅"情绪"上紧张，而且全身肌肉也会变得沉重僵硬；但当紧张情绪松弛后，沉重僵硬的肌肉也可通过其他各种形式松弛下来（如睡眠、按摩等）。基于以上原理，渐进性肌肉放松训练法就是训练个体能随意放松全身肌肉，以达到随意控制全身肌肉的紧张程度，保持心情平静，缓解紧张、恐惧、焦虑等负性情绪的目的。

步骤1：放松脚趾

取坐姿，将双脚脚趾往上用力弯曲，坚持10秒，继而放松，深呼吸，休息15秒，体验微微发热、麻麻的感觉。然后将脚趾用力向下弯曲，坚持10秒，继而放松，体验微微发热、麻麻的感觉。

步骤2：放松小腿

将双脚尖用劲向后上方膝盖方向跷，脚跟向前下方紧压，绷紧小腿部肌肉，坚持10秒，继而放松，深呼吸，休息15秒，体验微微发热、麻麻的感觉。将双脚尖用劲向前下方向压，脚跟向后上方拉，绷紧小腿部肌肉，坚持10秒，继而放松，深呼吸，休息15秒，体验微微发热、麻麻的感觉。

步骤3：放松大腿

用脚跟向前向下紧压，同时双脚脚后跟离开地面，绷紧大腿肌肉，保持10秒，继而放松，深呼吸，休息15秒，体验微微发热、麻麻胀胀的感觉。将双腿伸直，并紧双膝，如同用两膝盖夹住一枚硬币，保持10秒，继而放松，深呼吸，休息15秒，体验微微发热、麻麻胀胀的感觉。

步骤4：放松臀部

收紧臀部肌肉，会阴部用力往上提，保持10秒，继而放松，深呼吸，休息15秒，体验微微发热、麻麻胀胀的感觉，体会臀部的沉重感。重做一次。

步骤5：放松腹部

收紧腹部肌肉，同时压低胸部，保持10秒，继而放松，深呼吸，休息15秒，体验微微发热、麻麻胀胀的感觉。再做一次。

步骤6：放松胸部肌肉

双肩向前用力并拢，使胸部肌肉紧张，保持10秒，继而放松，深呼吸，休息15秒，体验微微发热、麻麻胀胀的感觉。重复做一次。

步骤7：放松背部

向后用力弯曲背部，努力使胸腹部突出，保持10秒，继而放松，深呼吸，休息15秒，体验微微发热、麻麻胀胀的感觉。往背后扩展双肩，使双肩尽量合拢以使上背肌肉紧张，保持10秒，继而放松，深呼吸，休息15秒，体验微微发热、麻麻胀胀的感觉。

步骤8：放松肩部

把双臂垂于椅侧，耸起双肩，使双肩用力向耳朵方向提起，保持10秒，继而放松，深呼吸，休息15秒，体验微微发热、麻麻胀胀的感觉。重复做一次。

步骤9：放松臂部

双手平放于扶手上，掌心向上，紧握拳头，使双手和前臂肌肉紧张。保持10秒，继而放松，深呼吸，休息15秒。紧张双臂的肌肉，保持10秒，继而放松，深呼吸，休息15秒，体验放松后的感觉。

步骤10：放松颈部

将头部用力往下弯，力求使下巴抵住胸部，保持10秒，继而放松，深呼吸，休息15秒，体验放松后的感觉。

步骤11：放松头部

皱紧额部和双眉的肌肉，保持10秒，继而放松，深呼吸。紧闭双眼，转动眼球，尽量向左向右，保持10秒，继而放松，深呼吸。然后顺逆时针方向转动，继而放松，深呼吸。紧皱鼻子和脸颊部肌肉，保持10秒，继而放松，深呼吸。紧闭双唇，使唇部肌肉紧张，保持10秒，继而放松，深呼吸。收紧下颚部肌肉，保持10秒，继而放松，深呼吸。咬紧牙齿，舌头使劲顶住上颚，坚持10秒，放松，体会放松的感觉。

第七章
学科学习技术

学科是与知识相联系的一个学术概念，是自然科学、社会科学和人文科学三大知识系统内知识子系统的集合概念，学科是分化的科学领域，是自然科学、社会科学、人文科学概念的下位概念。本章所提到的学科，是指学校的教学科目。

我国现行的学校教学体系中，主要采用分科课程，进行分科教学。分科课程也称学科课程，是一种以学科为中心，对课程进行分科设置，分别从相应科学领域中选取知识来编定的课程。中国古代的"六艺"、西方古代的"七艺"，就是最早形态的学科课程。

学科课程通过对某个领域的知识体系进行科学的安排，从而使各级学校的相同或相近的学科领域的知识连接起来，使它们成为一个纵向体系，如数学科，分为小学、中学、大学三个递进的阶段课程进行教学。学科课程便于按知识逻辑顺序组织教材，使知识系统化，有利于向学生传授系统的科学文化知识，有助于组织教学与评价，便于提高教学效率。同时，学科课程也给教师的教学带来方便，教师具备学科专业知识和借助课本往往就不难完成教学任务。因此，学科课程在古今中外的教育发展中一直居于显要地位。

但是，学科课程也有着诸多弊端：

第一，科目繁多的学科课程加重了学生的课业负担，高中课程就是一例。

第二，学科课程以分门别类的方式组织和编排，而学生的现实生活却是完整的，这种课程上的人为的割裂，造成学生认知结构的支离破碎，不利于学生综合能力的培养和发展。

第三，由于学科划分过细，必然造成知识面过窄，内容偏深偏难。

第四，各学科相互分离，彼此孤立，造成学习内容相互分离甚至脱节。

第五，具体的某门学科课程对于该学科未来的一位专家或专业工作者来说是必备的，但对于其他学生来说也许是多余的，因为它们与日常生活和学生的经验缺乏联系。学科自身的需要与学生的需要和兴趣往往有冲突，学科教师面临这种冲突时，往往容易牺牲学生的利益，迫使学生服从学科的要求。

学科分化是在综合的基础上产生的，而综合的直接基础又是分科。分科主义的过度偏重于自身的理念，导致分科教学走样、变形，过早分科，甚至根据高考考试要求将课程分为"主科"和"副科"，使学生偏科，片面发展。分科教学的内容远离学生的真实生活世界，造成学习内容"繁、难、偏、旧"。分科明显划分了学科界限，使课程之间有了隔阂，缺乏沟通和联系。

20世纪60年代以后，伴随着知识爆炸与信息时代的到来，课程综合的倾向更为明显，分科教学受到前所未有的挑战。从一般的意义上来讲，中学各科的学习过程都是通过学习和体验而获得知识、技术、态度和价值的过程；而这些知识、技术、态度和价值在一般意义上具有共性。基于这些共性，我们也可以运用一般意义上的学习方法和技术为我们的分科学习服务。

第一节　英语学习技术

一、学习英语的意义

大家都知道，英语作为一门语言，对于每一个中学生来说是非常重要的。有些人提出问题：中国人为什么要学外语？学中文不行吗？

事实上，语言是人类赖以生存和发展的重要工具。我们学习语言是为了实践，是为了应用。中学阶段是基础知识储备的阶段，基础知识是应用的基础。英语作为一门与世界沟通的工具，是一项重要的基础知识。学习英语并非像有些人认为的只有去当翻译，做翻译工作。学习英语更多的是了解世界，向世界学习。就向我们保留方言却要学习普通话，是为了与其他地区沟通，向各地区的人们学习，正如升入大学懂普通话，才能听懂课，才可以和同学交流，相互学习。英语和普通话一样，是通用语言，只是把它放到了世界的范畴。英语没有国界之分，语言是世界的，不是部分国家的。并且，许多先进的科学 、文化现在都掌握在使用英语的国家的人手中，所以我们要学英语，学好英语，向他们学习，学习先进的知识和技术。

英语是世界上的一种通用的语言，也是众多国家的官方语言。学好了英语，就能够更直接地了解世界。在我们的社会中，英语的地位变得越来越重要。随着全球经济的发展、社会的进步，各国的经济、文化、科技等都有着紧密的必然联系。所以，我们只有学英语，才能跟得上世界的潮流。因此，学好英语是社会的需要，生存的需要。工作中，很多岗位都要求你懂英语，许多公司要求你精通英语，或者是要求通过英语四级、六级，甚至是英语专业八级。生活中，英语的地位也让人越来越不可忽视，越来越多的英文单词进入传媒，闯入我们的视听世界。于是，学英语成了我们生活中必不可少的一部分。

二、新课标的要求

除了英语的应用性目的以外，我们不得不关注英语考试。考试并非与现实脱节，参加考试本身也是应用之一。这样，我们就要关注考试的要求。

新的课程标准重视培养学生的综合语言运用能力。综合语言运用能力要求学生具有语言知识、语言技能、学习策略、情感态度和文化意识等素养。其中，语言知识、语言技能是综合能力的基础，学习策略是提高学习效率的技术保证，情感态度是学习知识的重要影响因素，文化意识是保持学习广度和深度不断发展的背景因素，新课程标准对语言技能中的听、说、读、写分级提出目标要求。

三、学习英语的心理准备

要学好英语，首先要做好学习心理准备。

（1）学习目的要明确，不要完全为了应付考试，不要为了考试而学习，应该要弄清学习英语的意义所在。学习英语要期望去感受英语这门语言的魅力和学习过程的美好、快乐以及不断拥有的成就感。

（2）要有持续付出的努力和决心。北京外国语大学著名教授熊德輗说："学英语每人都有自己的特点和方法，但有一点是共同的，那就是每个人都必须要有大量的实践，都必须在听、说、读、写方面下苦功夫。"也就是说英语学习效果不是光靠学习技巧达到的，而是技巧和努力的综合。

（3）学习英语要学以致用。英语本质上是一门语言，语言是在运用和表达中得以发展的。语言的实践性很强，我们学习语言的目的是为了应用，要把语言当成表达与交流的工具，这样才能提高兴趣，达到好的学习效果。

（4）持之以恒。知识的积累和技能的形成、熟练要有一个过程，在这个过程中，会有许多的困难，只有坚持不懈地克服困难，不断地反复学习，才能学有所成。

（5）克服心理畏惧和学业自卑。许多同学遇到不知道的知识点和不会做的题往往会产生强烈的畏惧感，这种感觉积累多了就会有学业自卑。其实这种情况是十分正常的，遇到不会的知识和题目，克服困难就能进步。桑代克认为学习的实质就是尝试错误。错误和无知并不可怕，可怕的是坚持无知。如果在困难面前不坚持学习、跨越障碍，那么你永远都是无知的。

四、学习英语的技术

如何学好英语？如何提高英语成绩？是当前很多中学生感到困惑的问题。掌握一门外语要"过三关"（语音关、词汇关、语法关），"斩四将"（听、说、读、写），路途虽然遥远，但只要下得苦功，培养兴趣、习得方法就可以学好。

语音，是学习语言的开始。学习外语首先要攻克语音关。语音关如果没有攻克，就不会读、不会听，学习语言就失败了一半。对于语音，不仅要会读、会听，还要使自己的发音准确。

发音准确才有兴趣、信心继续学习。如果自己读得好、读得准、听得懂，学习就有美感、有兴趣、有信心。发音是需要仔细去练习的。

1. 音标训练

第一步：将48个国际音标集中写在一张卡片上，按元音和辅音分类，辅音按清、浊进行对应排布。

第二步：下载或购买标准国际音标的语音学习资料进行听读练习。练习过程中不要贪多，要有计划地训练，如要求自己10天内完成音标训练，每天安排训练4～5个音素。练习时要注意模仿，发声品读，体会发音技巧，反复跟读。练习单个音素发音时，强化发音的力度，有意延长发音，进行有意重读能够达到好的练习效果。发音过程中，一定要注意将每个音发音到位，口腔的肌肉运动是关键，须运行到位，音才能发准。

第三步：在课本的词汇部分，择取连续的100个带音标注释的单词，进行反复的拼读练习。练习过程中要与教材配套的语音资料中的朗读进行对比，反复模仿。

第四步：选取另外100个单词进行延伸训练，并默写出每个单词的音标。

至此，音标的训练就可以初步告一段落了。

2. 词汇训练

词汇是学好英语的关键，没有一定的词汇量就无从谈听、说、读、写。词汇量的大小是评价一个学生英语水平高低的指标之一。

很多学生对单词望而生畏，怕记单词，不愿意记单词，导致单词成为学习英语的第一道障碍。其实只要掌握了单词记忆方法，记单词就成为一件十分容易的事。但是，掌握单词记忆方法是需要前期一段时间的刻苦努力的，因为从认识方法到掌握方法再到应用方法是一个不断体验枯燥和克服遗忘的过程。但是过了这个阶段，就会发现付出获得了回报，知识得以积累。英语学习是一个典型的先苦后甜的过程，记不住单词，英语学习就无从谈起。所以，突破单词这一难关非常关键。记忆单词的方法很多，我们将一些实用的记忆方法介绍如下：

（1）音形义一体记忆法。

记单词将它的音、形、义结合起来，记忆牢固，效率高。在记单词的时候将三者紧密结合，作为一个整体来记忆，不要分开。有些学生将三者分开，弄了半天还是不能记全，认了形却不记得义，认了义却不记得音，结果始终没有记住。

（2）拼读记忆法。

①按开、闭音节记忆，掌握元音字母的读音。如：闭音节——bag、cat、map、sad；开音节——cake、came、plane、kate。

②按字母组合记忆，掌握元音字母组合和辅音字母组合的读音，如：bee、meet、see、keep。ee字母组合读/i:/；ch字母组合读/tʃ/。

（3）循环记忆法。

循环记忆法是对艾宾浩斯遗忘规律的充分运用。比如我们要记住50个英语单词。

第一步：先把单词分成5个一组，每个单词朗读识记一遍，大约一秒钟一个。

第二步：识记程序。将每一组的单词识记两遍，尽量记住不停留，也不要过分强求记牢。当记完第二组，再回过头去复识第一组。如此循环往复地记忆，中间可适当休息片刻。其中一个原则是要及时，也就是当遗忘曲线下滑时及时对材料进行巩固。

这样，就把几个记忆环节和记忆规律科学地结合起来，使每个单词在它的信息消失之前均得到适度的巩固再认，就能更快更牢地进入长时记忆的通道中了。

记完之后，请自我测量一下，你会惊奇地发现，大部分单词都记住了。然后，你可以把稍难些或是没有记住的单词挑出来再记几遍，就能很好地掌握今天所学的50个单词。一天以后再复习一遍，就可以将它们在头脑中储存较长时间了。

（4）拆分记忆法。

对于多字母的单词，如果从第一个字母背到最后一个字母，是很难记忆的。如：information，共11个字母组成，可以把它"拆分开来"，成为in-for-ma-tion，这样就容易了。

（5）同义记忆法。

如：study / learn（学习），big / large / great（大的），look / see / watch（看），hear / listen（听），good / fine / well / nice（好的），door / gate（门），like / love / enjoy（喜欢）等。

（6）谐音记忆法。

如：stone（"石头"），college（"靠立志"），delay（"地雷"）等。

（7）间隙记忆法。

学习心理学理论与实验证明，利用首因效应与近因效应进行学习能取得良好的效果。利用间隙时间进行学习是对首因效应与近因效应的运用。间隙时间是指既定任务间的空隙时间，或是工作进行中的等待时间。例如：两堂课中间的休息时间、乘车的等待时间、排队买饭的时间等。虽然间隙时间断断续续，但如能把握住这些时间进行记忆，你会发现它们能产生惊人的效益。善用间隙时间的例子不胜枚举——恩格斯把握间隙学习航海；英国作家艾米莉·勃朗特利用间隙时间写成《呼啸山庄》；梅尧臣布袋不离身积累诗赋素材。

（8）卡片记忆法。

自制单词卡片随时随身记单词，卡片写上单词的词形、词性、词义、音标、搭配、例句等。卡片对于利用间隙时间学习是非常有效的。

（9）想象记忆法。

① 音与形的联想，即根据读音规则记忆单词。

② 形与义的联想，如：eye 把两个e看成两个眼，banana 把a看成一个个的香蕉，bird 把b和d看成两个翅膀。

③ 象声词，联想实际的声音，如：gong 锣，coo 咕咕声。

（10）重（zhòng）读记忆法。

无论是哪个学科的材料，只要是识记的内容，在朗读时采用重读的方法可以获得较好的记忆效果。你可以将关键词重读，也可以将你认为重要的任何部分进行重读，重读所附带的情感因素可以促进大脑的记忆。

（11）特征记忆法。

任何事物都具备各自的特征。找到事物的特征可以强化记忆，没有特征的事物是难以记住的。如果我们善于发现单词的特征，那么记忆效果就会明显提高。比如，有些单词表现出重复性，如brass（黄铜），记忆时就"ss"为特征；有些单词表现出对称性，如opposite，记忆时就"oppo"为特征；有些单词具有节奏性，如banana，就以"ba-na-na"为特征；有些单词具有合成性，如lifeboat，就以"life+boat"为特征。

（12）整体记忆法。

整体的方法几乎可以应用于任何学科的记忆。在记忆单词时，你可以将整个单词作为一个完整的整体在大脑呈现，使大脑对这个单词产生整体印象。整体记忆法的另一层含义是：你先将要记忆的材料全部通读，然后一遍又一遍地记忆，直到能默写为止。

（13）加工记忆法。

认知心理学将人类学习和记忆看成是人脑对材料的加工过程。读写、想象、循环、复述、提问、尝试回忆等都是我们对信息进行加工的过程。加工过程实际上是一个认知主体进行体验的过程，经过体验的材料是不容易忘记的。

（14）翻阅词典记忆法。

翻阅词典对记忆单词具有良好的效果。这里所说的词典是纸质的词典，科学使用纸质词典来记忆单词有良好的记忆效果：

① 纸质词典便于加工，如做注释、画线、圈记等。

② 纸质词典便于保存笔记，利于复习，比如查完词典后可以折角，容易找到。

③ 翻阅纸质词典时给人全方位的感官刺激，这些丰富的刺激能增加记忆的体验，如纸的材质、声音、气味、形象、翻阅时的动觉等。

④ 查单词依据单词的顺序进行检索，这样查阅后基本已将单词记住。

⑤ 词典里有着丰富的例句和词组，有的还有许多总结性、归纳性的知识，不仅可以扩充我们的知识面，而且可以加深我们的记忆和理解。

（15）理解记忆法。

理解记忆是通过正确理解单词的本义、引申义和比喻义等来记忆。如：second是"秒"，它来源于古代的六分法，分，秒，它是二次划分，因此second也是"第二"，进一步引申，还可理解为"辅助"，这种方法特别适合那些一词多义的词。有时候赋予其意义也是一种好的理解记忆。

（16）感官记忆法。

记单词时，不要只用一种感官，尽可能地用多个感官，耳听、嘴读、手写、眼看、心记等。

（17）阅读记忆法。

通过阅读英语文章、小说等记忆单词，注意选择难度要适宜。

（18）上下文法。

同学们往往对课文后面的生词表感到头痛，也花费了不少时间去记忆，甚至记了就忘。容易遗忘的一个重要原因就是单词之间没有意义联结，如果我们将单词放到上下文里去记，就有了自然情境。

一般来讲，我们积累词汇最好的办法是读一些自己感兴趣的材料，比如幽默故事、笑话、杂志等。

（19）图像法。

图像、声音、文字、数字是四大记忆材料，其中图像是最容易被大脑记住的。例如：你可以想象一下mobile这一个单词在你的手机屏幕上显示的情景，会发现你很快就可以对这个单词产生深刻印象。

（20）卡片记忆法。

使用卡片是一种非常实用的方法。卡片便于携带，可以充分演绎记忆学前摄抑制和后摄抑制的原理，随意记忆的原理以及心理学首因效应和近因效应的原理。你可以将实在记忆不了的单词和其他材料记在卡片上，坐车、玩耍、散步，甚至如厕时看看。

（21）故事记忆法。

面对一些难记的单词，我们可以采用联想方式来构建故事，这样既形象又容易记住。比如：要记住acute（严重的），我们可以将之拆分为a-cut-e，我们可以将e想象成为一个眼睛，联想为一个（a）什么东西砍（cut）了眼睛（e）很严重。又如：amendment（修正案），我们可以将之拆分为a-men-d-men-t，我们可以联想为一群（a）男人（men）打（d）了另外一群男人（men），于是提（t）起修正案。

（22）谐音记忆法。

Mud、stone、notify 你在词典里查到它们的意思就知道谐音的作用了。

一位外语专家曾经说过这样一句话："一个单词至少在你眼前出现二十次才能牢记。"同学们想想看，你所学的单词总共在眼前出现过多少次?这下你也许找到记不住单词的原因了吧?

二、语　法

语法是学生学习英语的第二道关。语法是学好英语的基础，是掌握英语的必要工具；但语法是在词汇的基础上来探讨的内容。在掌握了一定的词汇量后，语法便要引起重视。在考试里面，到处都涉及语法知识。

要学好语法，首先要有一本适合自己的语法工具书，然后要确定如何使用工具书。工具书不是用来背的，而是用来查询的。正如词典一样，语法书也是一个工具。买到新的语法书，最好先把大致结构熟悉，把语法的类别纲要弄清楚，从而对语法有基本的概念，在脑袋里形成基本框架。老师一般讲语法不是系统地讲解的，而是根据课文所涉及的重点语法来安排的，所以教师讲得比较零碎。因此，当老师讲到某个语法点的时候，我们就可以查阅语法书，里面有详细的讲解和丰富的例句。值得一提的是，熟悉例句是学习语法的好途径。任何一次考试，语法从来都是放在例句中考查的，也只有在句子中才能体现语法知识点。因此，在学习语法的时候要重视例句。每本语法书都用中英两种语言（主要用中文）在试图阐述清楚语法的用法和分类，但恰恰相反，这样往往把语法搞得很复杂难懂，学生应该学会忽略过多的中文解释，重视英文例句的熟悉和应用。在阅读语法书的时候，要尽量以例句为主，而不要逐字逐句地阅读。逐字逐句地读语法书是机械的，并且你还没有读完一小段就觉得累了，看不下去了。因为你在阅读的时候有两种信息同时要作用于你的大脑——英文和中文，用中文解释英文的语法规则原本就很令人难懂，显得复杂。下面的语法内容是从一本语法书上摘录而来，如下框中的中文部分"在一些从句（主要是宾语从句）中谓语动词的时态，常常受主句中谓语动词时态的影响，这叫作时态的一致。时态的一致通常分以下一些情况考虑：当主句中的谓语动词是现在时态或将来时态，在这种情况下，从句的谓语动词可以用任何所需时态……"我们学习英语主要是认识英文里的语法规律，因此要尽量少受中文的干扰，应该在粗略看这部分语法讲的是什么内容后，以英文部分（及例句）为中心来进行理解，如下文中，抓住关键词"主谓一致"以及浏览全部例句来理解才是科学的。复杂的语法知识要先看例句，再配合看中文，理解这部分语法到底讲的是什么。记住，中文是帮助学生理解英文的。

以英文语法中的时态的一致为例，在一些从句（主要是宾语从句）中谓语动词的时态，常常受主句中谓语动词时态的影响，这叫作时态的一致。

时态的一致通常分以下一些情况：

（1）当主句中的谓语动词是现在时态或将来时态，在这种情况下，从句的谓语动词可以用任何所需时态。如：

I know that Mr. Brown is a good teacher.　我知道布朗先生是一名好老师。

She believes that he was once a solider.　她相信他以前曾是一名士兵。

He will tell us what he is going to do.　他将告诉我们他要干什么。

（2）当主句中的谓语动词是过去的某种时态，在这种情况下，从句的谓语动词可以分为下面三种情况：

① 如果从句的谓语动词所表示的动作与主句的谓语动词所表示的动作同时发生，从句则需要用一般过去时或过去进行时。如：

He was wondering where he could put the box. 他不知道该把这个盒子放在哪里。

The students were talking while the teacher was writing on the blackboard. 老师在黑板上写板书时，学生们在说话。

② 如果从句的谓语动词所表示的动作发生在主语的谓语动作之前，从句则要用过去完成时。如：

The train had left when they got to the station.　当他们到达车站时，火车已经开走了。

He said his father had been dead for twenty years.　他说他父亲已经去世二十年了。

③ 如果从句的谓语动词所表示的动作发生在主语的谓语动作之后，从句则要用过去将来时。如：

She said she would finish the work tonight.　她说过她将于今晚完成这项工作。

We knew that it was going to snow.　我们知道将要下雪了。

（3）当从句所说明的为一般真理或客观事实时，无论主句为何时态，从句不受影响，仍用现在时态。

The boy was told that the moon travels around the earth. 男孩被告知月亮绕着地球转。

Everybody knows that sixty minutes make an hour. 人人都知道一小时有六十分钟。

在熟悉语法知识点的基础上，学生应该进行专项训练，多做练习，在练习中熟悉和理解语法知识。值得注意的是，要勤于查阅，遇到一个知识点，就要查阅相关语法部分，进行相关理解和记忆，把点扩大到面，这样就可以把知识点联系起来，形成系统的语法知识网络。

我们经常遇到这种现象，某个题目在以前曾做错过，以后再次见到这个题，还是做不对甚至犯同样的错误。问题的关键在于没有彻底弄懂错误的原因或没有引起足够的重视。这样就应该把做错的每一道题，都进行认真、仔细的分析和思考。是错在哪里？是对该知识点不了解还是粗心大意所致？如何改正？怎样才能避免类似错误的发生？是否还有其他的解法？经过这一番反思之后，再把它们记录到"错题库"中去，以后再碰到类似题目就基本上可以知道如何做了，尤其是那些易受思维定势影响的题目更应当这样去处理，否则就很容易重蹈覆辙。

三、听说读写技能

学习任何一种语言，都要经过听、说、读、写四种技能的训练。在语言的学习过程里，听、说、读、写就像车子的四个轮子，缺一不可。听说读写是一种完整的实践活动，要开动英语之车，就要备好这四个轮子。

许国璋先生说："学外语，要眼尖、耳明、嘴勤、手快。只要多读、多记、多讲、多写，自然有水到渠成之日。"历来英语学习成功者都强调技能的训练要反复地勤奋攻坚，才能有所进步。

1. "听"的训练

根据所听的材料不同，外语学习程度不同，听的方法也就有所不同。初学者应从音素的模仿和辨别开始，选择标准的录音，体味地道的语调，模仿外国人的发音。

把音素、音标这一关过了以后，开始练习词汇和表达法的听力。在这个阶段，需要大量的词汇听力训练，而且要反复听。

接下来，可以以句子为单位进行听力训练，遵循由慢到快、由短到长的原则进行练习。一段时间后，过渡到短文的听力训练。此时，不要过分注意每个音、词、句，要注意内容而非语言，要注意大意而非细节。

2. "说"的训练

英语是一种用于交流的工具，交流要多讲、多听。要想自如地交流，就要养成一种英语思维习惯，用英语思考，用英语表达。从身边的事物和情景开始，对实物和情境进行表达。例如：可以用英语讲出看得见的物体，用英语描述情境中的静态和动态。没有人进行交流时，可以把静物当成谈话对象，尽情地表达。

随身携带一本电子辞典，进行"自然漫步"，即兴进行表达是一种非常有效的方法。还可以组织志同道合的英语爱好者定期进行野外漫步，成立"流动英语角"。在"流动英语角"里，需要有如下几条规则来确保训练的效果：

（1）每期要提前一个星期确定一个主题，如"谈谈你的家乡"等，以便成员准备可能用到的词汇和表达法。

（2）规定所有人都讲英语。成员相互帮助，引导和帮助每个人进行表达。

（3）每个成员陈述所准备的主题，另外的成员可以提问、交流、质疑。

（4）各成员对漫步过程中的景色和情境进行即兴描述和表达。

总之，练习英语要大大方方地说，要敢于开口，不怕说错。

3. "读"的训练

朗读是学习英语的必经之路。朗读要注意轻重和节奏，模仿原文时注意音的轻重以及句子的停顿。朗读要反复训练，重复朗读。

著名画家丰子恺先生为了牢固掌握外语知识，常采用重复的方法来达到目标。如读一篇文章，每读一遍，在文章某个地方画一笔，一笔一笔积累起来，组成一个"读"字的繁体"讀"（22画），即表示把这篇文章读了22遍。可见"读"对英语学习的重要性。

阅读是学习英语的必要途径之一，训练阅读要注意：

（1）训练开始前，要准备好适合自己的阅读资源和工具。一般要选择一套系统的教材，以便循序渐进地训练阅读技能。

（2）泛读和精读相结合，泛读时可以选择简单的读物，可以是有趣的小故事，也可以是简化的小说读本，如《书虫系列》等；精读时要注意每个句子的表达法、结构特征，好的句子可以背下来。无论是精读还是泛读过的材料都要注意复习。

（3）阅读过程中要注意词汇的集中和积累，阅读是积累单词的好方法。要克服遗忘，可以采用第五章科学认知技术中提到的EICS读书法进行处理。

（4）英文影视作品是阅读训练的良好材料。材料的选择可以从动画电影如《海底总动员》《马达加斯加1/2》《冰河世纪1/2/3》《美女与野兽》等动画片，逐渐过渡到真人影视作品如《老友记》等。

4．"写"的训练

写是语言表达的方式之一。平常要养成良好的书写习惯，就要注意日常生活的积累，坚持用英语写日记是练习写作的有效方法。

在我国的考试体系中，主要是通过"书面表达"来实现对写作能力的考核的。按如下步骤来训练书面表达比较有效：

（1）对他人作品进行分析。这些作品可以是试卷上的参考答案，相关书面表达辅导书上的例子等。所谓分析，是要对该文章进行精读，学习好的表达，掌握每个句子和单词，做出归纳和评价，思考值得借鉴的部分。

（2）对他人作品进行仿写。仿写的环节是过渡性环节，是实现外界知识内化成自我知识结构的关键环节。所谓仿写，就是要对他人作品在不改变其大体内容的情况下，依据回忆进行仿照写作。仿写时只求"仿照"而不必"创作"。

（3）创作。对同一领域内的主题进行创作，可以借鉴他人作品中的词汇，但不可以使内容雷同，完全依据自己的积累和思考进行创作。

依据上述三个步骤，每种类型的书面表达以训练20篇短文为宜。

第二节　数学学习技术

一、为什么要学习数学

数学是研究数量关系和现实世界空间形式的一门科学，是一门具有高度抽象性、严谨的逻辑性和广泛的应用性的基础学科。数学目前正以惊人的速度渗透于各种专业中，如心理学有统计、测量等，数学观念也逐渐渗透在人们的日常生活中。人们离不开数学，现代文明也离不开数学。

数学在现代生活和现代生产中的应用非常广泛，是学习和研究现代科学技术必不可少的基本工具。比如计算机的二进制，比如圆锥曲线的应用，反光镜、冷却塔的原理，甚至魔术师们的洗牌技巧都少不了它！正是在了解数学的前提下，我们才可以放心大胆地输入各种账号和密码，没有数学上的地图涂色问题，一块指甲大的电路板恐怕检测到明年也不知道哪里短路。也许，以下的例子离我们目前的生活太远，但是它们却证明了数学具有何等的伟力！

海王星的发现。太阳系中的行星之一的海王星是1846年在数学计算的基础上发现的。1781年发现了天王星以后，观察到它的运行轨道总是和预测的结果有相当程度的差异，是万有引力定律不正确呢，还是有其他的原因？有人怀疑在它周围有另一颗行星存在，影响了它的运行轨道。1844年英国的亚当斯（1819—1892）利用引力定律和对天王星的观察资料，推算这颗未知行星的轨道，花了很长的时间计算出这颗未知行星的位置，以及它出现在天空中的方位。亚当斯于1845年9～10月把结果分别寄给了剑桥大学天文台台长查理士和英国格林尼治天文台台长艾里，但是查理士和艾里迷信权威，把它束之高阁，不予理睬。

1845年，法国一个年轻的天文学家、数学家勒维烈（1811—1877）经过一年多的计算，于1846年9月写了一封信给德国柏林天文台助理员加勒（1812—1910），信中说："请你把望远镜对准黄道上的宝瓶星座，就是经度326°的地方，那时你将在那个地方1°之内，见到一颗九等亮度的星。"加勒按勒维烈所指出的方位进行观察，果然在离所指出的位置相差不到1°的地方找到一颗在星图上没有的星——海王星。海王星的发现不仅是力学和天文学特别是哥白尼日心学说的伟大胜利，而且也是数学计算的伟大胜利。

电磁波的发现。英国物理学家麦克斯韦（1831—1879）概括了由实验建立起来的电磁现象，呈现为二阶微分方程的形式。他用纯数学的观点，从这些方程推导出存在着电磁波，这种波以光速传播着。根据这一点，他提出了光的电磁理论，这一理论后来被全面发展和论证了。麦克斯韦的结论还推动了人们去寻找纯电起源的电磁波，比如由振动放电所发射的电磁波。这样的电磁波后来果然被德国物理学家赫兹（1857—1894）发现了。这就是现代无线电技术的起源。

1930年，英国理论物理学家狄拉克（1902—1984）利用数学演绎法和计算预言了正电子的存在。1932年，美国物理学家安德逊在宇宙射线实验中发现了正电子。

总之，在天体力学、声学、流体力学、材料力学、光学、电磁学、工程科学中，数学都做出了巨大贡献，类似上述的例子不胜枚举。

数学教育的目的，从根本上来说，不在于或主要不在于培养未来的数学家，而在于培育人的数学思想和解决问题的方法，开拓头脑中的数学空间，进而促进人的全面发展和提高。具体而言，义务教育阶段的基础数学教育"强调从学生已有的生活经验出发，让学生亲身经历将实际问题抽象成数学模型进行解释与应用的过程，进而使学生获得对数学理解的同时，在思维能力、情感态度与价值观念等多方面得到进步与发展"。而且新课标明确指出，学生的数学学习内容应当是现实的、有意义的、富有挑战性的，也就是说一定要让学生学习生活中的数学，使得数学学习更有意义。

数学是人类思维的表达形式，它反映了人们积极进取的意志、缜密周详的逻辑推理及对完美境界的追求。库朗和罗宾逊（Courani Robbins）也说，"数学是人类意志的表达，反映积极的意愿、深思熟虑的推理，以及精美而完善的愿望，它的基本要素是逻辑与直觉、分析与构造、一般性与个别性。虽然不同的传统可能强调不同的侧面，但只有这些对立势力的相互作用，以及为它们的综合所做的奋斗，才构成数学科学的生命、效用与高度的价值"。数学对人类的思维方式产生了关键性的影响，在形成人们认识世界的态度和思想方法方面起了重要作用。数学有其内在的价值和意义，数学学习强烈而深远地影响着自我认识，一个人从学数学的第一天开始，他就注定要经历数次的"对"与"错"，而对这些"对"和"错"一旦赋予个人意义，就成了"成功"和"失败"。每个人的"成功"和"失败"的排列组合方式是不一样的，这就构成了我们各自不同的人生轨迹。

数学学习还培养了学生对外界事物的态度。数学变幻莫测，永无止境，从这个意义上来看，它多么像我们复杂而又漫长的人生。可以肯定地说，一个人小时候对待数学的态度会影响他将来对新事物的态度。如果一个人从小在学数学时总是跃跃欲试，那他将来就不会止步不前，如果他学数学时总是主动征服，那他将来就不会被动屈从，如果他学数学时总是积极探究，那么他将来就不会消极厌世。

数学是一种语言。数学作为一种精妙的语言，融合在人类生活的方方面面。它精练、理性、精确、真实，它是一种最自然的语言。

数学是一门艺术，自古希腊以来，随着几何学的美妙结构和精美推理的发展，数学变成了一门艺术。正如英国著名数学家哈代（Godfrey Harold Hardy，1877—1947）所说："美是首要的标准；不美的数学在世界上是找不到永久的容身之地的"，他还说："数学家的造型与画家或诗人的造型一样，必须美。"庞加莱（Jules-Henri Poincaré）说："数学家首先会从他们的研究中体会到类似于绘画和音乐那样的乐趣；他们赞赏数和形的美妙与和谐；当一种新发现揭示出意外的前景时，他们会感到欢欣鼓舞……他们体验到的这种欢欣难道没有艺术的特征吗？"

数学美自古以来就吸引着人们的注意力，"毕达哥拉斯学派中美学家大多都是数学家，他们发现的黄金分割率就是美学和数学联姻的产物"。古希腊学者认为球体是最完美的形体。罗素11岁学习欧氏几何时，就发出感叹说："没想到世上有这么有趣的东西。"明朝徐光启《几何原本》被推崇为"度数之宗"；如，人的正常体温数是37℃～38℃，而水恰在0℃～100℃为液态，分割界（0.618）之一恰在38℃左右……数学的美比比皆是，它常常会令人陶醉，神往。教育家夸美纽斯认为"把感觉的知美教育放在第一位，放在主要课程中，是符合人们认识过程的程序的，美育的重要性就在这里"。

二、每个人都可以学好数学

有些同学认为自己脑子笨，天生不是学数学的料，其实这种想法是错误的。现代科学证明，智商只是区分极少数天才与一般个体的概念，绝大多数人处在正常水平范畴之内，也就是说绝大多数人的智力水平是相当的。而且智力的概念不再是以前的单元概念——IQ，而是多元概念——MIQ（多元智能），人是有着巨大潜能的，在人的一生中，潜能仅仅开发了1%～10%。况且决定数学学习效果的因素有很多，更多的是非智力因素。所以，每个人都能学好数学，区别是学习策略和方法的问题。

三、怎样学好数学呢？

怎样才能学好数学呢？首先看待数学学科的观念要科学，弄明白学习数学意义所在。明白学习的意义就会有学习动机，有动机才会经历学习过程从而体验到数学的美和乐趣。在此基础上，中学生学好数学还要做到如下几件事：

1. 确立两种根本的数学思想

两种根本的数学思想，一种是工具思想，另一种是简化思想。

一个修理电器的维修人员要解决客户电视机出现的问题，需要准备许多工具，如螺丝刀、万用表、电烙铁、松香焊锡、钳子、剪刀等，高级维修者要用到更多的工具。并且，要处理好问题，维修人员必须熟练掌握每一种工具的使用方法，如果缺了其中任何一种都将有可能导致问题解决不了。对于数学学习，就需要熟练掌握数学公式、定理、结论、考点，缺了其中一个"工具"，题目就解决不了；掌握工具，运用工具思想，需要学生不仅"知道"而且要"熟练"，要详细阅读数学教材，理清数学教材中的基本知识，从而加工成自身的知识体系。

在学习过程中，要学会简化，简化是解决问题的基本原则，也是解决问题的有效方式。面对一道复杂的数学题，首先要审题，审题就意味着简化。对已知条件进行处理——通过转化化简变为自己的理解，对要求的结论进行分析——到底要求的是什么？运算过程中也要化繁为简，例如去分母、分母有理化、去括号、转化成整式等无不是简化的过程。数学的运算与理解都是通过一个简化的过程来获得简单的、确定的结论。

2. 穷则思变，差则思勤

《周易》云："易，穷则变，变则通，通则久。"这里的"穷"，在现代看来，并非仅仅物质上的匮乏，而是包括知识技能的不足。要实现学习进步，提高学习成绩要做到三"易"，一易学习观念，二易知识结构，三易技能方法。

学习观念是影响我们学习效果的根本因素，学习成绩的好坏受到一个人学习观念的制约。如果我们观念上认同一个学习内容，就会觉得这个内容的学习是有意义的，便会努力进行下去；如果不认同，则总会觉得与自己无关，是无意义的，则会被迫进行学习或者放弃学习。同时，学习观念是影响学生是否主动采用元认知学习的一个关键因素，正确的观念会促进学生进行反思和元认知学习。

　　知识结构是指一个人经过专门学习培训后所拥有的知识体系的构成情况与结合方式。以数学知识结构为例：所谓的数学知识结构是由数学概念、公理、定理、法则和方法形成的知识体系，是一种客观存在。只有当我们的知识结构形成一个完整的知识体系，才能做到游刃有余地去解决数学问题，否则解题就成了无源之水、无本之木。

　　《辞海》将技能定义为运用知识和经验执行一定活动的能力，该定义认为技能方法是解决问题并得出结论的关键。斯诺（R.F.Snow）认为技能是由与行为及认知有关的事项的结构系列组成。他认为技能是行为和认知活动的结合。技能与知识密不可分，技能是以熟练和不熟练来衡量的。在练习和掌握某种技能时，必须运用某些储存在大脑中的先决知识。因此，技能是连接知识和能力的桥梁。

　　3. 高效听课

　　听课质量的好坏，是决定学习优劣的关键。一是要集中注意，做到与老师讲课的思维同步。如果觉得老师讲得过于简单，那么自己可以往更深更广的方面思考。二是要善于抓住本节的重点。对于重点，老师一般在讲课时都会用不同的方式体现出来，如体现在语气上，或者体现在板书上，也可能体现在反复强调、提问、检查、练习上。重点内容一定要重点听，并做重点对待。对于自己所确定的听课重点，一定要根据课堂的进程加强理解和练习。三是要有活跃的思维。听课不能只是被动地接受，而是应该积极地思考。要使自己的思维活动走在老师的讲解之前，还要增加老师讲授内容的外延，在老师读题的时候，就应快速地审题，迅速地思考，尽快形成自己的思路（使自己的思维走在老师的前面），然后再认真听老师讲解，按这种方式下去，思维能力能得到很大的提高。四是要善于自我调节。听课是一项高度复杂的脑力劳动，它需要调动身心的大部分能量参与。因此，听课是一项容易疲劳的活动，如果不知道自我调节和适当休息，就会产生生理和心理的疲惫，从而产生厌学等消极情绪。

　　4. 要善于提问

　　学问学问，有学有问，这是普遍的道理。问是学好数学的重要一步，求知的必经之路。"追根问底"是学好数学的关键。有不懂的地方就要问，但是要经过自己的思考才能问，否则，不但没有培养自己的思维能力，还助长了自己的依赖心理，不利于自我提高。所以，问题是指自己实在解决不了的问题，不是随便问的。在问之前，自己要尽最大的可能独立解决，比如翻阅公式手册、阅读教材、解例题、翻阅参考书，实在不能解了再问，这样能问到关键，学习就能深刻。问问题要抱着实事求是的态度，谦虚求学，这样才能得到他人的热心帮助。

　　5. 定期进行自测

　　学习一段时间之后，要进行自我检测，看自己学得扎不扎实，还有哪里没有弄懂，或尚不熟练的。自己找一些综合性较强、附有详细答案的自测题，限定时间，当作考试一样进行自测，可以自我评分，也可以叫同学评分。在做题过程中总结经验，形成解题的思路。这样做有两点好处，一是巩固知识，二是为以后的考试打好基础，增加考试经验。

6. 勤于练习

学好数学应该在熟练掌握课本知识的基础上进行足够的习题训练。基本公式和原理只有通过使用才能真正懂得，才能有其价值。多做题是必要的，但多做题不等于搞题海战术，练习要讲究质量，忌讳只求数量，不求甚解。每一道题要认真对待，认真思考，要明白考了什么，怎么考的，命题者的意图是什么；对曾经做过的题目，要做到举一反三。

7. 善于归纳总结

要学好数学，总结归纳是非常重要的。每学完一章的内容，要做总结和归纳，不时地梳理知识结构。做到一天一总结，一周一复习。

8. 勤做数学笔记

数学里很多重要的公式、定理、公理、概念等，谁也无法保证永远都记得，有时也不免会忘掉。所以，应该随时翻一翻，但由于课本随身携带不方便，而且课本里面的公式零散。因此，有必要准备一个小笔记本，把记不住的概念、公式、定理、公理及一些典型题和归纳的重要思想写在上面，习题要写上答案并做标注。把这种笔记随身携带，对提高数学学习成绩是很有帮助的。

第三节 文综学习技术与理综学习技术

对于文综课程，与英语相似，大多是以识记性材料为主，学生的主要任务是理解和记忆。因此，我们提倡的EICS学习法比较适用。而且在学习策略、方法、技术的一般层面上，它们具有共性，学生可根据自身情况采取本书第五章科学认知技术中所详述的各种学习技术，应用于文综的学习过程中，只要用心体会，必会取得良好效果。至于EICS学习法在前文已经详细介绍，这里不再赘述。

对于理综课程，具有与数学相似的特征，其思维方法，如比较与鉴别，分析与综合，归纳和演绎，形象与抽象的交互等与数学具有共性，建议采取与数学相似的形式学习。

第八章
学习管理技术

第一节　时间管理技术

在富兰克林报社前面的商店里，一位犹豫了将近一个小时的男人终于开口问店员了："这本书多少钱？"

"一美元。"店员回答。

"一美元？"

这人又问，"你能不能少要点？"

"它的价格就是一美元。"没有别的回答。

这位顾客又看了一会儿，然后问："富兰克林先生在吗？""在"，店员回答，"他在印刷室忙着呢。""那好，我要见见他。"这个人坚持一定要见富兰克林。于是，富兰克林就被找了出来。这个人问："富兰克林先生，这本书你能出的最低价格是多少？""一美元二十五分。"富兰克林不假思索地回答。"一美元二十五分？你的店员刚才还说一美元一本呢！""这没错，"富兰克林说，"但是，我情愿倒给你一美元也不愿意离开我的工作。"

这位顾客惊异了。他心想，算了，结束这场由自己引起的谈判吧，他说："好，这样，你说这本书是最少要多少钱吧。""一美元五十分。""又变成一美元五十分？你刚才不还说一美元二十五分吗？""对。"富兰克林冷冷地说："我现在能出的最好价钱就是一美元五十分。"

这人默默地把钱放到柜台上，拿起书出去了。这位著名的物理学家和政治家给他上了终生难忘的一课：对于有志者，时间就是金钱。

莎士比亚曾经说过："放弃时间的人，时间也会放弃他。"时间，在勤奋的人眼里，它总显得那么短暂，以至鲁迅说要把别人喝咖啡的时间也要用来学习，阿基米德在敌人刺刀逼近时，还在说："再给我点时间，让我把这道题作完。"而在懒惰的人眼里，时间又是那样漫长，以致无所事事，靠一些无聊的刺激来消耗时光。在所有的资源中，时间不同于其他资源，它没有弹性，找不到替代品来替代它，谁也没有办法阻止时间的流逝，时间既不能停止，也不能储存。有人这样说："如果让我重新活一次，我绝不会像这样活着。"这是对过去的生活追悔莫及的感叹！

一些学生总认为自己年轻，时间有的是，所以对时间总是不大注意，对于不太愿意做的事情，总是说"明天再做不晚"，结果一件本来十分容易的事，非得拖了很长时间再做，甚至干脆不做，这种做法，历来都受到人们的批评。苏联著名作家屠格涅夫说："明天，明天，还有明天，人们都这样安慰自己，殊不知，这个明天，就可以把他们送进坟墓。"《明日歌》则说得更形象："明日复明日，明日何其多，我生待明日，万事成蹉跎。"

经常听到有些学生讲，每天的学习时间都排得满满的，被压得喘不过气来，好像他一点时间都没浪费，难道他真是一点时间也挖掘不出来吗？比如说，早晨起床，有没有迟迟不肯起来，磨磨蹭蹭的时候？做作业时有没有拖拖拉拉的时候？碰到好电视节目，有没有难以自拔的时候？在学习时有没有心不在焉，而且还想着别的事的时候？时间是公正的，关键是看你如何去利用它、把握它。比如说，在早起洗漱完等着吃饭时，拿出一些英语单词背一背，或默写一下古诗或名言；中午饭前饭后可以再做一两道理科习题；晚上临睡前，回忆一下当天学习的内容等。在学习主课，动脑筋比较多的时候做些调整，比如做做语文作业，抄写生字、生词和作文等。平常也要多培养自己同时干两三件事的本领，比如在墙上贴些卡片、图表，穿衣、叠被时顺便就看上几眼，吃饭时候放一段录音，倘要长此以往，便会大有收益的。

如何管理好自己的时间呢？

一、制订时间表

时间表的突出贡献在于给学生的学习节约时间和精力，提高学习效率。没有时间表，学生往往难以掌握和控制时间，以致时间在不经意间悄悄流走；没有时间表，学生容易左思右想，在优柔寡断中浪费时间，比如，他们总是在考虑该学什么？什么时间学？要准备什么？还有什么事情要安排？导致还没进入学习状态就已经很疲惫了，即使进入了学习状态，之前也浪费了太多的时间。时间表可以帮助学生充分利用时间。时间有个特征：放走易、抓住难。如果不把时间用在关键的学习任务上，那就极有可能把时间花在看电视、上网、剪指甲、理头发、看杂志、喝茶、聊天、空想等事情上面，而这些事情，对于大多数学生而言，都是诱惑力很大的。如果有一份时间表，并决心执行和不断调整，那么它就有了一种约束力，最终，这种约束力将成为习惯的条件。

学生的时间表，要根据他们个人的情况来制订。学校里有住校生、走读生，他们对时间的安排各不相同，每个学生都应该根据个人的情况来安排时间，而不是对任何人都采用相同的某种理想的模式，适合自己的时间表才能行之有效。随着经验的增加，时间表将会在实践中得到逐步完善，一直到它能完全适合你的情况为止。制订科学实用的时间表是一项技能，更是一门艺术，一份科学的时间表应该要考虑多方面的因素。

任何安排时间和活动的计划都必须以一个总时间表为核心。也就是说，一份活动的固定时间表，一张总时间表一学期排一次就行了，除非基本的课程表有所变动。下图就是一份总时间表的格式。首先，把所有要参加的学校活动固定下来，例如：课程、上课以及实验时间、锻炼、例会、家务杂活，睡眠及进餐时间。把固定活动的时间都填上了，表中的空白部分你就可填入每周及每天的活动规划了。可以把这份主要活动时间表抄在一张5×8英寸的卡片上，贴在桌子上或夹在笔记本里，这样你的脑子就不会乱成一团糟了。更重要的是，你还可以设想表中的空格就是你可以用来做其他必须做的事情的时段。

表8-1　总时间表样式

	星期一	星期二	星期三	星期四	星期五	星期六	星期日
7～8	早餐						
8～9	历史		历史		历史	早餐	早餐
9～10		体育		体育		体育	
10～11		化学		化学	化学		
11～12	外语		外语		外语		
12～1	午餐						
1～2	数学	活动	数学	活动	数学		
2～3				化学			
3～4				实验			
4～5	外语		外语		外语		
5～6							
6～7	晚餐						
7～8							
8～9							
9～10							
10～11							
11～	睡觉						

有了一张总时间表作为基础，你就可以设计一份任何类型的时间表，这份时间表能适应你的课程安排，适应部分时间工作或全日工作，与你独一无二的个性相结合。

比如，月学习时间表，周学习时间表，日学习时间表。

表8-2　月学习时间表样式

周次	任务	备注
一		
二		
三		
四		

表8-3　周学习时间表样式

星期	任务	上午	下午	晚上
日				
一				
二				
三				
四				
五				
六				

表8-4　日学习时间表样式

时间		活动内容
起	止	
6：00	6：20	起床，洗漱，杂事
6：20	7：00	背英语（或语文课文）
7：00	7：30	早餐（休息）
7：30	7：50	去上早自习
12：00	1：30	午餐（午睡）
5：00	6：00	复习当天课程
6：00	6：30	晚餐
6：40	8：00	作业
8：00	9：00	预习
9：20		背单词，做理科题、睡觉

你可能会需要一张能随身携带的每日时间表，一张3×5英寸大小的卡片正合适，你可以将它放在衬衣口袋或手提包里，这样，你需要的时候就可随时查看。

每晚离开书桌前，你看一下总时间表，了解一下第二天要上哪些课，有多少空闲时间，然后在一张卡片上草草写上第二天的计划：准备学习的课目，要办的事以及你想参加的其他活动，给每一项活动规定时间。花费的这五分钟是非常重要的，理由有两个：第一，你把安排记在卡片上随时可查阅，这样可使你的脑子不会一片混乱；第二，你能将未来的一天先在脑子里过一遍，就好像开动了一个心理时钟，使你能按照预定的时间行动。

需要说明一点的是，我们在科学地安排学习时间时，必须要充分考虑到自己在一天中学习效率的差异。据专家们研究，人在一天中的不同时间里，学习效率是不一样的：上午的学习效率要比下午好，而上午又以8点～10点这一段学习效率最高；下午1点左右学习效率最低，而3点～5点时学习效率又较平稳；晚上8点～10点最适宜看书（预习最好）；而在早饭前和临睡前，又较适宜背诵。

二、充分利用间隙时间

中小学学习负担很重，这是一个难以改变的现实，很多学生都感到时间是个最大的问题，总觉得不够用。事实上，每天做的事情越多，任务越多，则零碎的时间也就越多。要想在有限的时间内完成尽可能多的任务，那么争取零碎时间是个好办法。我们仔细计算和比较的话，就会惊异地发现有许多时间不知不觉消耗在无所事事之中，既没有学习，也没有娱乐，甚至没有休息。这些间隙时间成为生命的空白点。学生浪费时间的表现有：在家无所事事，无节制地看电视、上网、玩游戏、运动这些都是时间的杀手。有句话说得很好："时间就像海绵里的水，只要愿意挤，总还是有的。"挤时间不仅仅是经验，更是现代认知心理学的研究成果。把时间分割成较小的单位，充分利用每个单位，使每个单位的时间都能发挥最大的作用，产生最高的效率。著名的学习心理学实验成果——首因效应和近因效应以及前摄抑制和后摄抑制证明了时间化整为零的重要性和必要性，从而证明了争分夺秒的科学性。我们可以计算一下，每天利用间隙时间读5页书或者记5个单词，一年下来，能读1800页书，或者记1800个单词，如果睡前背一首诗词，那么一年就是365首。一天中的零星时间远不止记忆几个单词、背一首诗，如果能利用间隙时间成为习惯的话，那么，一个月乃至一年下来所能利用的时间将是连自己都不相信之多的。怎样利用间隙时间呢？方法多种多样。如在口袋中放一些英语单词卡片，有空就拿出来读一读；与同学边走路边讨论问题；等人等车的时间，回忆一下今天所学的知识等。"不积跬步，无以至千里；不积小流，无以成江河"。间隙时间利用得好，也能派上大用场。

如何做到利用间隙时间呢？利用间隙时间即科学运筹时间，有几种运筹方法是值得我们去训练的：

（1）目标运筹法。所谓目标运筹法就是指确立学习目标以安排学习时间的管理方法。在学习过程中，随时都要将学习行为与目标相联系，要向目标看齐，为目标服务。目标运筹法要求学生有严格的计划和铁定的决心以及坚强的执行力。

（2）重点运筹法。所谓重点运筹法是指把重要的学习任务放到最佳状态的学习时间里去完成的时间管理方法。在学习过程中，脑力有跌宕起伏，精力时好时坏，这就要求学生合理分配学习任务于时间，把重要的、难的任务分配给精力很充沛的时间，如分析理解、做综合题、测试卷等；把次要的、容易的任务分配给精力不是很好的时间段，如抄写、作业等。

（3）交叉运筹法。所谓交叉运筹法是指为了避免过度疲劳而将学习内容交叉学习的时间管理方法。当学习某一学科时间过长，大脑会产生生理疲劳，学习效率将大大降低，此时，就可以将不同的内容交叉使用和学习，这样产生的新鲜感会有助于学生的大脑保持兴奋。

（4）复式运筹法。所谓复式运筹法是指在同一时间里同时执行两件或两件以上的学习任务的时间管理方法。例如，早晨锻炼时记记单词，做饭时回忆回忆功课，坐车时复习复习笔记等。现代脑科学表明：人的不同行为是由大脑不同区域来支配和控制的，比如听和看就是分别由听觉功能区（颞叶区）和视觉功能区（枕叶区）来掌控的。因此，"一心"是可以"两用"的。

（5）拆分运筹法。所谓拆分运筹法是指为达到比较大的目标将所需总的学习时间分割成若干时间段来分步完成任务的时间管理方法。例如，一个单元的英语学习需要6个小时的时间，那么这个星期每天学习一个小时，从而达到化整为零的目的。很多时候分开学习比集中学习的效果要好。

第二节　制订和实行学习计划的技术

中国古代大教育家孔子说过："凡事预则立，不预则废。"即做任何事情都要有所准备，否则就容易失败。法国著名文学家雨果则说得更为全面："有些人每天早上预定好一天的工作，然后照此实行。他们是有效利用时间的人，而那些平时毫无计划，靠遇事现打主意过日子的人，只有'混乱'二字。"就像建造楼房先要有蓝图一样，成功的学习也必须有一套切实可行的计划。学习是一项十分巨大的系统工程，仅中学六年，两千多个日日夜夜，十几门课程，没有系统实用的计划是不行的。

学习计划的好坏直接关系到学习的成败，直接影响到学习成绩，每一个学生都要明白计划对于学习的意义。学习计划有阅读计划、补课计划、自习计划、复习计划等，计划的内容包括目标、任务、具体措施、时间安排与力量分配等。在学习上，既要有长期规划，又要有短期安排。长期规划是从整体上根据主客观情况确定阶段学习的目标和重点，一般以一个学期为宜。短期安排要具体到每周每日的学习，这一周要完成什么任务，学习多长时间，以什么为重点，都要有详细明确的安排。每天早上起来想想今天要完成什么任务，给自己鼓励，每天晚上睡觉前要对当天完成任务的情况做一个简要的回顾，看是否完成了既定的目标；同时对第二天要做的事做好细致的安排。如果每天花十多分钟做这项工作，长期坚持下去，一定会受益匪浅。

制订学习计划的益处有：

（1）能减少学习的盲目性，使学习有条不紊地进行。

（2）能在学习中分清主次，不至于浪费时间。

（3）能合理分配时间，使各科平衡。

（4）能使自己的学习达到最高效。

（5）能完成在常态下不能完成的任务，充分挖掘出自己的潜力。

（6）有利于养成良好的学习习惯。

（7）有利于锻炼自己的学习意志。

有的学生知道计划的重要性，计划也订得很多，但总是执行不了，因此对学习的帮助不大，反而弄得自己丧失信心。为什么呢？主要在于计划制订不合理、脱离实际、过于理想化、没有弹性等。

制订合理的计划应该明确以下几点：

（1）计划要明确而具体。计划越具体，指导性越强。因此，在制订计划、设立目标、安排时间时，都要力求明确具体化。例如有个同学在计划中规定："×××本学期重点抓数学和英语。作业独立完成后，每天做10道数学课外题，争取期中考试均在95分以上。每天做1篇英语阅读，记15个单词，大声朗读英语10分钟以上。争取每次考试在85分以上……"应该说，这样的任务和目标还是比较明确和具体的。

（2）要切合实际。一个实用的计划不应该是假、大、空，而应该是简、实、灵的，做什么都要讲求实效。在制订计划时，要充分考虑自己的实际能力和水平，还要考虑到自己的精力和时间。要抓重点，抓主要矛盾。对那些自己学起来吃力的学科，就应该多分配一些时间，而对自己学起来较容易的，则相对少用些时间。有的学生急于求成，总想"一口吃成个大胖子"，于是眉毛胡子一把抓，结果使计划成为一纸空文，不但不能起到作用，反而挫伤了自己的自信心，怀疑自己的能力。

（3）要简单易行，富有弹性。由于学习中的一些不可控因素，经常影响到计划的执行。因此，好的计划总是留有余地、富有弹性的。在时间安排上不可过于死板，这样才能保证计划的顺利执行。当然，余地也不能留得太多，否则会使计划失去了约束的作用，而要张弛有度，恰到好处。

（4）要及时调整，允许修改。计划毕竟是一种预先的设想，并不等于现实，在执行计划的过程中，还可能出现各种各样的情况，故而调整是必要的。如果实践表明计划不现实，或者近期有特别的任务要完成，那么计划就得修改。应明白，学习计划是自己制订的，应该让它适合自己。但调整计划的目的是为了更好地学习，而不是为偷懒提供方便。

（5）计划要全面考虑，统筹兼顾。在制订计划时，要把多方面放在一起统筹考虑。不仅要规定学习任务和目标，而且要安排参加社会活动、为班级集体服务、锻炼身体和娱乐休息时间。

（6）要处处与老师的教学配合、协调、同步，才会促进自己的学习。个人的学习计划应服从于学校、班级的教学计划。这两种计划要统一，在时间上不要发生矛盾，个人计划要考虑到教学计划和教学进度，那种脱离教学计划的个人计划是不现实的。自己的学习计划要与课堂教学计划相配合，以学校的每日课程表和授课进度为参照，结合实际情况，做到计划的高效运作。

计划做出来要落实，落实计划时应该注意：

（1）计划要及时执行，不要拖。计划安排不要太紧，留点自由时间用来调整。

（2）计划要及时调整，不能僵。计划不能一成不变，学习计划应该适时变动。

（3）计划要注重行动，不能荒。不要让其流于形式，一旦确定就要坚持不懈。

（4）计划制订好以后，要常看。可以贴在显眼之处，经常检查自己的执行情况。

为了更好地落实计划，可以把计划中的任务加以量化，用表格列出来，并加以管理，运用奖罚机制，用分数来表示，完成的任务奖1分，没有完成扣1分，还可以规定用累积的分数兑换自己想要的东西或机会，如用2分可以兑换1个冰淇淋，用3分可以兑换看一部动画片，用10分可以兑换上1个小时的网等。要注意用掉的分数要扣除。如下表：

表8-5

计划任务	完成期限	完成情况	奖励分数	使用分数	余额
1					
2					
3					
4					

备注：

兑换规则

    用1分可以兑换：_____

    用2分可以兑换：_____

    用3分可以兑换：_____

    ....

第三节　选择和运用学习方法的技术

孔子曰："工欲善其事，必先利其器。"学习方法是学生为了提高学习成绩或获得更高的效率而采取的具体措施和策略。目前，学生对学习方法的掌握是远远不够的，大多数学生不知道如何使用学习方法创造学习效率，说起来好像都明白，却不能很好地加以运用。这是为什么呢？这是因为学生对学习方法的认识仍然停留在陈述性知识阶段。现代认知心理学把知识分为陈述性知识和程序性知识两类：陈述性知识是用于回答"是什么"的问题，而程序性知识主要回答"怎么办""为什么"的问题，通常包括各种方法、策划、实践、程序、策略、技术和窍门等。程序性知识又分为对外运用的智慧技能和对内调控的策略两种类型。从学生的认识发展看，程序性知识是掌握原因、规律、原理方法及熟练运用的知识，是所学知识的重中之重。

显然，陈述性知识的获得主要是靠理解和记忆；而程序性知识的获得主要靠实践活动、实际操作训练，必须通过学习者的亲身实践。陈述性知识易用文字表述，也易于传授；而程序性知识，难以用文字，甚至不能用文字表述清楚。因此，很难用言语来教授，而最好的教授方法是示范，最佳的学习方法是练习。

现代的教学任务应该促进陈述性知识向程序性知识的转化，而学生的学习任务更应该将获得的陈述性知识变为程序性知识，尤其是策略型知识，以利于自己在学习实践中培养熟练的学习技能。这正是当前基础教育改革中的一个大趋势。

一、选择学习方法的技术

无可否认，每个学生都有自己的特征，因此学习方法的选择要依据每个人的个别特征。值得强调的是，要分清楚个别特征和共同特征。什么意思呢？个别特征是自身不同于他人的特征，比如多元智能、学习风格、动机特征、兴趣爱好、成长历史等，而共同特征是作为人所共有的，如大脑的记忆规律、思维功能、学习潜力、人类学习规律等。因此，我们要在尊重人类共有的规律性特征的基础上，根据自己的个人特征对学习方法进行选择，比如自己是运动型的人，学习多与运动相结合，则是比较好的方法；又如人际智能比较高的人，可以多做交流，使用讨论学习法，可以获得比较高的效率。

（一）依据个人风格选择学习方法

哈佛大学的教育学家霍华德·加德纳提出了著名的多元智能理论。该理论认为每个人身上都存在着八种智能，它们分别是内省智能、人际智能、音乐智能、自然观察者智能、语文智能、逻辑数学智能、空间智能、肢体运动智能。在这八个方面，人的能力和素质是不同的。要善于了解自己，知道自己的智能优势和弱势，多元智能理论还认为人的学习风格有听觉型、视觉型和动觉型风格，根据这些风格，来选择学习方法和方式，可以充分利用自身优势，避免弱势，从而大大提高学习效率和效果。

（二）依据学习内容选择学习方法

学习内容因任务不同而有所区别。在学习方法的选择使用方面，学生要根据内容来做参考。是文科的内容还是理科的内容？是语文的内容还是英语的内容？是文字性的还是数字性的？是记忆占主导的还是理解占主导的？这些都是要考虑的因素，如果是文科的内容，就要想到哪些学习方法最适合这部分内容，如果是理科的，那就要采取理科的学习方法了。在选择过程中，要遵循最高效的原则。当然很多任务都是各种特点的内容交织在一起的，需要采用综合性的学习方法。

（三）依据内外部条件选择学习方法

美国教育心理学家加涅在对学习进行分类的同时，指出了不同类型的学习需要不同的内部条件和外部条件。人类的学习活动受内部的和外部的两大类条件制约。内部条件是指以前习得的知识技能、动机和学习能力等。外部条件是指输入刺激的结构和形式，不同的学习才能和学习内容需要不同的外部条件。学习条件是否确立，对于学习方法能否起到实质性效果起着关键的作用。它关系到学习活动能否顺利进行，以及学习目标能否达到。学习条件是学习内部条件和外部条件的总和。加涅认为，教育是学习的一种外部条件，其成功与否在于是否有效地适合和利用内部条件。学习的每个阶段都有其各自的内部心理过程和影响它的外部事件。教学就是遵循学习者学习过程的这些特点，安排适当的外部学习条件。教师是教学设计者和管理者，也是学生学习的外部评价者，他担负发动、激发、维持和提高学生的学习活动的教学任务。加涅的学习条件论提醒教师，提高教学质量要重视学习者的外部条件，并应创造良好的教学环境和资源条件。

　　学生学习时要善于将内部条件和外部条件结合起来，要将书本学习和现代学习技术手段结合起来（如利用MP3学习英语），将自学和教师讲授结合起来（如查阅相关材料后听取老师的授课），将自己的基础状况和教师的讲课进程结合起来（如英语词汇贫瘠要在听课时用心记新单词而不宜因听不懂而放弃）。总之，在学习过程中要全方位考虑，考虑到多种因素并存，多思考就能充分利用好现有的资源，并创造可能的条件，从而作用于自己的学习。

二、运用学习方法的技术

　　学习方法能否实现其自身的价值，提高学习效率，要看它被运用的程度。如果仅仅知道这些学习方法而不加以充分运用的话，那就像有一把钳子却被放在那里生锈一样而不能产生作用。因此，学习方法关键在于运用。在学校学习时，很多学生知道许多学习方法、记忆方法，就是不知道运用，上了很多培训班，听了很多讲座，接触了许多种方法，心里都知道，说起来都清楚、明白，可是，成绩为什么还是那样呢？这普遍源于学习方法及其运用的脱节。学生运用学习方法就像学习游泳一样，要在知道游泳方法的同时加以训练，这样才能做到真正掌握，学习方法才会成为学生内在能力的一部分。

　　（一）全面提高，平衡发展

　　中小学的课程丰富多样，每门课程都有其不可替代的作用。社会对于人才的客观要求是综合的，于是国家提出重视学生综合素质的培养，但目前大部分中小学学校并未充分做到。例如作为一名教师，光是自己熟悉知识而不能把知识传授给学生，那就是一名不合格的教师。而中高考考查的能力也是综合的，要求学生具有多方面的能力，拥有一定标准的总分才能升入高等学府学习。因此，学生在学习时要全面提高平衡发展。

　　第一，不能偏科。很多学生由于个人兴趣或出于对单科老师的偏见或遇到困难出于逃避心理，产生了偏科的现象。因此，对于学科，要有正确的认识，每一门课都要学好，不管是难还是易，不管老师怎样，学习是自己的事情，自己要学会处理这些偏科的现象，这是作为一个学生应有的基本能力之一。

　　第二，要注意身体素质的培养。有些学生为了提高成绩，拼命往学习上堆积时间，最终成绩虽然上去了，但是视力下降了、身体虚弱了、免疫力差了等，最后导致体力不支，学习成绩下降。青少年时期，正是身体发育的关键期，这个时期没有注意好，将会错失关键期而终身遗憾。到了十八九岁，身体的骨骼、肌肉、肺活量、五脏六腑和神经系统基本定型，而身体关系到人一生的学习、生活和幸福。

（二）科学安排，把握好度

学习方法的运用是一个循序渐进的过程，每一种方法都要经过自己的验证和尝试过程后再做出判断：是有用的还是没用的？是适合自己的还是不适合自己的？是高效的还是低效的？需要指出的是：学习的进步是建立在确立新习惯，打破旧习惯的基础上的，我们知道，习惯是一种定势，要破除定势，就要付出不断的努力。心理学研究表明，一般来讲，确立新的习惯需要21天的时间。往往很多学生对自己知道的学习方法运用的态度是浅尝辄止，稍微一用，发现没有出现效果就马上否定了，然后再换别的，最终什么也没有用上，倒是花了不少时间。殊不知，学习是很复杂的一个过程，需要集结许多资源，包括内在的、外在的、物质的、精神的等，学习方法要产生作用，需要有一个从认识、理解、体验到掌握的过程，需要经过长期训练才行。运用学习方法时不要过于偏激，不要盲目排斥，如找个类似于"每个人都有适合自己的方法"这样的借口来阻止自己去尝试，也不要使劲去钻一个不可能实现、不切实际的方法，要把握好这个度。总之，学习方法的运用是件灵活有度的事情，要灵活地加以运用，同时又要有恒心，如果没有恒心，任何方法都没有用。

（三）分清主次，步步为营

学习是一个复杂的过程，在学习中既要全面考虑，又要突出重点；既要把握全局，又要分清主次。安排学习，运用学习方法的时候，要注意哪一段时期以哪几门学科为主，即使所有的科目基础都不是很好，但还是要分清主次，否则全部都会受影响，以至于互相拖累，整体还是上不去。常见的情况是主课比较难学，一般来讲，要以主科带动副科。先把一部分科目突击上去，然后集中精力攻下副科。在学习过程中，要学会选择，要明确该学什么，不该学什么，先学什么，后学什么，尽可能把有限的资源（主要是指时间和精力）用到主要的方面。基础是至关重要的，要把基础打牢，在头脑里建立教材完整的知识网络，再做练习，不能本末倒置。在学习过程方面，先预习，后听课，再复习，遵循学习规律的学习就是科学地学习。

（四）综合运用，相辅相成

有些学习方法是普遍适用的，有些学习方法却是有各自特点的，适用于不同的学习材料和学习的不同阶段，也有可能适用于不同类型的人。所以，在学习时要善于分析自己的学习材料、任务、目标和自己本身的特征，根据这些因素做自己的学习计划，选择恰当的学习方法和策略，综合加以运用，提高学习效率。

第四节 培养良好的学习态度的技术

学习态度是学习者对学习任务或对象的一种心理倾向，它包括认知、情感和行为三个因素。从认知的角度来说，学习态度就是学习者对学习任务或对象的价值判断，即为什么要学；从情感的角度来说，学习态度是学习者对学习任务或学习对象的情绪反映；从行为角度来说，学习态度是学习者对学习任务或学习对象产生的外显行为表现。其中，认知、情绪和情感是产生学习行为的前提。一旦学习者对学习任务或学习对象产生了喜欢或不喜欢的初步情绪情感，无论客观上如何作用于行为，则学习者仍然会坚持原有的心理倾向。

一、学习兴趣激发技术

孔子曰："知之者不如好之者。"兴趣是成功的基石。浓厚的兴趣能激发对知识的欲望。学生要是对某样东西或者学科产生浓厚的兴趣，就会积极地、持续地、专心致志地钻研它。兴趣是学习的源动力，没有兴趣做基础，所有的学习是缓慢而低效的。

所谓学习兴趣，就是指学生力求认识某种事物，学习某种知识技能或坚持某种活动的心理倾向，这种倾向总是伴随着良好的情绪情感体验。因此，它是一种带有强烈情绪色彩的认知倾向，它是在过去的知识经验，尤其是在愉快体验的基础上形成的一种情感倾向，它具体表现为对学习的态度。学习兴趣是学习动机中最现实和最活跃的成分，它使学习活动变得积极、主动、愉悦，从而获得良好的学习效果，提高学习成绩。所以，（学习兴趣是推动学生学习活动的一种最实际的内部动力也叫内在动机。）学习兴趣也是快乐学习的内部原因。

学习兴趣大体可以分为直接学习兴趣和间接学习兴趣。直接学习兴趣是由学习材料或学习任务、学习过程本身引起的情绪情感状态；间接学习兴趣是由学习结果所引起的情绪情感状态。间接学习兴趣具有明显的自觉性，当学习者认识到学习的价值和意义时，学习兴趣就产生了，间接学习兴趣往往跟主体目标有关。例如，为了得到父母、老师的赞赏，得到朋友、同学的尊重，得到奖学金等，都是间接学习兴趣。直接学习兴趣和间接学习兴趣往往是融合在一起的。研究表明，对学习的直接兴趣是提高学习质量和效率的最有利的因素。

（一）要善于捕捉、维持并巩固学习兴趣

学生的学习兴趣发展一般要经历三个阶段，即有趣到乐趣再到志趣。有趣是学习兴趣发展的低级阶段，它往往是由事物的某些特征引起的，这些特征具有临时短暂性，比如，学生第一次在实验室看到电路实验器材，感觉到好玩，但没过多久，这种兴趣就消失了。乐趣是兴趣发展到中级的水平，其特点是：基本定向，维持时间比较长。而志趣是兴趣发展的高级阶段，一般是与学生的理想和奋斗目标相联系的，其特点是积极自觉，持续时间长，甚至伴随终身。

学生在学习中，往往会遇到突如其来的某些有趣的现象，或偶尔发现某些新奇的特点，这时要及时体会其趣味所在，要善于将其固定下来，时常回味，使其稳定，也可以自我做些强化，使自己真正认为有趣，使其向乐趣转化。随着类似的乐趣的增多，要进一步认识这些乐趣，使之与学习中更多的情境和材料发生联系，找出其共性的部分，加以巩固，形成高远的奋斗目标和人生理想，只有形成乐趣和志趣，我们才会全身心地投入到学习中去，才会拥有学习激情，从而克服重重困难。进入一定的学习境界后，学生甚至把克服困难也看作是乐趣了。

（二）采用暗示技术使自己满怀兴趣地学习

真正的学习是满怀兴趣的。实验研究证明，当学生对学习充满快乐和满怀兴趣时，最能发挥其智能潜在的水平，学习效率也高，从而获得良好情绪，因而更有兴趣。学习兴趣是学生进行智能活动的最佳情绪背景。

浓厚的学习兴趣，能使人产生强烈的求知欲望和成就需求，能对学习活动产生巨大的动力。学习的过程是漫长而曲折的，并且充满了辛酸和痛苦。因此，在学习中保持积极的心态是非常重要的。

如何满怀兴趣地去学习呢？因为兴趣是关于情绪情感的内部因素，因此只有对自己的潜意识进行暗示，才能主动获得学习兴趣。利用积极的心理暗示可以产生积极的效果，积极的心理暗示可以用四个步骤来完成：

第一步：取坐姿，把背部轻轻靠在椅子上，头部挺直，稍稍前倾，两脚摆放与肩同宽，脚心贴地。

第二步：两手平放在大腿上，闭目静静地深呼吸3次，排除杂念，把注意力引向两手和大腿的边缘部位，把意念集中在手心。

第三步：不久，你会感到注意力最先指向的部位慢慢地产生温暖感，然后逐渐地扩散到整个手心。这时，你心里可以反复默念："静下心来，静下心来，两手就会暖和起来。"

第四步：做5遍深呼吸，慢慢数5下，睁开眼睛。

如果要培养对英语课的学习兴趣，你可以采用自我对话的方式对自己说："我能把英语学好，完全能！""英语学习是一件有趣的事情，因为它可以使我有一口流利的英语，可以看懂外语文章，还可以读英文报纸，看英语新闻，那将是多么快乐的事情呀！"等。每天都要这样暗示自己，早一遍晚一遍。

　　另外，对于自己的弱势学科，要利用空闲时间，如双休，尽快弥补上来，以图获得阶段性成功，从而使自己得到精神的鼓励，同时要不断暗示自己："我觉得考试很好，每当我做一道题，就觉得有所收获，我向成功又迈进了一步"。有个同学是这样暗示自己的："这些题很多学习好的都做不出来，而我能做对，说明我还是很有潜力的。"于是他奋发学习，坚持不懈，不断努力，逐步就有了兴趣，慢慢地掌握了更多的学习方法，学会更多的知识，对学习的看法逐渐好了起来，于是越来越有兴趣学习。

　　（三）将兴趣在生活与学习以及学习内部间迁移

　　学生往往对生活中有些事情感兴趣，但对学习却很厌倦，或者对这门课感兴趣却对那门课很反感。其实，学生完全可以在兴趣和非兴趣之间进行兴趣的迁移，比如有些学生能够做到对某位老师感兴趣从而对他所教的这门课感兴趣。我们可以把生活中的兴趣转移到学习上来，比如对明星感兴趣也可以通过假设、推理、分析转移到学科上来。还可以将学习数学的兴趣迁移到学习物理的过程中来。

　　（四）激发自我的成就动机

　　奥苏贝尔认为："学校情境中的成就动机，至少应包括三方面的内驱力决定成分，即认知内驱力、自我提高内驱力和附属内驱力。"他认为，在有意义的学习中，认知内驱力是一种最重要、最稳定的动机。这种动机指向学习任务本身，它是为了获得知识，满足这种动机的奖励，多半是从好奇的倾向中派生出来的。所以，教师应该坚持从价值观的角度来启发诱导学生的认知内驱力，而学生要善于把社会实际生活中的因素与学习联系起来。自我提高内驱力是学生为了获得地位与自尊而产生的。这种内驱力能使学生在学习上做出长期而艰巨的努力。成就动机可以使学生做出一些较难的题目，完成相当数量的任务，或者使成绩有大幅提升等。

二、学习情感形成技术

　　美国教育学家和心理学家罗杰斯说："学生在学习过程中是一个活生生的人，是一个发展中的人，一个充满情趣和完整的人。"

　　知识的价值确实重要，但是情感的价值更重要，它将影响人一生的发展，情感不仅对学习过程有重要的启迪、激励、维持、调控作用，还与学生态度的形成、信仰的确立、个性的完善息息相关。

　　情感是人们对客观现实的一种特殊反映形式，是人们对客观事物是否符合需要而产生的态度体验。情感因素不仅对学生学习过程起着发动、维持、调节作用，还促进知识的掌握和智能的发挥，对学生形成以学为乐的良好态度起着巨大的推动作用。传统的教学方法过分强调认知因素的作用而忽视了情感因素的作用，因而学生只能被动地接受知识，成为变相的"容器"。随着教学改革的不断深入，课堂教学中的"情感效应"将越来越得到重视和发挥。

学习情感是学生对学习环境是否满足自身求知欲望所需要的一种积极态度的体验。健康的学习情感对学生的认知活动将产生增效的作用，情感还具有感染性。因此，在教学中，必须加强师生间的情感交流，引起健康情绪的共鸣。教师的情感对学生有着直接的感染力。学生对老师尊敬、敬爱的情感，也常常会迁移到教师所教授的学科上。要着力创造良好的学习环境，培养学生健康的学习情感。

学习的认知活动始终伴随着情感。积极的学习情感表现为爱学、好学、乐学；消极的学习情感表现为厌学、弃学、逃学。情感本身就是动机，学习的内驱力只有经过情感的放大才有动力作用。因此，健康的学习情感是学生积极参与认识活动的动力。

（一）创设情境，激发好奇心

儿童都对外界事物具有强烈的好奇心，认识、探索自然界是人类与生俱来的品质。学生有了好奇心，就会对学习产生兴趣，现代教育心理学研究证明，学生在好奇心的状态下，大脑皮层容易形成兴奋中心，这时，思维最活跃。因此，在学习中要不断创设情境，吸引自己的注意力，激发内在的好奇心，从而激发自己的学习热情，全神贯注地投入到学习中去。

（二）树立自信乐观的态度

自信心是学生学习的动力，是学生终生发展的力量源泉。学生的学习动力有一部分来自于内部，有一部分来自于外部。外界的表扬和肯定能增强自信，而内部的自我激励和自我形象训练更能增强自信心。如果一个人总是怀疑自己的能力，就会形成一种消极的自我暗示，遇到事情总是从消极的方面去想，这是学习中很不理想的状态。如果一个人总是肯定自己的能力，总是说"我能行""我有很大潜力"，就会形成积极的自我暗示，唤起自己的良好情绪，当遇到困难的时候，会自我激励，从而逐渐导向成功。

学生要学会用积极、乐观、自信的态度面对学习和生活，遇到困难时不要悲观丧气，要学会乐观积极，不要听那些委靡伤感的音乐，要多听催人奋进的健康乐曲；不要待在房子里郁郁寡欢，要走出去与人交往畅谈。学会与外界主动沟通，这样会取得外界对自己的肯定和赞扬。

（三）学会理解和尊重他人

尊重他人是一种美德，是一种高尚的情操。只有尊重他人，才能获得他人对你的尊重。所以，尊重他人也就是尊重你自己。随着时代的发展，社会的进步，人们在生活中都渴望得到别人的尊重。得到尊重的感觉是良好的，在学习与生活中，更多的相互尊重能给学习创造有利的学习情境，带来良好的氛围。

尊敬父母、尊敬师长、尊重他人是一种可贵的传统美德。在生活中，时时刻刻都需要我们学会尊重。回到家时与父母长辈打声招呼是一种起码的尊重；上课专心听讲，按时完成作业是对老师辛勤劳动的尊重；在食堂就餐后，把椅子、餐具放好是对食堂师傅的尊重；按时午休不打扰同学是对同学的尊重；见到杂物捡起来以保持校园环境的干净，是对同学劳动成果的尊重。如果不尊重他人，就会影响到相互间的情感氛围，例如，老师还没有叫下课，就有部分人收拾好东西并大声说"下课了"，老师听了之后内心感到很不是滋味。少数同学不珍惜今天难得的学习机会，不珍惜美好的青春年华和极其宝贵的学习时间，甚至上课不听讲或不专心听讲，不尊重老师付出的创造性劳动，这些都是不尊重他人的具体表现。

我们在与人交往沟通的过程中，千万不要伤害对方的自尊，否则，受损害最大的一定是你自己。

学生的根本任务是学习，不仅要学会扎实的文化基础知识，同时也要学会做人。因此，我们须时刻明确唯有刻苦学习，方能报答家长、老师的关爱，也才能成为社会的栋梁之材。学会尊重他人，尊重自己，让平等、尊重、关爱、理解、信任、自由等人文精神注入自己的学习中，使我们的学习更具有吸引力、凝聚力、充满生机、充满活力，使其中的情绪情感成为我们一生受益的精神动力！

第五节 自我效能感形成技术

自我效能感是指"学生对自身利用所拥有的技能去作用于学习所能达到某种水平的自信程度"。比如，学生通过考试前准备，估计自己的考试成绩是90分，这就是对学习的自我效能评估。这一概念是班杜拉（1977）提出的，在20世纪80年代，自我效能感理论得到了丰富和发展，也得到了大量实证研究的支持。自我效能感与成就行为是相互促进的。一些研究表明，通过下述几种方式可以增强学生的自我效能感：

第一，增加学习成功体验。以往成功的体验是自我效能感的主要来源。行为的成败经验是学习者的亲身经验，对效能感的影响是最大的。成功的经验会提高人的自我效能感，多次失败的经验会降低人的自我效能感。不断的成功会使人建立起稳定的自我效能感，这种效能感不会因一时的挫折而降低，而且还会泛化到类似情境中去。对于自己的成功要进行科学的自我评价，要认识到进步即成功，成功本身就是一种奖赏。

第二，利用和发挥学生的优势智力。传统的智力理论（以智商理论和皮亚杰的认知发展理论为主）认为智力是一种单一的能力，而近年来新发展起来的多元智能理论中对学校教育影响力最大的是加德纳的多元智能理论。从多元智力理论中我们不难感到学生的每一种天赋（智力）都可成为帮助学生取得学习成功的手段。因此，学生应善于发现和肯定自己的天赋，并在遇到困难时，利用自己的天赋取得成功，建立起对学习的强烈自我效能感。

第三，培养积极的内归因方式。自我效能感与人们的归因方式存在交互作用。自我效能感高的学生将成功和失败归因于自我内部的稳定因素，从自身找原因，即内归因，如失败的原因是努力不足，观念、方法不正确。这种积极的归因方式能增强学生的自我效能感。有关研究表明学习困难生往往采取消极的归因方式，他们往往将学习结果归因于外界，即外归因，如教师、父母、环境、运气等外在因素，这种消极的归因方式会削弱其自我效能感。

第四，设定合理的目标。班杜拉认为，自我效能感通过目标设定来影响动机。学生因在学习中投入较大、成绩较好而经常受到老师和同学的称赞，其自我效能感就会提高。

自我效能感与学习目标（如期中考试目标、月考目标）显著相关。因此，可针对自己的实际情况，设定合适的学习目标。目标必须是经一定努力可实现的，它的实现可以让自己认识到进步，有成就感，从而提高自我效能感，激发潜在的学习动机。

设定合理目标需要注意：及时修正难以实现的目标，设定具有一定挑战性的目标。

第五，改进自己的学习策略。自我效能感高、学习成绩好的学生，往往具有较好的学习策略运用水平。学习策略运用水平越高，学生自信心越强，学习就越有效，成绩也越好。

第六，磨炼意志。马克思说："在科学的道路上没有平坦的大道可走，只有不畏劳苦沿着陡峭山路攀登的人，才有希望到达光辉的顶点。"中学生的求学之路不可能是一帆风顺的，会不可避免地遇到或大或小的困难，这就需要坚强的意志和克服困难的决心。因此，学生要在学习和生活中磨炼自己的意志，培养坚韧勤奋的学习品质。

第七，树立榜样。利用榜样示范来鼓励自己是提高自我效能感的常用途径。成为榜样示范的可以是文学作品中的人物，也可以是现实生活中的人物，可以是历史人物，也可以是自己的老师、朋友等，现实生活中的榜样往往具有更大的激励效应。

第六节　意志锤炼技术

春秋战国时代，一位父亲和他的儿子出征打战。父亲已做了将军，儿子还只是马前卒。又一阵号角吹响，战鼓雷鸣了，父亲庄严地托起一个箭囊，其中插着一支箭。父亲郑重地对儿子说："这是家袭宝箭，配带身边，力量无穷，但千万不可抽出来。"那是一个极其精美的箭囊，厚牛皮打制，镶着幽幽泛光的铜边儿，再看露出的箭尾，一眼便能认定是用上等的孔雀羽毛制作。儿子喜上眉梢，贪婪地联想箭杆、箭头的模样，耳旁仿佛嗖嗖的箭声掠过，敌方的主帅应声折马而毙。果然，配带宝箭的儿子英勇非凡，所向披靡。当鸣金收兵的号角吹响时，儿子再也禁不住得胜的豪气，完全背弃了父亲的叮嘱，强烈的欲望驱赶着他呼一声就拔出宝箭，试图看个究竟。骤然间他惊呆了。一支断箭，箭囊里装着的竟是一支折断的箭。"我一直挎着支断箭打仗呢！"儿子吓出了一身冷汗，仿佛顷刻间失去支柱的房子，意志轰然坍塌了。结果不言自明，儿子惨死于乱军之中。拂开蒙蒙的硝烟，父亲拣起那支断箭，沉重地啐一口道："不相信自己的意志，永远也做不成将军。"

对于学习来说，坚强的意志是极其重要的。对于每一个要克服的障碍，都离不开意志力；面对着所执行的甚至一个艰难的决定，我们所依靠的是内心的力量。事实上，意志力并非是生来就有或者不可能改变的特性，它是一种能够培养和发展的技能。

对于学生来说，意志力不强表现在：不能按时完成当天的作业，在学习中碰到困难时，或者垂头丧气，或者一蹶不振，不能刻苦努力。上课不能集中注意力，不是走神，就是做小动作或睡大觉。认为自己不是读书的那块料，不愿意多看书，多钻研，一拿起书本就头疼。不能够很好地利用时间，一会儿学习，一会儿干别的事，结果一事无成。经常立志，经常下决心，但是遇到情绪不好时，或是遇到挫折时，就垂头丧气，什么也不愿意学。

意志要在生活中磨炼，从小事做起。千里之行，始于足下。坚强的意志不可能形成于一日，它是在日常学习、工作和实践中逐步培养起来的。我们应当帮助学生把远大的志向与日常学习、工作和生活联系起来，从小事做起，把完成每一项学习、工作任务都视为向远大目标迈进了一步，把克服生活中的每一个困难当成磨炼意志的考验。总之，坚持在日常学习、工作和生活中磨炼自己的坚强意志。

学习与生活是分不开的，生活影响学习，学习影响生活。学习是生活的一部分。意志要从生活中得到磨炼，生活中能吃苦的，就能将这种意志迁移到学习上来。坚持体育锻炼对学生意志的调适也有极为重要的意义。这是因为，首先，坚持本身就是坚强意志的重要组成部分。对于许多体育锻炼"三天打鱼，两天晒网"或半途而废的人，归根到底就是缺少"坚持"二字。从这个意义上来说，学生什么时候真正坚持体育锻炼了，他的意志也就坚强了。其次，体育运动是一项磨炼意志、锻炼意志的重要形成方式，体育活动更需要有意志力的配合和参与。

体育锻炼不仅使你有健康的身体、充沛的精力，还能培养你的意志力。例如，每天早晨坚持跑步。强迫自己在每天固定的时间起床，然后到户外慢跑几公里的路程，无论刮风下雨，酷暑严寒，都要坚持跑下去。长期而艰苦的体育锻炼，定能使你具备不怕苦、不怕难、知难而进、始终如一的意志品质。 无论是学习还是生活，都要勤劳，不仅要多动手还要多动脑。在生活中多做事情是一种好的磨炼意志的方法。家务要争着做，跑腿的事情要争着做，自己的衣服自己洗，自己的房间自己打扫。总之，要有坚强的意志力，必须从行为开始。

第七节　运用和整合学习资源的技术

在美国教育传播与技术协会（AECT）1994年对学习资源的定义中，学习资源是指支持学习的资源，具体包括支持学习的系统、学习材料与环境，甚至还包括能帮助个人有效学习和操作的任何东西。

第一，学习材料。学习材料是在学习者学习对象中，在学习这一过程直接作用于其上的客体，与学生直接发生联系。学习材料包括教科书、辅导书、试卷、挂图、实验器具、课件等。只要是符合一定的学习目标和要求，符合学习的认知规律的，就可以拿来用作学习材料。

第二，支持系统。支持系统主要指支持学习者有效学习的内外部条件，包括学习心理的支持、物质的支持和人力的支持等。社会是最大的支持系统，信息、家庭、教师在支持系统功能的体现上也越来越明显。

第三，学习环境。所谓学习环境就是指影响学生学习的多种外部因素，包括情景设计、学习气氛、探索空间，教师与学生、学生与学生、学生与家长之间的关系。学习环境是学习过程中赖以持续的情况或条件。学习环境包括支持学习过程的物质条件、教学方式、教育模式、学习氛围、人际关系、家庭环境等。环境是一种有意义的学习工具，就是一种重要的学习资源。学习环境不只是指学习过程发生的地点、空间，更重要的是指学习者与学习材料、支持系统之间在进行交流的过程中所形成的关系。

一、营造良好的学习环境

（一）学生对学习的环境要进行整理和布置，尽量减少无关干扰，营造舒适和谐的学习空间

在视觉上，要尽量保持整洁，一些容易分散注意力的物品，如图片、电脑、玩具、饰物等不要放在视野范围内，尽量放些有益于学习的物品，比如，在室内栽上适当的花草，对提高学习效率也会有意料不到的效果。美国学者雷诺尔茨和斯登伏特等人用实验证实了这一点。他们总共用200多种带有各种气味的物质，对5000名7~25岁的人进行测验，发现水仙花和紫罗兰往往使人有一种愉快的感觉，使人禁不住要学习和工作，柠檬也具有这种积极的作用。他们还发现，如果在弥漫着母菊、薄荷新鲜的花草香味的环境中待上几个小时，思维速度会加快，思路变得清晰，做作业也容易得多。

（二）学习室内要对光、色、声进行控制，尽量注意光、色和声的适度

美国心理学家的研究发现，在学习时宜采用白炽灯而不宜采用日光灯。这是因为日光灯与太阳光谱不一样，在50赫兹的交流电路中每分钟要闪烁6000次之多。尽管闪烁的频率极高以致肉眼看不到，但它极易引起大脑疲劳，而类似太阳光谱的白炽灯则无此现象。

对于环境中的色彩，暖色往往使人心理活跃，产生热烈、兴奋的情绪；冷色常会使人心理稳定，产生安定、怡静的感觉。有些研究发现，红色能使人心理活跃；绿色能使人心理缓和；紫色会产生心理上的压抑感；蓝色可镇静、压抑过分兴奋、激动的情绪；玫瑰色则能使消沉、抑郁的心情振奋起来。正因为这样，在一些发达国家里，都非常重视色彩对学生学习效率的影响。如德国的中小学教室里，往往采用几种不同的颜色，教室里窗子一侧采用草绿色，以有助于消除学生的视力疲劳和增加舒适感；放黑板的一侧涂上白色，可把黑板凸显出来，有助于学生注意力集中；天花板采用淡黄色，使教室四周的反光增强，并使光线柔和；地面是褐色的机织地毯，既能减少室内灰尘，又可增加安全感；书桌使用洁白的塑料贴面，可以增强反光度，使人产生清爽感。有的颜色，如浅黄色、草绿色则能提高学生的智商。另一些研究者发现，淡绿色、淡蓝色可以使人平静，易于消除大脑疲劳，使人头脑清醒，精力充沛；而深红、深黄色可对人产生强烈刺激，使人大脑兴奋，随后便抑制。

学习环境的噪音应小于30分贝，而思考时最好低于20分贝。绝大多数的同学喜欢听音乐，休息时及时播放一些轻松的音乐对提高学生的学习效率是有利的。但有些音乐是不利于学习的。对一些有歌词的音乐，学生在聆听时要动用脑左半球，因而易造成分心；对于一些摇滚音乐，实质上与噪音本无二致。

（三）营造和谐的家庭学习氛围，重视温馨亲子关系的建立

无论对于学生还是家长，构建和谐的亲子关系、营造和谐的家庭氛围都是极为重要的。

孩子的主要职责是学习与成长，而家长的主要职责是建设家庭、抚养孩子。双方都不能脱离自己的职责，都要尽到自己的义务。孩子作为学习者主要任务是把学习搞好，顺利完成自己的学业，家长的希望亦在于此。而家长如果不是专业的教师，就不要过多参与孩子的学习，要知道，学习本身是孩子自己的事情，成功了是他努力的结果，失败了是他自己的事情，是应有的经历。在其他方面，比如为人处世、道德品质、独立生活等的培养，家长要多下功夫。在孩子成长的过程中家长要牢记自己的角色是父母，不是老师，也不是司令，更不是孩子的主宰者。

二、运用信息资源的技术

在我们周围的世界里，信息量是十分巨大的，而且每年都在增加，现在，信息不是太少，而是太多，如此庞大的信息量，需要我们去选择和鉴别，进行合理利用。

（一）充分利用现代网络资源

今天，互联网以其信息容量大、传播速度快等特点，在我们的生活当中充当着重要的角色，其中之一是学习工具的角色。我们的工作、生活和学习都和网络密切相关了。充分利用网络资源，发挥互联网的优势和作用，使之更好地服务于学习，这是我们必须面对的。

互联网给学习带来的现实性好处就是学习资源下载。但是学生必须要有自如地选择信息和操控的能力，才能充分使网络资源为自己所用。现在许多音像教材、电子读物、网上辅导、课件等电子资源，为学生提供了丰富的信息和方便的学习工具。青少年要学会排斥无关信息，明确学习目标，学会选择和熟练使用，根据实际需要，整合可以利用的有效资源，作用于自己的学习，才利于高效地学习。网上资源相当一部分是开放学习的，可以适当根据学习的需要收集一些可以浏览的网站存放起来。有这样一批网站资源是比较可靠的，如国内重要的报纸和期刊数据库、人民出版社数据库、超星图书馆等，这些网站大都提供了检索、阅读、下载等功能，很多资源是免费的。对于学习英语来说，很多网站有免费网络收音机，可以收听英语电台的慢速英语，还有各种音像教材下载，为学习提供了方便的渠道。

特别应当注意的是，中小学生处在一个好奇心很强、自制力又弱的年龄阶段，要注意网络上一些不良信息的危害，甚至有一些是欺骗中小学生的垃圾信

息，要注意避免。

（二）虚心求教，珍惜周围的人文资源

可能很多同学都有如此体会：上课时老师反复解释也没听明白的地方，经同学一讲解，立刻就明白了。这是为什么呢？这是因为，同学和自己处在同一层次，年龄相仿，水平相近，思维、记忆类似，共同语言多，容易沟通。如果我们在学习过程中能够充分发挥同学之间的互助协作作用，那将对我们的学习产生良好的作用。

在生活和学习中，自己的周围总会存在一些能够指导或影响自己的人，比如教师、同学、朋友等。教师是学生学习过程中重要的影响因素。教师的学识水平、学习方法、学习态度、人格特点、为人处世、办事风格等无疑都是学生学习的环境资源。有些学生总是在挑老师的毛病，抱怨老师讲得不好，怨天尤人。其实我们应该辩证客观地看待老师。首先，教师有长处也有短处，人非圣贤，必然有不足。重要的是学生不能看着老师的缺点来懈怠自己的学习，要发现和继承老师的长处，积极吸收其优秀品质。其次，如果一个老师把题目从头至尾讲得清清楚楚，连让学生反复练习的程序都免了，那学生当然高兴，但往往这对学生的学习能力的培养是相当不利的。反之，那些讲题粗略的老师，学生动脑筋的机会就比较多，能培养出具有创新精神的学生。所以，学生不要总是对外界有所抱怨，应多从自己身上进行调整，培养自己的独立学习的品质。每个教师都不是完人，也不可能完美，但学生从老师身上学到一些有用的东西，这就足够了吗？学无常师，人的一生有很多老师，从各位老师身上学习的东西都只是某一方面，组合起来就是自己的系统知识。

孔子曰："三人行，必有我师焉。"同学之间虽然层次相差不大，但是每个同学身上都有优秀之处，要善于发现和吸取。许多优秀的学生都是虚心好学的。毛泽东说："虚心使人进步，骄傲使人落后，我们应当永远记住这个真理。"班杜拉认为："人类的大量行为都是通过对榜样行为的观察而习得的，这种学习就是观察学习或模仿学习。"观察学习是指人们仅仅通过观察别人（榜样）的行为就能学会某种行为，又称替代学习、模仿学习。实践证明这种观察学习获得的知识稳定、可靠又高效。因此，使用观察学习，是一种我们应该提倡运用的学习方法。

（三）广泛阅读书籍，获取更多的间接经验

培根说："读书足以怡静、足以博采、足以长才。" 说明阅读是增加知识的不二法门。由古至今，世界上有很多人都曾介绍阅读的好处，也有学者曾说过读一本好书，犹如同高尚的人谈话。

阅读，可以令你增广见闻，每天阅读一篇文章可令你的学问增加不少。阅读不但令你增广见闻，还可以增加课外知识。课本里的知识是不够的，要靠自己去阅读课外书才行，因此读书足以博采。阅读更可以帮助你解闷，当你十分纳闷时，读读书、看看文章，就可以助你陶冶性情……除此之外，你还可以选择不同的书籍来阅读，例如，惊险刺激的侦探小说、刻骨铭心的爱情小说、有关历史的历史书籍……阅读科幻小说，可以幻想自己是主角，再回想书内的情景，已经回味不已。阅读一些有关旅游的书籍，犹如到世界各地游览……

阅读不但可以怡静、博采，而且是增加知识的不二法门，所以大家应该每天抽点时间阅读。

例如，毛主席生前总是挤出时间，哪怕是分分秒秒，也要用来看书学习。他的中南海故居，简直是书天书地，卧室的书架上，办公桌、饭桌、茶几上，到处都是书，床上除一个人躺卧的位置外，也全都被书占领了。为了读书，毛主席把一切可以利用的时间都用上了。在游泳下水之前活动身体的几分钟里，有时还要看上几句名人的诗词。游泳上来后，顾不上休息，就又捧起了书本。连上厕所的几分钟时间，他也从不白白地浪费掉。一部重刻宋代淳熙本《昭明文选》和其他一些书刊，就是利用这些时间，今天看一点，明天看一点，断断续续看完的。毛主席外出开会或视察工作，常常带一箱子书。途中列车震荡颠簸，他全然不顾，总是一手拿着放大镜，一手按着书页，阅读不辍。到了外地，同在北京一样，床上、办公桌上、茶几上、饭桌上都摆放着书，一有空闲就看起来。毛主席晚年虽重病在身，仍不废阅读。他重读了解放前出版的从延安带到北京的一套精装《鲁迅全集》及其他许多书刊。有一次，毛主席发烧到39度多，医生不准他看书。他难过地说，我一辈子爱读书，现在你们不让我看书，叫我躺在这里，整天就是吃饭、睡觉，你们知道我是多么的难受啊！工作人员不得已，只好把拿走的书又放在他身边，他这才高兴地笑了。

因此，在生活中要养成阅读书籍的习惯，从书本中学习各方各面的知识，主动去探索世界、探索人生真谛，开动脑筋，去理解、分析、归纳、总结、感悟。唯有这样，才能丰富自己，创造美好的人生。

（四）利用电子学习产品，提高学习效率

现在，人民生活水平普遍提高，关于学习的商品充斥着市场，其中电子产品是商家非常看好的。很多学生都买了电子学习产品，如随身听、电子词典、英语学习机、复读机、MP3、MP4及带有学习功能的手机等。电子产品的繁荣给学生提供了更多的学习方式和工具，学生可以充分利用这些器具来帮助学习。如用随身听帮助学习英语单词、口语，用MP3听取典雅的音乐帮助大脑放松，用电子词典帮助快速查询单词含义等。如果能恰当利用电子产品的学习功能作用于学习，那是件好事，能帮助提高学习效率，让学习更高效。但往往学生不能做到自控，更多的学生用电子学习产品来听流行歌曲，玩电子小游戏等，从而分散了精力，影响学习。而且对于学习英语的学生来讲，查单词用纸质词典比用电子词典要有效。我们说记单词是要对单词进行加工、运用才能记忆深刻，且单词只有放在句子中才能知其用法，学习时还要做笔记等。纸质词典的查询是根据单词字母先后顺序来工作的，当你翻到一个单词的时候，基本上大脑已经将单词记住了。而且，词典里面的单词用法、例句、词性、词组都很丰富，有利于学生积累。更重要的是，学生可以在纸质词典上面折角、圈记、笔记，便于巩固复习，不易遗忘。而电子词典却不适宜圈记和笔记，例句和词组信息也有限。商家在设计产品时，肯定要考虑到消费者的购买动机，以更多地销售产品，商家所站的立场是销售，而不是教育。所以，我们会看见电子词典里面会附带有很多功能，诸如MP4功能、电影功能、游戏功能等，这主要是利用学生自制力不够、对某些事物的好奇心理来精心安排的。所以，电子产品也要慎重选择和正确使用，才能提高学习效率。

后　记

　　我是一名高中教师，几乎所有的时间都在和学生打交道。本书得以完成，依靠的是零散的空闲时间，依靠的是我对教育事业的虔诚和热爱。我的时间之所以如此紧张，是因为总有太多的学生在苦苦等待我的帮助。当我看到那些学生对学习失去信心却又在苦苦煎熬，当看到那些学生因学得痛苦压抑而向我求助，当我轻松化解他们的问题重燃他们的信心，总是会收到他们成绩提高的喜讯和感谢。

　　在多年的教师生活中，我总有无限的感慨。

　　芬兰的基础教育有一句名言"No Child Left Behind（不让一个人落后）"。这个理念我是十分赞同的，因为每个孩子都是有着无限潜力的个体——他们都可以充分发展。无数事实证明，任何一个学生都可以在学习成绩上不断超越自己。事实也证明，不恰当的教育和学习也可以毁掉任何一个孩子。我相信，无论目前的分数是多少，这不代表能力和智力，只要改变观念，通过训练掌握学习技术、科学地学习，一切问题便能迎刃而解。

　　当我常常用实际的学科内容向那些请求我帮助的孩子们演示学习可以做到轻松、愉悦、高效时，我看到了他们眼中的希望，看到了他们表现出来的惊异、好奇和信心。他们经常说："老师，为什么那么难的题在你的手里变得这么简单？"我回答他们的往往是本书中讲到的"简化思想"。如果我们善于将学习变成一项技术，那么所谓的困难问题就显得如此简单了。大道至简，如果我们领会了学习关键之处，掌握了学习的技术，那么学习就变得如此轻松、愉悦而高效了。同样地，如果教师们领会了教育的关键之处，掌握了教育的技术，那么教育就变得轻松、愉悦而高效了。

　　学习技术的掌握不单单是看几本书、参加几个培训课就可以学习到手的，我认为学习技术只有通过训练才能获得，因此，我们教师要重视学生学习过程的训练。学习技术的训练不能与学科学习分论，就像游泳技术的学习，不能单从岸上学习理论，必须要入水训练一样。

一个学生若要真正学会学习，掌握高效学习技术，获得优异成绩，必须学会如下几项技能：A. 学习心理准备；B. 情绪调控技术；C. 行为促进技术；D. 科学认知技术；E. 学习过程技术；F. 学科学习技术；G. 学习管理技术。

谨以此书为开端，我将努力探索更多、更好的学习和教育实用技术，以帮助更多的孩子、更多的家庭！

于欣荣

2013年4月

参考文献

［1］Linda Torp, Sara Sage. 基于问题的学习——让学习变得轻松而有趣. 刘孝群, 李小平, 译. 北京：中国轻工业出版社, 2004.

［2］Barbara L.McCombs, James E.Pope. 学习动机的激发策略——提高学生的学习兴趣. 伍新春, 秦宪刚, 张洁, 译. 北京：中国轻工业出版社, 2002.

［3］Jean Marie Stine. 脑力倍增法. 易进, 等译. 北京：中国轻工业出版社, 1999.

［4］马虹. 陈式太极拳拳理阐微. 北京：北京体育大学出版社, 2000.

［5］Robert J.Marzano, Debra J.Pickering, Jane E.Pollock. 有效课堂——提高学生成绩的实用策略. 张新立, 译. 北京：轻工业出版社, 2003.

［6］樊琪. 科学学习心理学—科学课程的教与学. 北京：中国轻工业出版社, 2002.

［7］David A. Sousa. 脑与学习. 北京师范大学"认知神经科学与学习"国家重点实验室脑科学与教育应用研究中心, 译. 北京：中国轻工业出版社, 2005.

［8］Harvey Daniels, Marilyn Bizar. 最佳课堂教学案例——六种模式的总结与应用. 余艳, 译. 北京：北京轻工业出版社, 2004.

［9］Claire Ellen Weinstein, Laura M. Hume. 终身受用的学习策略——帮助学生找到有效的学习方法. 伍新春, 等译. 北京：中国轻工业出版社, 2003.

［10］Patricia Wolfe. 脑的功能——将研究结果应用于课堂实践. 北京师范大学"认知神经科学与学习"国家重点实验室脑科学与教育应用研究中心, 译. 北京：中国轻工业出版社, 2005.

［11］Ron Fry. 唤起大脑的学习智能. 黎荔, 译. 北京：中国盲文出版社, 2003.

［12］Thomas Armstrong. 课堂中的多元智能——开展以学生为中心的教学. 张咏梅，等译. 北京：中国轻工业出版社，2003.

［13］程方平. 学会学习——RMTI学习法. 北京：首都师范大学出版社，2004.

［14］Marilee Sprenger. 脑的学习与记忆. 北京师范大学"认知神经科学与学习"国家重点实验室脑科学与教育应用研究中心，译. 北京：中国轻工业出版社，2005.

［15］刘善循. 6S超级学习策略. 北京：北京理工大学出版社，2004.

［16］［美］珍妮特·沃斯，［新西兰］戈登·德莱顿. 学习的革命. 顾瑞荣，等译. 上海：上海三联书店，1998.

［17］施良方. 学习论. 北京：人民教育出版社，2001.

［18］叶浩生. 西方心理学的历史与体系. 北京：人民教育出版社，1998.

［19］Howard Gardner. 智力的重构——21世纪的多元智能. 北京：中国轻工业出版社，2004.

［20］［美］霍德华·加德纳. 多元智能. 北京：新华出版社，1999.

［21］张楚廷. 教育哲学. 北京：教育科学出版社，2006.

［22］曾峥，李劲. 中学数学教育学概论. 郑州：郑州大学出版社，2007.

［23］金洪源. 学科学习困难的诊断与辅导. 上海：上海教育出版社，2004.

［24］陈之华. 芬兰教育全球第一的秘密. 北京：中国青年出版社，2011.

［25］杨莲清. 高效能学习技术. 广州：暨南大学出版社，2006.

［26］马宪春，张际平. 学习技术系统研究. 河南师范大学学报（哲学社会科学版），2004（4）.

［27］马宪春. 学习技术系统设计. 上海：华东师范大学出版社，2004.

［28］鲍尔，希尔加德. 学习论——学习活动的规律探索. 上海：上海教育出版社，1987.

［29］莫雷. 论学习理论. 教育研究，1996（6）.

［30］师保国. 元认知训练方法研究述评. 西南师范大学学报，2002（4）.

［31］Joseph Ciaccio. 完全积极的教学——激励师生的五种策略. 北京：中国轻工业出版社，2005.

［32］Carol Ann Tomlinson. 多元能力课堂中的差异教学. 北京：中国轻工业出版社，2003.

［33］Georgea M. Langer. 学生学习合作分析——促进教学相长. 北京：中国轻工业出版社，2005.

［34］姚鑫山. 个别心理辅导. 上海：上海教育出版社，2000.

［35］George M. Jacobs, Michael A. Power, Loh Wan Inn. 合作学习的教师指南. 北京：中国轻工业出版社，2005.

［36］张明仁. 古今名人读书法. 北京：商务印书馆，1992.

［37］王占元，邱斌. 读书方法举要. 福州：福建人民出版社，1987.

［38］吴增强. 学习心理辅导. 上海：上海教育出版社，2000.

［39］Beau Fly Jones, Claudette M. Rasmussen, Marry C. Moffitt. 问题解决的教与学——一种跨学科协作学习的方法. 北京：中国轻工业出版社，2004.

［40］Linda Campbell, Bruce Campbell, Dee Dickinson. 多元智力——教与学的策略. 北京：中国轻工业出版社，2004.

［41］Eric R. Kandel. 追寻记忆的痕迹. 罗嘉跃，等译校. 北京：中国轻工业出版社，2007.

［42］［美］霍德华·加德纳. 7种智能改变命运——多元智能. 北京：新华出版社，1999.

［43］克里斯蒂安·格吕宁. 超级快速阅读. 北京：中信出版社，2011.

［44］黄志成. 全纳教育——关注所有学生的学习和参与. 上海：上海教育出版社，2004.

［45］Ames, C. & Archer, J. (1988). Achievement goals in the classroom: Students' learning strategies and motivation processes. *Journal of Educational Psychology*, 80, 260-267.

［46］Baddeley, A. D. (1992). Working memory. *Science*, 255, 556-559.

［47］Mayer, R.E. (1996). Learns as information processors:Legacies and limitations of educational psychology's second metaphor. *Educational Psychologist*, 31(3/4), 151-161.

［48］Pressley, M. & Associates (1993). *Cognitive strategy instruction that really improves children s academic performance*. Cambridge, MA:Brookline Books.

［49］Schunk, D.H. (1996). *Leaning theories* (2nd ed.). Englewood Cliffs, NJ: Prentice Hall.

［50］Sternberg, R.J., & Spear‐Swerling, L. A. (1996). *Teaching for thinking*.Washington, DC:American Psychological Association.

［51］http://wuxizazhi.cnki.net/Search/HDJT200503041.html.

［52］http://www.doc88.com/p-902293574685.html.

［53］http://www.ks5u.com/news/2008-7/6010/.

［54］http://www.docin.com/p-465742574.html.

［55］http://wenku.baidu.com/view/ae729e3187c24028905fc306.html.

［56］http://www.stdaily.com/other/dzkj/2010/0521/B7-2.htm.

［57］http://baike.baidu.com/view/43133.htm.

［58］http://wuxizazhi.cnki.net/Article/CSGF2006S4027.html.

［59］http://www.795.com.cn/wz/57308.html.

［60］http://wenku.baidu.com/view/8dcfb353be23482fb4da4c25.html.

［61］http://wiki.mbalib.com/wiki/%E6%B3%A8%E6%84%8F%E5%88%86%E9%85%8D.

［62］http://wenku.baidu.com/view/7da18ee29b89680203d8253b.html.

［63］http://www.doc88.com/p-771373063088.html.

［64］http://wenku.baidu.com/view/08da9a150b4e767f5acfce9e.html.

［65］http://www.360doc.com/content/07/0426/22/21404_468930.shtml.

［66］http://baike.baidu.com/view/243739.htm.

［67］http://www.doc88.com/p-308363323549.html.

［68］http://baike.baidu.com/view/2643101.htm.